nueva edición actualizada

Fotografía

BLUME

John Ingledew

I

Inicio...

II

La imagen

III

El puente

IV

Esto es una cámara; ahora salga y haga unas cuantas fotografías

V

¿Quiere ser fotógrafo?

VI

La Biblia

• • •

BLUME

Título original:
Photography

Diseño:
Ross Cooper Studios

Traducción y revisión de la edición en lengua española:
Francisco Rosés Martínez
Fotógrafo profesional

Coordinación de la edición en lengua española:
Cristina Rodríguez Fischer

Primera edición en lengua española 2006
Reimpresión 2009
Nueva edición actualizada 2010

Av. Mare de Déu de Lorda, 20
08034 Barcelona
Tel. 93 205 40 00   Fax 93 205 14 41
E-mail: info@blume.net

I.S.B.N.: 978-84-9801-479-2

Impreso en China

WWW.BLUME.NET

Página 1: Alec East, *Door Door*, 1994.

Inicio... I

Expresiones relacionadas con la fotografía ...fotógrafo, foto, insta

tratista, observador, fotoperiodi

tero, fotografía de noticias, fotog

imágenes, paparazzi, fotografía

dor, fotografía nocturna, toma,

sor, blanco y negro, color, escala

fijador, paro, contactos, copias,

digital, emulsión, grano, ruido,

abertura, tiempo.

tánea, captador de imágenes, re-

a, fotografía documental, repor-

afía de moda, cámara, registro de

paisaje, objetivo, lente, obtura-

agen, diapositiva, negativo, sen-

grises, bitono, virados, revelador,

mpliaciones, macro, tratamiento

xposición, diafragma, velocidad,

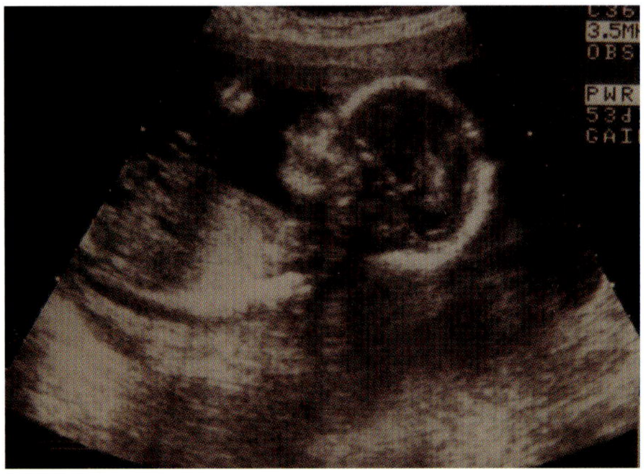
3.5M
OBS
PWR
53d

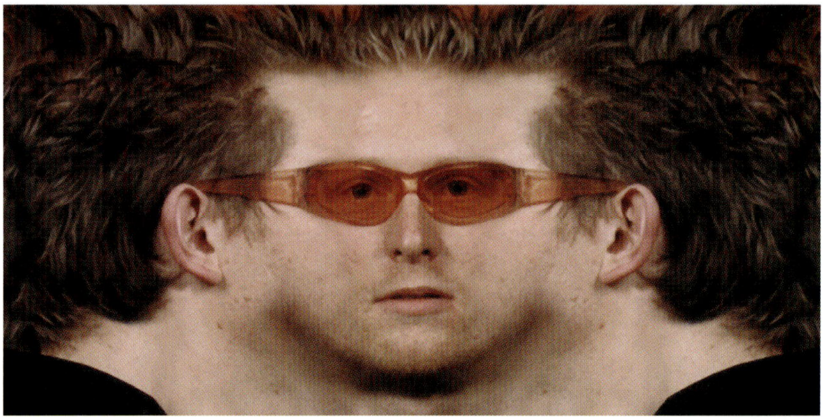

Alfie!
EIGHTY

END FINAL
HOSTAGE
BRITON
SEIZED:
DRAMATIC
PICTURES
Evening
Standard

15
This is not
a photo
opportunity

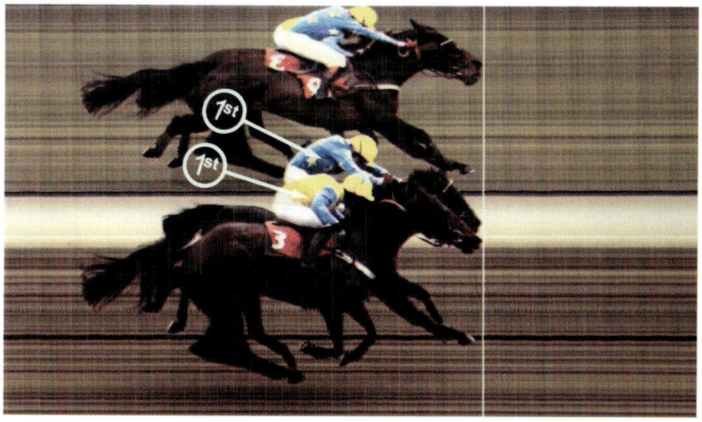
1st
1st

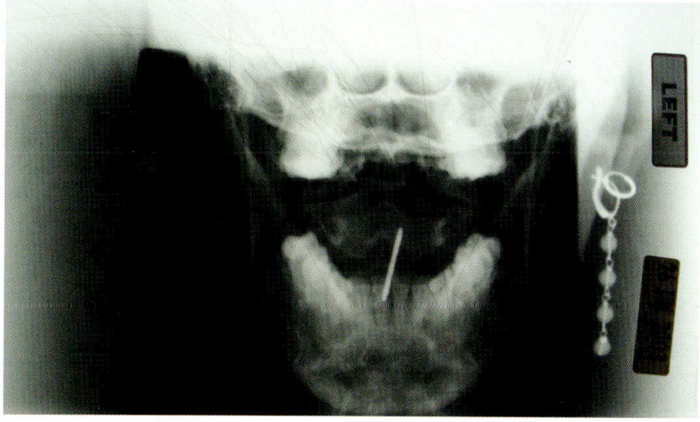
LEFT

1 HOUR
FILM
PROCESSING

Kodak
KODAK COLOUR FILMS

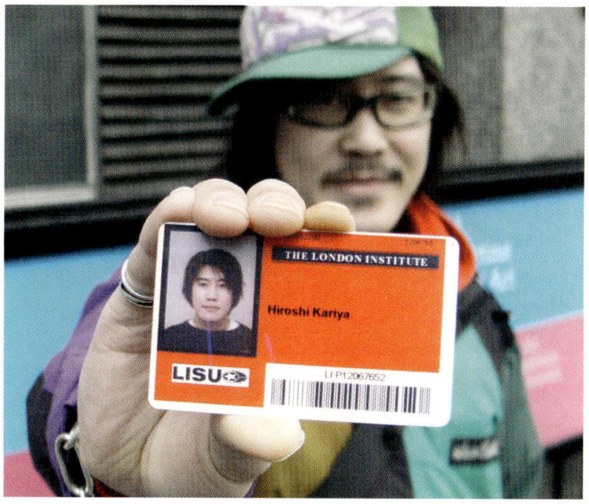
THE LONDON INSTITUTE
Hiroshi Kariya
LISU

¿Qué tiene de especial la fotografía?

«La fotografía es algo mágico» Jacques-Henri Lartigue

Términos sobre fotografía

Fotógrafo, fotoperiodista, oportunidad fotográfica, imagen fotográfica, historia fotográfica, fotocopia, fotográfico, fotogénico, realismo fotográfico, Photoshop, fotograma, fotomontaje, toma fotográfica, sesión fotográfica, diario fotográfico, memoria fotográfica, fotografías, fotos, fotoacabado.

Foto de autor, foto de bebé, foto de retrato, foto de estudio, foto escolar, foto de clase, foto de graduación, anuario fotográfico, foto oficial, foto no oficial, foto de pasaporte, foto de identidad, foto de cartera, foto de equipo, foto de deporte, foto de acción, foto turística, foto de recuerdo, instantánea de vacaciones, foto de noticias, foto de rescate de un secuestro, foto de boda, foto de álbum, foto de actor/actriz, foto de publicidad, foto de famoso, foto de famoso en casa, foto con un famoso, foto de belleza, foto de moda, foto de peluquería, foto de *glamour*, foto de portada, foto de maquillaje, foto de bodegón, foto de mascota, foto de una mascota extraviada, foto de antes y después, foto de anuncio, foto de concierto en directo, foto de «se busca», foto de detenido, foto de escena del crimen, foto de juicio, foto de rayos X, foto IR, foto de paisaje, foto panorámica, foto aérea, foto holográfica, foto de engaño, fotomontaje, foto de llegada, foto de saludo, foto de despedida.

«La fotografía es tan joven... Todavía estamos en la edad de piedra. Quizá en otros 500 años alcancemos el renacimiento de la fotografía.»
Michael Hoppen, coleccionista de fotografía, conservador y comerciante.

Lo bello de la fotografía es que cualquiera puede captar imágenes y que todos los fotógrafos tienen la oportunidad de crearlas según su propio y único gusto. La fotografía es un medio de gran fuerza, capaz de contar intensas historias con una sola imagen. Su diversidad y posibilidades son inmensas, y constantemente está evolucionando en nuevas e interesantes direcciones. Se trata de un medio muy nuevo y se desarrolla muy, muy rápidamente. Existe desde hace muy poco en comparación con otros medios de expresión artística, y todavía tiene mucho potencial por explotar.

El alcance de la fotografía es apasionante. Alimenta muchos aspectos de la comunicación, incluido diseño, publicidad, periódicos, revistas e internet. También es un medio cada vez más utilizado por los artistas para expresar su visión. Algunos fotógrafos captan imágenes con cámaras carísimas, pero también es posible fabricarlas sin apenas gastar dinero, aunque ni siquiera es necesaria una cámara para crear imágenes. De hecho, la clave para captar buenas fotografías no es el equipo, sino encontrar un modo propio de ver las cosas a través de la imagen. Esto es lo que han hecho todos los fotógrafos que ilustran este libro.

Resulta algo apasionante que el resultado de los experimentos fotográficos excedan las expectativas más optimistas. Ver en el laboratorio cómo la imagen aparece lentamente en una hoja de papel blanco es una experiencia mágica. La luz, las soluciones químicas y las fórmulas proporcionan a la imagen fotográfica un toque de brujería. La fotografía constituye un medio mágico; la gente dice que una fotografía concreta «conjura» recuerdos o emociones. El hecho de que las imágenes puedan detener el tiempo, preservando momentos que ya han pasado, es en sí algo extraordinario.

¿De qué trata este libro y a quién está dirigido?

Este libro trata de ser claro, fácil de leer y fácil de aplicar. Explora los temas que han obsesionado y guiado a los fotógrafos y estudia todo lo que se puede hacer creando y manipulando imágenes. Explica el origen de la fotografía, el medio moderno y su futuro. Su objetivo es animar a la experimentación. Asimismo, proporciona referencias sobre cursos sobre fotografía, por lo que constituye una fuente esencial y un libro que se debe tener en cuenta.

Esta obra está pensada para gente sedienta de conocimientos fotográficos, pero que se siente confusa y desconcertada por los libros técnicos y teóricos sobre esta materia. Como punto de partida para muchas aventuras fotográficas, este libro es para aquellos que quieren aprender más sobre fotografía de una forma activa. Nada es mejor que hacer.

Estructura del libro

Inicio... es una introducción a la fotografía y al modo en que uno ve las cosas, así como un viaje a través de su historia, desde el principio del medio hasta la fecha crucial de 1900, cuando la cámara ya estaba al alcance de todo el mundo.
La imagen analiza los temas que han fascinado y guiado a los fotógrafos, y examina cómo han evolucionado. Gran parte del poder de la fotografía se puede atribuir directamente a la pasión con que el retrato, el autorretrato, la escena urbana, el paisaje, el bodegón, el cuerpo, la moda y el reportaje han sido explorados por fotógrafos en busca de nuevos enfoques. También estudia la fotografía de publicidad y propaganda, fotomontajes, secuencias y manipulación de imagen.
El puente aborda la creatividad y la inspiración, y constituye un vínculo entre los temas fotográficos y su registro en imágenes.
Esto es una cámara; ahora salga y haga unas cuantas fotografías examina las distintas formas de crear fotografías y las herramientas utilizadas en el proceso.
¿Quiere ser fotógrafo? explica las diferentes salidas profesionales de la fotografía.
La Biblia es una sección de ayuda y referencia.
Proyectos Una vez leído el libro, se presentan una serie de proyectos creativos.

La mezcla que configura la fotografía

La fotografía es una caldera en donde se mezclan diferentes elementos: química, física, óptica, programas de ordenador, electrónica y, por supuesto, creatividad.

La fotografía siempre ha estado relacionada con la química. Fueron necesarios muchos experimentos para hallar la fórmula que daba lugar a fotografías estables. Hoy día, gran parte de las fotografías se procesan y copian con productos químicos. La química, por tanto, proporciona los ingredientes activos para la fotografía tradicional, que cuando se miden y se controlan cuidadosamente asegura resultados consistentes y de gran calidad. Por otra parte, la electrónica y los ordenadores han contribuido a la evolución de las cámaras y de la fotografía digital, mientras que el comercio impulsa que la fotografía se desarrolle a un ritmo mucho más rápido que otros medios creativos, técnica y creativamente.
Los fabricantes emplean a científicos e ingenieros para inventar constantemente nuevas formas de hacer fotografías y de provocar el deseo de contar con los últimos modelos. Cada lanzamiento se anuncia a bombo y platillo, al tiempo que se predice que se ha encontrado la dirección futura del medio. En realidad, los fotógrafos tienen a su disposición una gran variedad de accesorios en constante expansión y pueden elegir materiales y técnicas de cualquier etapa de la evolución de la fotografía para crear sus imágenes. Pueden escoger tanto procesos antiguos como el cianotipo como la última tecnología digital. Mejor aún, pueden combinar ambas técnicas. El elemento final en la mezcla es la creatividad. Sólo cuando las mentes creativas exploran las posibilidades de todos los materiales inventados por científicos y fabricantes, pueden obtenerse imágenes con contenido.

¿Por qué se le llama fotografía?

«Foto» procede de la palabra griega *phos*. En la Grecia antigua, la estrella más brillante se llamaba *phosphorus*; *phos* significaba «creado por luz». La forma combinada «-graf» proviene de la palabra *graphos*, que significa «bien definido». Las fotografías son imágenes nítidas creadas con luz.

¿Qué constituye una fotografía?

Hacer una fotografía implica considerar la luz, el enfoque, el color, el contraste, la calidad y la nitidez. El control de estos elementos es lo que da lugar a una imagen fotográfica.

La fotografía en la era digital

La fotografía digital no sólo es la imagen que se obtiene con un tipo diferente de cámara. Además puede ser el resultado de combinar imágenes digitalizadas con un ordenador. Estas imágenes se pueden crear a partir de cámaras digitales, y también de negativos, diapositivas y copias en papel, que pueden digitalizarse con un escáner, un aparato que simplemente convierte una imagen en una forma que el ordenador puede leer. Las imágenes digitales se pueden editar en el ordenador. A continuación se pueden imprimir, adjuntar a correos electrónicos y enviar por internet. La digitalización ha provocado un cambio radical, pues ha alterado definitivamente el modo en que se piensa en la fotografía y se usan las cámaras.

En la era digital han aparecido nuevos nombres; así, la fotografía digital y el acto de fotografiar con cámaras digitales se han bautizado como imagen digital, foto digital, registro digital, registro de imagen, creación de imágenes o simplemente imagen. Estas nuevas denominaciones reflejan las innovadoras posibilidades del medio.

Las cámaras digitales ya superan en ventas a las analógicas. Hoy es posible ser fotógrafo sin tener que comprar ni un solo rollo de película, utilizar el cuarto oscuro o ir a un laboratorio comercial. Pero limitarse de esta forma supone perder la oportunidad de explorar las posibilidades del medio.

¿Por qué gustan las fotografías?

La fotografía resulta inspiradora:

> «Cuando eres un niño te sientas y miras durante horas un libro lleno de fotografías –quieres hacer fotografías para poder crear cosas que alguien más mire durante horas.»
> Kjell Ekhorn, fotógrafo y director de arte.

> «Mi padre me enseñaba muchas cosas. Me enseñaba fotografía, cómo la luz pasaba a través de un objetivo y creaba un negativo al blanquear zonas en una superficie sensibilizada. Como [mi hermana] Louise era la modelo de la casa, coloqué un negativo de una fotografía suya en mi brazo y lo fijé con esparadrapo. Entonces tenía ocho o nueve años, y todavía vivíamos en Cedarhurst. Salí al exterior para que me diera el sol. Llevé el negativo durante unos dos o tres días. Luego lo separé, y ahí estaba Louise, grabada sobre mi piel. Éste fue mi primer retrato.»
> Richard Avedon, entrevistado para la revista *The New Yorker*.

Las fotografías extraen la esencia de las cosas. Tienen el poder de evocar, informar e inspirar. La fotografía es un medio democrático –global, barato y accesible–. Seduce por su inmediatez y claridad: la imagen se lee rápidamente, de forma instantánea, y se sabe en el momento si gusta o no.

Las fotografías son atractivas, alimentan la imaginación sobre lo que a uno le gustaría ser y sobre cómo querría vivir. Dan rienda suelta a las aspiraciones de cada persona.

Las fotografías también permiten atesorar cosas. Como dice la fotógrafa Nan Goldin, con la fotografía «nunca vuelves a perder a nada».

Es posible reconstruir la vida mediante las fotografías. Éstas marcan ritos de la vida –nacimiento, cumpleaños, graduación, boda e incluso muerte–; registran amores, encuentros y viajes. La cámara es omnipresente. La fotografía iguala el modo en que se recuerdan las cosas. Se recuerda un suceso o una persona que mira una imagen en el ojo de nuestra mente. Nuestros museos de memorias personales son en gran parte fotográficos.

Los fotógrafos hacen de testigos; informan y educan con su mirada. La cámara preserva momentos que ya han pasado, y permite ver cosas que de otra manera quedarían ocultas.

Derek Dawson, *Una vida en imágenes*, 1922-2001

Se puede registrar la vida con imágenes tomadas desde el nacimiento hasta la muerte. Estas fotografías son del álbum familiar de Dawson.

El espíritu de la imagen

Los fotógrafos sienten curiosidad por el mundo, la gente, los lugares y los objetos. Les encanta el proceso fotográfico, los materiales y las herramientas; cada uno de ellos aporta su propio carácter a una fotografía.

Los fotógrafos también son obsesivos y se hallan dominados por sus pasiones. Son urracas visuales que coleccionan series y secuencias de imágenes.

La necesidad de retener representaciones de uno mismo es un deseo instintivo. Durante miles de años esto sólo fue posible a través de la pintura y el dibujo. Actualmente, la fotografía ha facilitado esta práctica. Confrontada con la débil memoria y la mortalidad, la gente quiere crear una impresión permanente del mundo y dejar un recuerdo. Las fotografías garantizan que este deseo se cumpla.

El poder de las fotografías

Como se puede entrever por los términos empleados habitualmente de «disparar» y «captar», la fotografía parece ofrecer posibilidades de aventura y nuevas experiencias. Las imágenes pueden ser instrumentos de gran poder. Pueden diluir tabúes, hacer oscilar la opinión pública e impactar explosivamente en gobiernos para provocar un cambio real.

El parpadeo de la televisión es efímero comparado con la imagen fija de una fotografía, que proporciona una experiencia visual tangible y permanente. Las fotografías van directamente al corazón de la noticia y pueden cristalizar instantáneamente un evento o una personalidad. Tienen el poder de ser muy elocuentes: una gran imagen vale más que miles de palabras. Alison Jackson observó cómo las fotografías tenían este fascinante efecto: «Si le haces una foto a alguien y la pones a su lado, prefieres mirar la foto, no a la persona». Además, la cámara no sólo crea imágenes con contenido, sino que también da poder. Dependiendo de las manos en las que se encuentre, una misma cámara puede ser un simple cuaderno de notas u ofrecer un medio personal de expresión que permita al fotógrafo comunicar sus emociones. A diferencia de la palabra hablada o escrita, la fotografía constituye un lenguaje universal que todo el mundo puede entender –nada se pierde en la traducción.

El fotógrafo Nick Knight describe la cámara como un «billete de entrada» al explicar: «He sido aceptado en multitud de situaciones a las que no habría tenido acceso sin la cámara». Además de garantizarle acceso a lugares y a eventos a los que de otro modo no habría sido invitado, la cámara le proporciona una licencia para comportarse de cierta manera: hablar con extraños, controlar situaciones, buscar un punto de vista diferente y pedir cosas que nunca pediría sin una cámara colgada del cuello. La cámara le brinda la oportunidad de captar algo permanente y de disfrutar en cada encuentro.

Giles Revell, *Escarabajo*, 2002

La cámara puede ver muchas cosas sorprendentes que están más allá de las posibilidades de la percepción normal. Las bellas y llamativas fotografías de insectos hechas por Revell (*pág. opuesta*) se han creado combinando y mejorando laboriosamente varios cientos de imágenes captadas por un microscopio electrónico de barrido. Revell, licenciado en geología, se ha volcado en la fotografía y expone imágenes de insectos muy ampliadas, de hasta 2,5 m.

«Tener una cámara alrededor del cuello proporciona una buena excusa para hacer ruido.»
Martin Parr, fotógrafo.

«Queremos ser fotógrafos porque pretendemos comunicar. La fotografía proporciona un medio directo para animar y hablar ante un público.»
Andy Watson, fotógrafo y profesor.

«La fotografía es impactante; una sola imagen puede decir cosas más allá de las palabras, y aportar significado y sentimiento.»
Vincent Lee, fotógrafo.

El escultor Duane Hanson creó una figura a tamaño real de un fotógrafo en el acto de captar una imagen. Se expone habitualmente en los pasillos de la galería Saatchi, en Londres. Los visitantes esperan cortésmente para que él les haga una foto.

La cámara de la gente

En 1900, una cámara barata diseñada para niños –la Kodak Brownie de 1 dólar– revolucionó la fotografía. Se presentaba en una caja decorada con imágenes de niños traviesos, y fue adquirida rápidamente por adultos. Un medio en su día elitista y caro estaba en las manos de todo el mundo.

A todo el mundo le encanta las fotografías. Colocar imágenes de los seres queridos en los escritorios y estanterías de las casas y lugares de trabajo es algo habitual. La fotografía es un medio rápido y simple con el que es fácil obtener resultados satisfactorios.

Es posible que hoy día existan tantas cámaras en el mundo como personas, y ciertamente se hacen más fotografías cada segundo que en cualquier otro momento de la historia. Las cámaras nos rodean más que nunca, y ofrecen fantásticas posibilidades creativas.

¿Cómo funciona la fotografía analógica?

¿Ha muerto la película?

Este libro engloba todo el espectro de la fotografía. Es erróneo decir que hay «fotografía digital» y «fotografía de película»; sólo hay fotografía.

Blanco y negro

Si se olvida de pulir un trofeo de plata o la tetera de plata de la abuela, comprobará que éstos se vuelven negros. La misma reacción química constituye la clave para hacer fotografías. La plata es sensible a la luz: cuanta más luz, más negra se vuelve.

La fotografía en blanco y negro es el resultado de ejecer un control sobre esta reacción. La película y el papel están revestidos con pequeñas partículas de plata; cuando se exponen a la luz, la plata se oscurece en función de la cantidad de luz que incide, y el efecto se amplía por el uso de productos químicos.

Color

La fotografía en color también se basa en la sensibilidad de la plata a la luz, y aprovecha el hecho de que sólo se necesitan tres colores básicos para recrear cualquier matiz de color. Como establecieron los científicos hace tiempo, mezclando rojo, verde y azul en diferentes proporciones se pueden crear todos los colores del arco iris.

La película de color cuenta con tres capas diferentes de plata, similares a las utilizadas en la película de blanco y negro, dispuestas unas sobre otras. Cada capa registra uno de los tres colores básicos: rojo, verde y azul.

Durante la exposición, cada capa se oscurece de acuerdo con la cantidad de luz del color correspondiente que incide sobre la película. En el revelado, cada capa absorbe un colorante de uno de los tres colores, de nuevo proporcional a la cantidad de luz. Un blanqueador elimina toda la plata, lo que da lugar a una imagen en color creada por las capas de colorantes que quedan en la película, que conjuntamente recrean todos los colores que el fotógrafo ve a través del objetivo de la cámara.

¿Cómo funciona la fotografía digital?

Las imágenes digitales están compuestas por millones de píxeles que forman una imagen creíble cuando los ojos las fusionan en tonos continuos. Cada píxel es un bloque sólido de color. La palabra «píxel» es una contracción de «picture element» (elemento de imagen), por lo tanto, cada píxel constituye un pequeño elemento de toda la imagen.

Cuando se hace una fotografía con una cámara digital, el captador divide la imagen en estos pequeños bloques de color, que igualan todas las partes de la imagen con uno de los muchos millones de colores que puede percibir. Es algo parecido a dibujar con números, pero con millones de diferentes botes de pintura. Si se amplía mucho un zona de una imagen digital es posible ver los píxeles.

Cada uno de los colores se registra como un número o dígito, de ahí el nombre «fotografía digital». En su conjunto, todos estos números se utilizan para guardar, mostrar y recrear la imagen reconstruyendo todos los bloques de color en la misma secuencia, de modo que forman de nuevo la imagen original.

En la imagen digitalizada, se puede cambiar cualquier píxel para modificar el color, el brillo y el contraste. La manipulación se consigue modificando el número de cada píxel en un ordenador. Además de mejorar fotografías existentes, pueden crearse imágenes totalmente nuevas manipulando grupos de píxeles. Es posible combinar fotografías, realzar o apagar colores y enfocar o suavizar las transiciones tonales.

No existe una frontera entre la fotografía analógica y la digital. Los fotógrafos las combinan de varias formas.

> «Me gusta combinar cosas, tomar imágenes sobre película, creadas con una cámara Lomo y con la cámara de objetivos múltiples que he fabricado, y luego usar la última tecnología, que me permite mezclar imágenes, superponerlas y añadirlas.»
> Fabian Monheim, fotógrafo.

¿Cuál es el origen de las cámaras digitales?

Las cámaras digitales evolucionaron a partir de la tecnología desarrollada para registrar imágenes para televisión. A principios de la década de 1950 se creó el primer grabador de vídeo, que podía guardar imágenes de cámaras de televisión al convertirlas en información digital y almacenarlas en cinta.

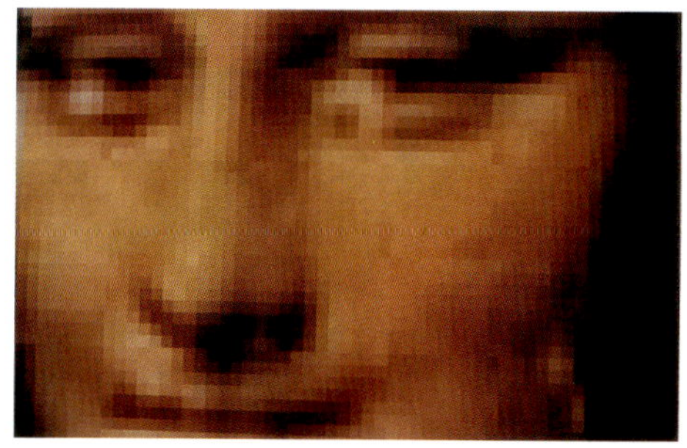

Las imágenes digitales están constituidas por millones de pequeños bloques coloreados que se vuelven visibles cuando la imagen se amplía mucho.

El artista británico Mat Collishaw es una de las muchas personas que se han inspirado en los dibujos de los píxeles. Ha creado enormes mosaicos de cerámica a partir de pequeños azulejos, que imitan el pixelado de las imágenes digitales. El artista norteamericano Chuck Close usaba bloques de tono plano para examinar la superficie de la cara humana en pinturas anteriores al píxel.

El ojo y la cámara

La imagen que se ve con los dos ojos es más o menos ovoide, con la periferia desenfocada. El objetivo de la cámara, en cambio, produce una imagen circular, pero selecciona una sección cuadrada o rectangular.

Los ojos y la cámara disponen de un objetivo que enfoca la luz reflejada en la escena. Como la cámara, el ojo también tiene un obturador –el párpado– y una abertura variable –la pupila–. La cámara y el ojo trabajan con superficies sensibles a la luz: el ojo tiene la retina, cubierta por multitud de células sensibles a la luz, mientras que la cámara usa película o un captador CCD.

El ser humano ve en estéreo. Los ojos captan imágenes ligeramente distintas que el cerebro unifica en un todo. La pequeña diferencia de punto de vista permite percibir una profundidad tridimensional. A este efecto se le llama visión binocular. Las fotografías constituyen representaciones bidimensionales de lo que se ve a través de la cámara. La profundidad tridimensional se puede recrear con fotografías estereoscópicas, que se miran a través de visores binoculares, y con anaglifos, para lo que se usan filtros «3D» rojo y verde.

Cuando se contempla una habitación los ojos nunca la ven desenfocada. La perciben selectivamente: cuando se mira un objeto, cercano o lejano, los ojos lo enfocan prescindiendo del resto de la escena. La cámara puede enfocar de esta manera, pero también puede proporcionar una imagen con todos los elementos enfocados, desde el primer plano al fondo –una imagen que no es posible percibir a simple vista–. La distancia más próxima a la que puede enfocar la visión humana es de unos 20 cm. La gama de enfoque de un objetivo no tiene límite.

Los ojos del ser humano han evolucionado de tal modo que pueden contemplar una increíble gama de contraste entre luz y sombra. Gracias a ello es posible ver con gran claridad en los días más brillantes y en un interior oscuro. La pupila reacciona instantáneamente para mantener el nivel de luz que incide sobre la retina, mientras que el fotógrafo debe variar, manual o automáticamente, la abertura del objetivo para oscurecer o aclarar lo que registra la cámara; ésta también puede registrar escenas u objetos fuera del alcance de la vista usando exposiciones de fracciones de segundo o de varios segundos, minutos e incluso horas.

Katrin Geilhausen, *Ojo*, 1995

Muchos fotógrafos crean su propia paleta de colores, como el fotógrafo, ilustrador y animador alemán Geilhausen ha hecho aquí (*pág. opuesta*). «La imagen se fotografió con película para diapositivas, que luego se reveló como negativo. Las pestañas de la modelo se pintaron de blanco para que cuando se copiasen en negativo dieran la impresión de estar en positivo. Me encanta pasar horas en el laboratorio de color –es un proceso lento durante el cual se está mucho rato a oscuras y nacen ideas en la cabeza como grandes arco iris.»

Color y blanco y negro

Aunque el ojo puede ver una amplia gama de colores, el fotógrafo tiene una paleta mucho más amplia y puede crear imágenes con colores inexistentes en el mundo real. Al seleccionar un tipo concreto de película o manipular imágenes digitales, el fotógrafo puede crear fotografías de gran sutileza o viveza a través del uso del color; como alternativa, puede dejarlas en blanco y negro. Los científicos afirman que el único momento en que vemos en blanco y negro es cuando estamos en peligro extremo –cuando el cuerpo interrumpe las funciones innecesarias para concentrar todos los reflejos en la crisis inmediata.

El ojo humano sólo puede distinguir color si hay suficiente luz. El color se ve con claridad cuando hay mucha luz, y en tonos menos saturados a medida que baja su intensidad. Con poca luz, la cámara puede retener el color en mayor medida que el ojo. El cerebro ha evolucionado para compensar y homogeneizar lo que se ve de varias formas. La imagen que se contempla, por ejemplo, es invertida por el cerebro, que también corrige los cambios de color de la luz. Se ve –o se cree ver– muchas fuentes de iluminación de color blanco, como la luz de tungsteno, luz solar, luz de vela, luz de fluorescente y luz de bombilla. La película, por otro lado, es muy sensible incluso a ligeros cambios de color, por lo que siempre los registra.

Los artistas Callum Colvin, Bernard Pras y Chris Ekins aprovechan la diferencia entre el modo en que ve el ojo y el modo en que la cámara registra imágenes. Crean material gráfico ensamblando y pintando objetos en 3D. Sus imágenes sólo adquieren coherencia cuando se contemplan desde un solo punto como fotografías bidimensionales.

Hiroshi Sugimoto, *Cabot Street Cinema, Massachussets*, 1978

La fotografía puede ampliar nuestra visión. Esta fotografía de Sugimoto se tomó con una exposición de una hora y media durante la duración completa de una película de cine. La fotografía no muestra ni la película ni el público, cuya presencia es demasiado débil; sólo queda registrada la solidez del edificio. Sugimoto utilizó una cámara de 20 × 25 cm anclada en un trípode para poder ajustar exposiciones muy largas y registrar escenas visibles únicamente a través de la fotografía. El trabajo de Sugimoto se comenta en «Paisajes», *véase* pág. 56.

¿De dónde proviene la fotografía?

Los elementos de la fotografía

Las cámaras actuales usan exactamente los mismos elementos que los utilizados por los pioneros de la fotografía: una caja negra con un agujero para permitir la entrada de luz, un objetivo y materiales sensibles a la luz. Sin embargo, se ha estado experimentando durante siglos con estos elementos antes de que pudieran combinarse con éxito para crear fotografías.

Hace más de quinientos años, durante el renacimiento, se comprobó que un pequeño agujero en la pared de una habitación oscura podía actuar como un objetivo y proyectar imágenes de la escena exterior sobre la pared opuesta. Este efecto se llamó «cámara oscura». Así es como la cámara adquirió su nombre.

El objetivo y la mágica caja negra

El poder de curvatura de una lente se conocía en muchas culturas antiguas. En la antigua Roma, los estudiosos con mala vista descubrieron que podían leer mirando a través de globos de vidrio.

En consecuencia, se utilizaron segmentos de una esfera de vidrio, conocidos como «piedras de lectura», dispuestos frente a un libro y a cierta distancia para ampliar letras. Hacia el año 1300, el uso de estos vidrios de aumento era muy común. Los artesanos de Venecia –uno de los centros de tallado y pulido de vidrio– empezaron a hacer pequeños discos de vidrio, convexos en ambos lados, que podían montarse sobre un marco. Éstas fueron las primeras gafas de lectura. Como estos pequeños discos tenían forma de lentejas, se bautizaron como «lentejas de vidrio», denominación de la que procede la palabra «lente». La primera ilustración de estos vidrios data aproximadamente de 1350.

En Nápoles, a finales del siglo XVI, un científico y escritor llamado Giovanni Battista della Porta experimentó colocando una lente en el agujero de una pared de su cámara oscura. Comprobó que la lente proyectaba una imagen invertida verticalmente sobre la pared opuesta, y que la imagen se veía más nítida y brillante. A fin de difundir su experimento, Della Porta invitó a unos amigos para que vieran las imágenes de su cámara oscura. Cuando se sentaron en la habitación oscura, descubrió la lente y un grupo de actores empezaron a actuar en el exterior. Los invitados, al contemplar figuras invertidas sobre la pared, se asustaron. Por ello, fue llevado ante la presencia del papa y acusado de brujería. Afortunadamente, salió libre de cargos.

Hay muchas cámaras oscuras del tamaño de una habitación que pueden visitarse en la actualidad, por ejemplo en Greenwich, Londres. En San Francisco, Estados Unidos, está la llamada Giant Camera, que encuadra el mar.

Materiales sensibles a la luz y la fiebre de la plata

Desde hacía varios siglos se sabía que las sales de plata se volvían oscuras con la luz y que podrían ser la clave para preservar imágenes captadas en la cámara oscura. A principios del siglo XVI muchos científicos, inventores y negociantes compitieron para encontrar una fórmula. Algunos pretendían hacer descubrimientos científicos y creativos, otros ganar dinero. Existía una carrera desesperada para ser el primero en tener éxito.

Después de muchas pruebas se descubrió el cloruro de plata, que se oscurecía en contacto con la luz. El nitrato de plata se podía aplicar sobre papel o cuero para imprimir las sombras de los objetos. A pesar de estos descubrimientos, «fijar» estas imágenes seguía siendo imposible, ya que las soluciones químicas continuaban reaccionando hasta que toda la superficie se oscurecía, y por tanto se perdía la imagen.

La primera fotografía del mundo

Después de experimentar sin éxito con el nitrato de plata revestido dentro de una cámara oscura, el experto en litografía e inventor francés Joseph Nicéphore Niépce probó a revestir hojas de peltre con betún de Judea, una sustancia que se endurecía en contacto con la luz. Un día de verano de 1826 introdujo una placa de peltre en su cámara oscura, sacó la cámara a la ventana de su ático y encuadró los tejados, un peral y un palomar. Después de dejarla allí durante ocho horas lavó la placa con aceite de lavanda y comprobó que podía eliminar las áreas suaves que habían recibido menos luz. La imagen resultante era difusa –durante la exposición de ocho horas las sombras que se desplazaban con el movimiento del sol habían quedado registradas en la imagen–, pero la escena se podía ver con claridad.

Niépce había creado una imagen positiva directa –una fotografía sin negativo–, que proclamó como «la primera imagen copiada de la naturaleza». Ésta fue la primera fotografía permanente, que Niépce bautizó como «heliógrafo», o dibujo con sol.

El daguerrotipo da forma a la luz

Niépce se asoció con el parisino Louis-Jacques-Mandé Daguerre para perfeccionar su proceso. Ambos descubrieron que puliendo placas de plata se conseguía una mejor calidad de imagen. Daguerre trabajó en París desarrollando un diorama, un apasionante e ingenioso escenario donde, mediante linternas mágicas, fondos pintados y efectos de sonido, creaba imágenes difusas, ilusiones de salidas de sol, puestas de sol y tormentas, con rayos y truenos.

Después de la repentina muerte de Niépce en 1833, Daguerre continuó experimentando y desarrollando su trabajo, hasta que finalmente llegó al práctico proceso que bautizó con el nombre de «daguerrotipo» –en cierta forma, obvió la contribución de M. Niépce–. Daguerre declaró a la sazón: «He dado forma a la luz, he detenido su vuelo».

El proceso funcionaba del siguiente modo: una placa de plata se colocaba en una caja cerrada, en cuyo interior se introducía yodo. Los vapores de yodo mezclados con la plata producían yoduro de plata, una sustancia sensible a la luz. A continuación, la placa se colocaba en una cámara oscura y se exponía durante 30 minutos. La exposición generaba una imagen latente –una imagen registrada sobre la superficie de la solución de plata pero que todavía no era visible–. Daguerre descubrió que podía «revelar» esta imagen con vapores de mercurio, de modo que pudiera verse claramente, y que la sal común podía detener la reacción y, por tanto, «fijar» la imagen. El proceso creaba imágenes invertidas de la escena que se registraba. Como no existía negativo, cada daguerrotipo era un único e irrepetible.

Los daguerrotipos presentan una claridad de gran belleza y son sorprendentemente nítidos, por lo que muestran un gran detalle. La superficie plateada crea una imagen que sólo puede verse desde ciertos ángulos. También actúa como un espejo

Hoy día se continúan creando daguerrotipos. El artista norteamericano Chuck Close publicó un libro de bellísimos retratos de estudio hechos con esta técnica, que revela el detalle, la alta calidad y la gama tonal del proceso.

en otros ángulos, de modo que una persona puede ver su propio reflejo, por ello se conocía como «el espejo con memoria». Todo esto contribuyó a su magia.

En 1839 Daguerre causó sensación cuando abrió las puertas de su estudio a un público parisino con muchas ganas de ver sus fotografías. Asimismo, publicó un manual de 79 páginas en el que explicaba sus técnicas, que tuvo un éxito inmediato –en pocas horas, las tiendas de óptica y química se llenaron de entusiastas que buscaban los ingredientes mágicos de la fotografía–. Daguerre fue aclamado por difundir el conocimiento para crear fotografías y se le garantizó una pensión gubernamental como recompensa.

La cámara viaja alrededor del mundo

El daguerrotipo y el diseño de la cámara de Daguerre fueron muy populares, a pesar de la baja calidad del objetivo y de la complejidad y falta de precisión del proceso de revelado. Un año después de su lanzamiento, en 1840, Josef Max Petzval, un profesor de matemáticas de la universidad de Viena, solventó algunos de estos problemas calculando cómo podía construirse un nuevo tipo de lente. Junto con el constructor de telescopios Peter von Voigtländer, creó un objetivo que transmitía unas sesenta veces más luz que el de Daguerre. Al mismo tiempo también construyeron la primera cámara –y no sólo una cámara oscura modificada–. Se parecía a un telescopio de bronce corto y grueso, y captaba imágenes circulares. El diseño Petzval permaneció en uso durante sesenta años. Se construyeron miles de objetivos y su diseño se copió en Europa y América.

En esos días, la exposición todavía se hacía retirando y remplazando la tapa del objetivo. Los largos tiempos de exposición obligaban al uso de trípode o de un soporte para mantener firme la cámara.

En poco tiempo se extendió el proceso daguerrotipo. Los exploradores aficionados con dinero empezaron a traer imágenes de personas y paisajes de todo el mundo, y por primera vez se hicieron nuevas fotografías. Todos los pueblos y ciudades tenían sus propios «artistas daguerrotipo» –los primeros profesionales–. Hacia 1850 Nueva York contaba con setenta y siete fotógrafos.

Los daguerrotipos estaban protegidos por una lámina de vidrio y se presentaban en marcos profusamente decorados, con frecuencia forrados de satén, con una cubierta con bisagras y un cierre para proteger la imagen. El fotógrafo acostumbraba a firmar sus daguerrotipos, de igual forma que el pintor firmaba sus cuadros.

Positivo y negativo

Mientras Niépce y Daguerre habían experimentado con cámaras oscuras en Francia, el científico William Henry Talbot realizaba sus propios descubrimientos fotográficos en Inglaterra. En 1841 Talbot anunció su propio proceso, que funcionaba con negativos en papel. Su primera imagen de éxito fue una famosa fotografía del tamaño de un sello captada a través de las ventanas de su biblioteca. Talbot había hecho su descubrimiento experimentando con primitivas cámaras apodadas «trampas para ratones» –pequeñas cajas de madera con lentes en la parte delantera construidas por el carpintero del pueblo–

cargadas con papel sensibilizado a la luz. Talbot patentó el proceso, al que bautizó como calotipo –de la palabra griega *kalos*, que significa «imagen bella»–. Los calotipos eran negativos de papel encerado, por lo que por primera vez se pudieron hacer múltiples copias de la misma fotografía. Entretanto, la popularidad de los daguerrotipos empezó a decaer debido a la complejidad del proceso y a la imposibilidad de reproducir las imágenes. A principios de la década de 1850, la combinación del proceso de negativo de vidrio y copias a la albúmina –desarrolladas a partir de los inventos de Talbot– remplazó al daguerrotipo como método estándar para captar y positivar imágenes. Este proceso negativo/positivo se convirtió en la base de la fotografía hasta la llegada de la cámara digital.

Ampliadoras

Las primeras ampliadoras se fabricaron en 1857, y se conocían como cámaras solares. Utilizaban la luz directa del sol para proyectar la imagen de un negativo de vidrio sobre papel sensibilizado. Hasta entonces, el copiado por contacto había sido el único método disponible de copiado. En la década de 1860 se diseñaron las primeras ampliadoras con luz eléctrica.

Cámaras de fuelle

La evolución de las cámaras a lo largo de las décadas de 1850 y 1860 trajo consigo la estandarización de los fuelles flexibles de cuero, que permitieron que el objetivo de la cámara se desplazara hacia atrás y hacia delante para enfocar con mayor precisión. Los fotógrafos veían la escena a través de una pantalla de cristal esmerilado situada en el respaldo de la cámara, que luego remplazaban con un marco de placas para captar la imagen.

Obturadores

En la década de 1870 se fabricaron unos nuevos tipos de placas fotográficas mucho más sensibles a la luz. Sin embargo, los fotógrafos comprobaron que no podían tapar y destapar el objetivo con suficiente precisión si el tiempo de exposición era muy breve. Por tanto, necesitaban un dispositivo de «obturación» que pudiera abrir y cerrar el objetivo con fiabilidad durante fracciones de segundo.

Los primeros obturadores iban montados delante del objetivo: eran como pequeñas guillotinas y contenían una lámina deslizante con un agujero. Cuando el fotógrafo liberaba la lámina, ésta se deslizaba por delante del objetivo, con lo que se dejaba que la luz pasara durante el instante en que el agujero coincidía con la abertura del objetivo. Obturadores como éste, equipados con bandas elásticas, permitieron a Eadweard Muybridge en 1872 fotografiar el movimiento de un caballo a medio galope con velocidades de obturación de aproximadamente 1/500 s. (*Véase* «Secuencia», pág. 89.)

En 1878 el proceso seco de placa de gelatina remplazó al negativo de placa húmeda. Esto liberó a los fotógrafos de la necesidad de usar placas húmedas, que tenían que sensibilizarse y revelarse sobre el terreno. Los tiempos de exposición necesarios para las placas secas eran muy breves, lo que permitía a los fotógrafos sujetar la cámara a pulso.

George Eastman

El desarrollo técnico y cultural de la fotografía dio un paso importante gracias a George Eastman, inventor e industrial que anticipó las posibilidades comerciales de la fotografía y empezó a fabricar y vender sus inventos fotográficos a gran escala.

El primer éxito de Eastman fue un portarrollos que se adaptaba a la cámara convencional de placas, con lo que se podía utilizar un rollo de papel sensible de hasta cuarenta y ocho exposiciones. Esto constituyó otro gran avance para los fotógrafos, pues las frágiles y pesadas placas de vidrio u hojas de metal que tenían que deslizarse cuidadosamente en el respaldo de la cámara pudieron remplazarse por un rollo ligero. Por primera vez era posible trabajar con mayor facilidad y captar muchas fotografías en poco tiempo.

Kodak: «Usted pulsa el botón, nosotros hacemos el resto»

En 1888 Eastman –en una brillante campaña de márketing– lanzó la primera cámara que usaba película en rollo. Bautizó su pequeña cámara con el nombre de «Kodak», un nombre corto y enérgico fácil de pronunciarse en cualquier parte del mundo, y la promocionó con el eslogan: «Usted pulsa el botón, nosotros hacemos el resto».

La Kodak costaba 25 dólares y llevaba suficiente película como para captar 100 fotografías circulares. Estaba cargada con el último invento de Eastman –«película» celuloide transparente revestida con emulsión–. Después de hacer 100 fotografías, se enviaba la cámara por correo a la fábrica de Kodak, que positivaba las imágenes y las retornaba por correo con la cámara recargada.

La Kodak fue un gran éxito. Le siguió una cámara «de bolsillo» de 5 dólares, y luego, en 1900, la «Brownie» de seis fotogramas, que se vendía por sólo 1 dólar. Eastman había transformado totalmente la fotografía. Por primera vez decenas de millones de personas pudieron acceder a ella, y empezó una nueva era.

La imagen II

Alastair Thain,
***Richard Long*, 1990**

Como se sentía insatisfecho con la calidad de imagen que podía obtener con una cámara estándar de gran formato, Alistair Thain decidió construir su propio aparato fotográfico. Con el único propósito de lograr la excelencia fotográfica, construyó una serie de cámaras de formato extra grande para hacer retratos, que carga con película de blanco y negro de definición ultra alta para reconocimiento por satélite.

Este retrato del artista Richard Long (*pág. opuesta*) pertenece a una serie de fotografías de pintores, actores y músicos publicadas en el libro *Skindeep*. Thain fotografió a Long frente a uno de sus cuadros.

Retrato

Algunos fotógrafos sienten pasión por la gente y fascinación por los rostros. Su motivo natural es el retrato. Por otra parte, normalmente las personas sienten una gran necesidad de contemplarse a sí mismas, y por ello siempre son el sujeto favorito de la fotografía. Hay fotografías de gente en todas las revistas y periódicos, en numerosos libros, galerías y museos. En Londres, la enorme National Portrait Gallery está dedicada únicamente a fotografías de famosos. ¿Pero qué convierte la fotografía de una persona en un retrato?

¿Qué es un retrato?

Un retrato trata de expresar el carácter de una persona y de ubicar al modelo en la jerarquía de su mundo, social y físicamente, al mostrar su estatus, autoridad e importancia. El retrato ofrece una visión profunda de la persona, más allá de los detalles de su apariencia, pues revela aspectos desconocidos de su personalidad o presenta una nueva perspectiva de alguien que se conoce bien.

Para crear un retrato se necesita algo más que una persona situada delante de la cámara. El hecho de encuadrar y disparar no significa que se vaya a obtener un retrato. El resultado es, con frecuencia, una composición que revela poco más que las facciones, la ubicación y la ropa –aunque la historia puede añadir interés a estas imágenes a medida que los lugares cambian, la ropa pasa de moda o la persona se hace famosa.

Hay muchos aspectos relevantes en la creación de un retrato. Cuando se le hace una fotografía a alguien, generalmente el modelo es consciente de la presencia de la cámara, por lo que posa para tener buen aspecto. Sin embargo, pesar de todos los esfuerzos, es imposible no dejar entrever algunas pequeñas pistas acerca de la verdadera identidad del modelo en la expresión y el lenguaje corporal.

Para hacer un retrato, el fotógrafo debe buscar la manera de penetrar más allá de la defensa del modelo. La fotógrafa Eve Arnold decía que el fotógrafo de retrato debería «introducirse en el alma de la persona».

Fotógrafo, modelo y espectador

Siempre hay más de una persona en un retrato: están el modelo y el fotógrafo. Juntos crean el retrato, un registro de su encuentro. Pero, ¿es un encuentro entre iguales? John Szarkowski prologó un libro de retratos es el que afirmaba que «un retrato es una batalla entre dos voluntades por el control del alma del modelo», es decir, consideraba la fotografía de retrato como una enconada lucha. De hecho, algunos retratos reflejan esta batalla; en otros, el encuentro parece ser más un trabajo en común.

Además del modelo y el fotógrafo, el espectador está íntimamente involucrado en un retrato, pues es quien lo completa en último término. El conocimiento previo del modelo colorea su visión. Todo lo que sabe acerca de él se imprime en su mente, incluidas otras imágenes del sujeto.

El conocimiento y el prisma de la historia magnifican las fotografías y cambian el modo en que se perciben. El espectador reacciona ante una fotografía increíblemente simple de una cara familiar o de una persona famosa de una forma

Conservador, crítico y escritor sobre fotografía, John Szarkowski fue director de fotografía en el Museo de Arte Moderno de Nueva York. En 1963, «descubrió» al fotógrafo de 67 años Jacques-Henri Lartigue y expuso el trabajo de Diane Arbus, Garry Winogrand y Lee Friedlander en el MOMA en 1967 en la exposición *New Documents*. El hecho de apostar por la fotografía en lugar de por la pintura fue considerada como una actitud revolucionaria –preludio de la aceptación de la fotografía contemporánea en galerías de arte y colecciones de todo el mundo–. A Szarkowski se le ha calificado como «uno de los videntes importantes de la fotografía».

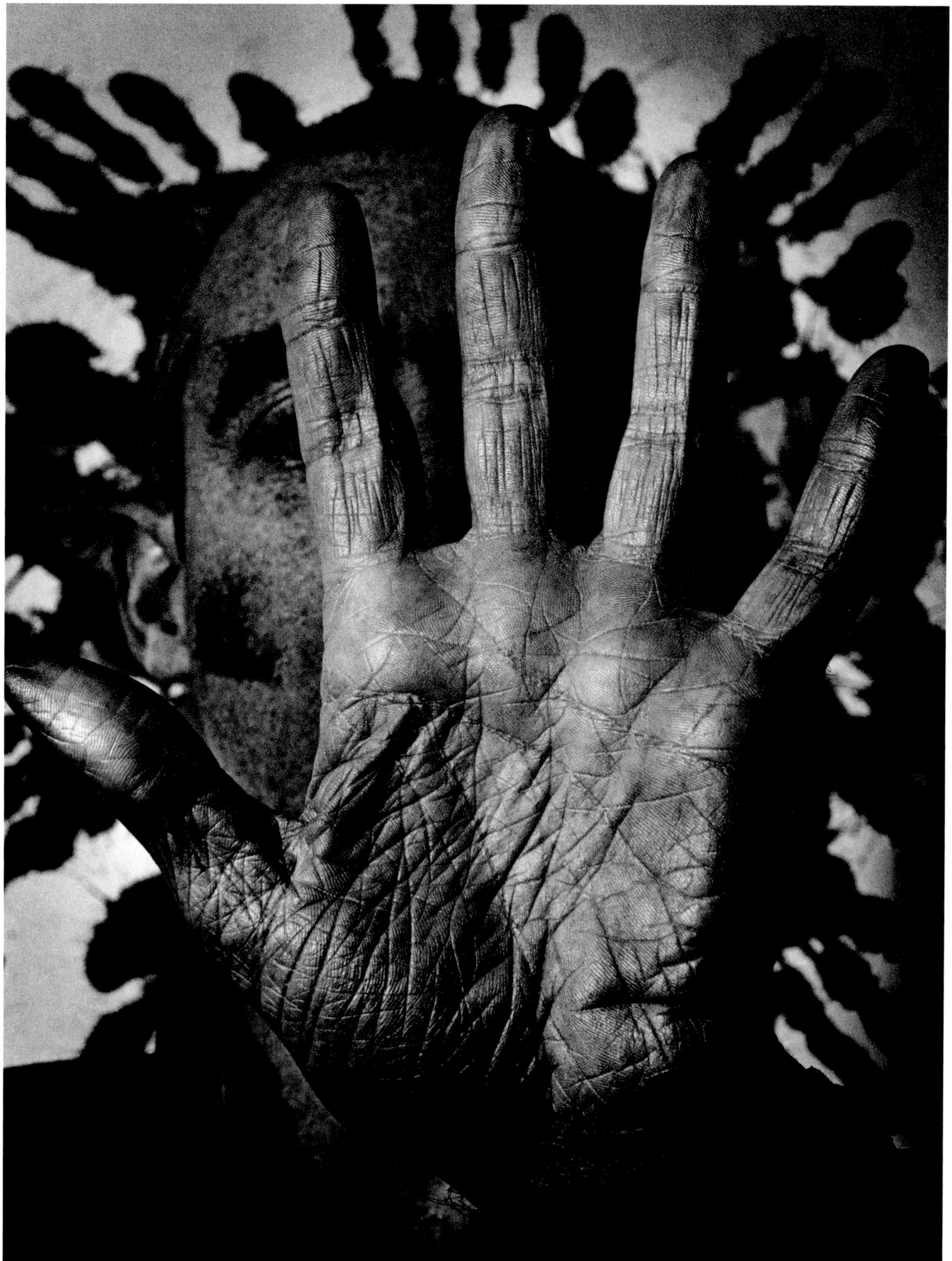

por completo distinta a si se trata de alguien desconocido, pues en un caso se ve una imagen como un retrato íntimo y en el otro como una mera instantánea.

Los buenos retratos producen una química única e inolvidable, que es el resultado de por la relación e interacción entre el modelo, el fotógrafo y el espectador.

El retrato pictórico y el retrato fotográfico

Los retratos fotográficos han heredado muchos elementos de los pictóricos –incluidas algunas poses y composiciones–, pero en otros aspectos son muy diferentes. Los pintores tratan de captar «un parecido» en un retrato –algo que es inevitable en fotografía– y generalmente favorecen al sujeto en sus obras, que suelen encargarse para inmortalizar a los poderosos, los ricos y los famosos. Por tanto, los pintores suavizan las arrugas y los michelines para mostrar al modelo con una buena iluminación, a fin de que quede favorecido para la posteridad. En cambio, el fotógrafo abarca una gama más amplia de personas y puede ofrecer una mejor percepción, vitalidad e intimidad que una representación aduladora.

Los retratos pictóricos pueden exigir muchas horas de preparación. El artista Lucian Freud necesita más de cien horas para pintar un retrato, y sus modelos han de permanecer en la misma posición durante nueve meses. Un retrato fotográfico, por el contrario, puede captarse en 1/125 s.

A menudo los cuadros muestran gente a tamaño real, incluyen todo el cuerpo y, tal como observó el escritor Germaine Greer, «se dividen *grosso modo* en dos tipos: en unos el sujeto te mira, y en otros el sujeto aleja la mirada». Los fotógrafos no están ligados a estas convenciones, y a menudo crean retratos basados en grandes ideas y en el detalle humano, más que en una vista general.

Preguntas sobre los retratos fotográficos

¿La fotografía refleja un encuentro único entre el fotógrafo y el modelo, o cualquiera podría haber captado esa misma imagen? ¿Quién tiene el equilibrio del poder, el modelo o el fotógrafo? ¿De quién depende el resultado?

¿Puede un retrato profundizar en la persona más allá de los detalles de la apariencia? ¿Se siente cómodo el modelo en su propia piel? ¿Se puede observar su esencia? ¿Ofrece una visión original? ¿El modelo aparece tal como es en realidad o se le muestra favorecido? ¿Se ve un rostro familiar o extraño de la persona? ¿Es posible no posar? ¿Es posible no revelar nada? ¿Existe una «expresión vacía»? ¿Es posible sentirse atraído por el retrato de una persona? ¿Cuál es el nivel de intimidad de una fotografía?

Un retrato preserva al sujeto y al fotógrafo para la posteridad. ¿Cómo serán juzgados tanto el uno como el otro por un futuro público cuando ambos ya hayan muerto? ¿Un modelo desaparecido hace tiempo puede hablar a través de su retrato?

¿Qué se siente cuando a uno le hacen un retrato?

Los retratos fotográficos se realizan durante un breve encuentro entre el modelo y el fotógrafo; éste puede ser de unos pocos minutos o varias horas. A menudo ambos son extraños. Esperar una intimidad inmediata es difícil, al no ser amigos, normalmente, el modelo y el fotógrafo. Muchos fotógrafos controlan la sesión diciendo al modelo dónde y cómo debe posar, qué debe hacer, cómo debe mirar o reaccionar y qué expresión debe adoptar. Estas actitudes no son usuales en la vida diaria y se dan solamente en los rituales de la fotografía de retrato.

Mientras que muchos fotoperiodistas y documentalistas nunca interfieren en el evento que fotografían, la mayoría de los fotógrafos de retrato organizan totalmente una situación a fin de crear la imagen. En general, el sujeto, al ser fotografiado, reacciona con pasividad y complicidad –aunque algunos fotógrafos no dan instrucciones en absoluto, con lo que crean deliberadamente una tensión con su modelo.

«Encargar un retrato se puede parecer a una visita al oculista o al dentista –mire hacia allí, mire hacia allá, diga ahhh.»
Alan Latchley, fotógrafo.

Las herramientas del fotógrafo de retrato

Las herramientas elegidas por el fotógrafo desempeñan una influencia esencial en la imagen. El fotógrafo escoge trabajar con flash, luz de tungsteno o luz diurna, en estudio o «sobre el terreno», y selecciona cámaras concretas por el efecto que éstas presentan sobre la imagen. Algunos profesionales se decantan por la elevada resolución de detalle de las cámaras de gran formato; otros, por la cámara Lomo. Algunos prefieren luz suave, colores vivos o manipular las fotografías digitalmente después de haberlas tomado. Pero, en definitva, los grandes fotógrafos de retrato seleccionan una cámara, la fuente de iluminación y el método de salida en función de su creatividad, pues hallan su propio sistema para combinar y usar estas herramientas y crear un única manera de retratar a la gente.

Valor real

Los fotógrafos enfocan la ceremonia de hacer un retrato de diferentes formas –y buscan revelación e intimidad–. Muchos se concentran en el rostro y se fijan en los detalles y en la expresión. Las tomas de primer plano pueden mostrar una gran intensidad. Con una cámara de formato medio o gran formato, se consigue un elevado nivel de detalle. La gente rara vez mira directamente –ni siquiera a los seres queridos–, y las tomas de primer plano permiten hacerlo, por lo que ofrecen una gran intimidad con los ojos, las pestañas, la boca, el pelo y los poros de la piel del modelo.

El fotógrafo canadiense Yousuf Karsh utilizaba una cámara de formato 20 × 25 cm para hacer retratos de primer plano, que luego reproducía a un tamaño mayor que el real, lo que proporcionaba al modelo un aspecto imponente y monumental. El artista norteamericano Chuck Close revela un extraordinario detalle de la figura humana con sus enormes tomas macro creadas con la técnica de daguerrotipo, un proceso utilizado en los primeros retratos, hace más de 150 años. Su intensa claridad ofrece al espectador la oportunidad de examinar las caras de los modelos microscópicamente.

Véase www.masters-of-photography.com.

Véase Chuck Close, *Daguerrotipos* (Alberico Cetti Serbettoni Editore, Italia, 2002).

Detalles

Los retratos más reveladores se han creado examinando detalles clave del modelo –las manos de escultures y pintores, los puños de boxeadores y los pies de bailarinas y deportistas–. Bill Brandt fotografió muy de cerca los ojos de artistas visionarios

Hayley Leonard
***Las manos de la abuela*, 2004**

«Pretendía hacer un retrato de mi abuela que revelara su personalidad y carácter. Quería una pose natural, así como retener la atmósfera de su bonito apartamento. Utilicé luz ambiente con una lámpara de tungsteno que reboté para añadir luz suave y difusa. Hice la fotografía con una cámara Bronica de formato medio, con el objetivo ajustado a un diafragma abierto para lograr una profundidad de campo reducida.» Leonard es fotógrafo y diseñador y trabaja en Liverpool.

Véase www.richardavedon.com.

Véase www.masters-of-photography.com.

como Henry Moore, Max Ernst, Georges Braque y Alberto Giacometti. Lo efímero de la vida de una persona también puede ser muy revelador.

Retratos con fondo plano

Los fotógrafos a menudo prefieren retratar gente sobre fondos blancos o neutros, un método de trabajo utilizado a lo largo de la historia de la fotografía. La persona se muestra aislada de su entorno natural, lo que permite al espectador una inspección más cercana de la pose, la ropa y la cara. Richard Avedon empleó cinco veranos para crear una serie de retratos con fondo plano, que recopiló en su famoso libro *In the American West*. Con ellos rompió muchos mitos y estereotipos: en sus imágenes, no existen vaqueros heroicos; en vez de ello revela una Norteamérica poblada por trabajadores exhaustos que desempeñan tareas muy duras, parados y gente decepcionada y desencantada.

Se ven pocas sonrisas en el vacío de los fondos de Avedon, con muchas personas prematuramente envejecidas. La más famosa de estas fotografías es la de un apicultor, Ronald Fisher –una imagen que se planeó meticulosamente antes de hacerla–. Éste mira impávido desde el centro del encuadre a pesar de que algunas abejas se le meten en las orejas.

Avedon captó las fotografías de *In the American West* en diferentes lugares, pero siempre utilizó los mismos métodos. Todas ellas se hicieron con una Deardorff de formato 20 × 25 cm, en días soleados pero a la sombra, para que el contraste no fuese excesivo.

Asimismo, mantuvo una visión constante y los mismos métodos de trabajo a lo largo de toda su carrera, pues fotografió a famosos, ricos, pobres y condenados exactamente igual, siempre contra fondos blancos. El retrato de Ronald Fisher recuerda mucho al que tomó veinte años atrás del poeta con cara de nuez W. H. Auden, quien, centrado de forma similar en el encuadre, está de pie frente a un fondo blanco de nieve en una calle de Nueva York, con la cara y el cuerpo sembrados de copos de nieve.

Irving Penn también sentía predilección por la simplicidad de los retratos con fondo plano, pues consideraba que su sencillez proporcionaba honestidad a sus fotografías. Sus retratos están iluminados únicamente por la luz diurna filtrada en su estudio, o bien con luces de estudio dispuestas para imitar los efectos de la luz natural. Para proporcionar a los modelos una esquina donde pudieran estar tranquilos colocó juntas dos tablas de escenario. Era un escenario austero, sin ningún lugar donde esconderse de la cámara, en que el modelo quedaba arrinconado. En este escenario Penn fotografió a celebridades y creó retratos impactantes. En su retrato del campeón de boxeo Joe Louis, por ejemplo, éste no sólo parece vulnerable, sino también derrotado.

La fotógrafa holandesa Rineke Dijkstra busca fondos planos contra los que fotografía gente a solas; así, ha realizado series de fotografías de jóvenes discotequeros, madres con sus niños recién nacidos y matadores manchados de sangre. En una serie de fotografías tomadas en Polonia, Croacia, Ucrania, Bélgica y Coney Island de chicas adolescentes en bikini y bañador utilizó el cielo como fondo. Los fondos planos intensifican la fuerza de las imágenes y magnifican las poses frente a la cámara.

El retrato de estudio

El estudio ofrece al fotógrafo un elevado control del ambiente de una imagen. Cecil Beaton creó fondos de estudio de gran belleza en la década de 1930 con materiales baratos –papel rasgado, celofán y papel de aluminio–, con lo

Rineke Dijkstra, *Milton Head Island, S.C, EE.UU., 24 de junio, 2004*

Dijkstra busca fondos planos contra los que fotografiar personas. Los fondos simples intensifican la fuerza de las fotografías y magnifican las poses frente a la cámara. Esta imagen recuerda al cuadro de Botticelli *El nacimiento de Venus*. La escena está iluminada con una mezcla de flash y luz natural.

que se adelantó en tres décadas al estudio plateado de Warhol. Madame Yevonde y Angus McBean utilizaban el estudio para componer fantásticos retratos. Este último creó extraños paisajes esculpidos con arena frente a fondos pintados de cielos tormentosos. Sus retratos constituyen imágenes oníricas con extrañas ambigüedades en cuanto a la escala, con las cabezas de los sujetos atrapadas en campanas de cristal. Madame Yevonde fotografió bellezas de la sociedad inglesa vestidas con túnicas griegas y romanas, teatralmente iluminadas. Sus aristocráticas modelos muestran una gran felicidad propia de diosas.

Robert Doisneau utilizó el estudio para dar claridad y producir un impacto en una imagen del actor cómico francés Jacques Tati en la que éste mira desconcertado un mar de blancura, rodeado por las piezas de una bicicleta que parece haber explotado justo bajo sus pies.

El éxito de un retrato puede ser el resultado de la reacción del modelo ante una gran idea, inspirado por algo repentino o planeado anticipadamente y llevado al estudio, como en el retrato de Tati hecho por Doisneau.

El modelo ideal

Salvador Dalí era un sujeto ideal para la fotografía de retrato. Iba por delante de su época y percibía las posibilidades de los retratos fotográficos para

Philippe Halsman, *Dali Atomicus*, 1948

Halsman sugirió a Salvador Dalí la idea para esta fotografía después de ver su cuadro *Leda Atómica*, en el que todo aparece suspendido en el aire.

Para ello, colgó un caballete, un taburete y dos cuadros de Dalí (incluido *Leda Atómica*, a la derecha de la imagen). La mujer de Dalí sujetó la silla de la izquierda, y al contar tres Dalí saltó mientras los ayudantes de Halsman lanzaban un cubo de agua y tres gatos al aire. Después de medio día de trabajo y veintiocho intentos consiguieron una imagen perfecta, el producto de una sorprendente colaboración.

Halsman y Dalí continuaron trabajando juntos durante los siguientes veinte años. Si puede, mire otros retratos de Dalí, incluidos los de Cecil Beaton, Daniel Farston, Xavier Miserachs, Man Ray y Eric Schaal.

promocionar su carrera: cuanto más dinámica fuera la imagen, más a menudo sería publicada. Por ello reaccionaba bien a las ideas más alocadas del fotógrafo. Mientras que algunos famosos sólo dedican una pequeña cantidad de tiempo a la sesión fotográfica, él invertía muchísimas horas para asegurarse de que el fotógrafo obtuviese lo que buscaba. Era el colaborador perfecto, siempre contento de destinar tiempo y tiempo a Philippe Halsman; asimismo, se prestó a mirar a través de una lupa para que Peter Beard pudiera fotografiar su cara extrañamente distorsionada; y posó de pie mientras contemplaba el mar con el bigote lleno de flores para Jean Dieuzaide.

Retratos en exteriores

Un retrato tomado «sobre el terreno» es aquel en el que el fotógrafo se desplaza al lugar de trabajo o a la casa del modelo, o bien escogen una calle para hacer la fotografía. Los exteriores ofrecen al fotógrafo muchos elementos con los que puede trabajar para crear un retrato: las posesiones del modelo, el ambiente en el que se mueve y sus herramientas de trabajo son excelentes accesorios que pueden proporcionar una visión íntima de la personalidad del sujeto.

Retratos «casuales»

En muchas fotografías preparadas –por ejemplo, las de estudio– el fotógrafo dirige al sujeto y le indica hacia dónde debe mirar o qué expresión debe adoptar. Esto puede producir cierta sensación de artificialidad. Por ello, a veces los retratos son mejores cuando se «encuentran» que cuando son «producidos»: el fotógrafo se funde en el fondo de un lugar y espera un momento revelador o íntimo. Tales retratos se describen como «espontáneos».

«Fotografía espontánea» es un término acuñado por el editor de arte de *The London Weekly Graphic* en 1930 para describir las fotografías de Erich Salomon sobre políticos. (*Véase* pág. 74.)

Retratos con cámara oculta

Walter Evans creía que es posible conseguir retratos más íntimos cuando el sujeto es completamente ajeno a la presencia del fotógrafo. Evans captó sus famosas fotografías del metro tras pasarse cientos de horas con la cámara asomada entre los botones de su abrigo y el cable disparador oculto en una manga. Los pasajeros son fotografiados en sus asientos desde muy cerca. Sus expresiones son totalmente personales –resultan completamente distintas de aquellas que la gente muestra a la cámara cuando sabe que la están fotografiando.

En su búsqueda de una intimidad similar, Paul Strand colocaba un prisma de 45° en el objetivo para poder hacer fotografías mientras la gente creía que estaba apuntando hacia otra dirección. En su serie *Heads*, Philip-Lorca diCorcia fotografió diversos transeúntes en Nueva York, Tokio, Calcuta y México sin que se dieran cuenta. La cámara de DiCorcia se disparaba cuando la gente cruzaba una serie de flashes ocultos. Las fotografías resultantes muestran al sujeto completamente absorto en sus pensamientos.

Véase www.masters-of-photography.com.

Retratos de famosos

La cultura del poder de los famosos y el control de la imagen han conducido al fenómeno de los fotógrafos de celebridades –una elite tan conocida como los modelos del cine y las estrellas de rock–. Algunos fotógrafos que se dedican a este

Fichas policiales

Son fotografías tomadas como registro de las personas que han sido arrestadas y llevadas a la comisaría de la policía; las hacen oficiales sin conocimientos de fotografía. Las imágenes resultantes muestran a las personas en un momento de gran preocupación, por lo que dan lugar a retratos fascinantes y reveladores. También hay algunos casos famosos que involucran a celebridades. Por ejemplo, en una de ellas Hugh Grant parece avergonzado y aterrorizado; el fundador de Microsoft, Bill Gates, sonríe a la cámara, mientras que la actriz y activista política Jane Fonda mira triunfante, al tiempo que saluda con un puño cerrado.

Las primeras fotos de famosos

Mathew Brady fue el primer fotógrafo del siglo XIX que vislumbró la atracción que ejercían los famosos y las posibilidades de hacer dinero explotando sus imágenes. Brady expuso fotografías de gente famosa de la época –entre ellos Abraham Lincoln y Edgar Allan Poe– en la ventana de su estudio «Brady's of Broadway». El público fue a ver en masa las fotografías para comprar reproducciones y para hacerse un retrato. Brady publicó el primer libro de retratos de famosos, *The Gallery of Illustrious Americans* (1850).

A mediados del siglo XIX, la mayoría de los famosos habían posado para hacerse un retrato. En Inglaterra, Charles Dickens, Florence Nightingale y Alfred Tennyson no eran nombres conocidos, pero sí caras populares. En 1860 la reina Victoria y su familia fueron retratados para su propia *carte-de-visite*. A raíz de estas fotografías se despertó una verdadera fiebre por coleccionar retratos de la realeza y de famosos. Se vendieron millones de *cartes-de-visite* –incluso se veneró a algunos talentos mediocres, exactamente como hacen los tabloides de hoy día.

Retratos de un pueblo o una ciudad enteros

Muchos fotógrafos profesionales trabajan durante décadas según las mismas premisas, y crean bellos e históricos retratos. Philip Kwame Apagya, en Ghana; Malick Sidibe y Seydou Feita, en Mali; Ernest Dyche, en Birmingham, Inglaterra; Harry Jacobs, en Brixton, Londres; Mike Disfarmer, en el pequeño pueblo de Heber Springs, en Arkansas, y Hashem El Madani, en Saida, Líbano; todos ellos han creado retratos de comunidades enteras a lo largo de los años. Madani afirmaba que había fotografiado a más del 90 % de la población de su ciudad en el curso de su carrera. Todos estos fotógrafos encontraron extraordinarios sujetos al lado de su casa.

Su propósito era simple: conseguir que sus clientes quedaran contentos. Todos ofrecían accesorios y varios tipos de fondos, planos o exóticos. Apagya utilizaba en sus retratos extraordinarios fondos decorados con pinturas de vivos colores que representaban ciudades y lujosos apartamentos.

Incluso los talibanes en Afganistán, que prohibieron todas las fotografías excepto las de pasaporte, tenían su propio fotógrafo secreto. Sus imágenes coloreadas a mano se descubrieron por casualidad después de la caída de Kandahar.

Eugene O. Goldbeck, *División de Adoctrinamiento, Comando de Entreno, Base aérea de Lockland, San Antonio, Texas, 19 de julio, 1947*

En los inicios de su carrera, Goldbeck pensó que las fotografías de grupo podían ser muy provechosas, pues se dio cuenta de que cuanta más gente hubiese en la fotografía, mayor sería el número de copias vendidas. Por ello, se especializó en grupos numerosos de militares (*pág. opuesta*).

tipo de retrato son Mario Testino, Annie Leibovitz, David LaChapelle y cualquiera que haya fotografiado a Madonna. El fotógrafo de celebridades es el cómplice del famoso, quien confía en su trabajo para que le retrate favorecido, de modo que queden satisfechas tanto la estrella como las revistas al presentar al famoso bajo la luz más adecuada –mirando de soslayo y con expresión seductora–. Dichos retratos quedan fantásticos colgados en las paredes de las galerías de arte, de las mansiones de la estrella y de los salones de las compañías discográficas.

El hecho de ser retratado por un fotógrafo de famosos implica un estatus elevado o ser considerado una nueva estrella. Annie Leibovitz creó lo que ella llama retratos de «concepto», elaboradas fotografías realizadas con la ayuda de pelotones de ayudantes, maquilladores, estilistas y decoradores de escenarios. Los retratos de famosos son algo más que imágenes de publicidad, pues los productos que se venden son los propios famosos.

Retratos de presidentes y reyes

Estos retratos constituyen esencialmente eventos de relaciones públicas y de promoción para el estado y la monarquía. Hoy día, las familias reales todavía programan sesiones fotográficas oficiales en ciertos momentos, como cumpleaños y bautizos. En una reciente campaña publicitaria se encargó a un grupo de jóvenes fotógrafos que retratasen a la reina Isabel II; ninguno de ellos consiguió crear algo revelador. La mayoría de los retratos de la realeza son fotografías de adorno.

El mejor retrato de la realeza es, sin duda, la fotografía que Hiroshi Sugimoto hizo de la reina Isabel II: una imagen en blanco y negro de su estatua de cera, hecha con una cámara de gran formato y reproducida a tamaño real, colgada en la National Portrait Gallery (Londres) entre pinturas al óleo de la familia real.

Retratos de grupo

Los retratos de grupo ofrecen el desafío de tener que revelar la personalidad de muchos individuos a la vez. Como esto es muy difícil de conseguir espontáneamente, a menudo el fotógrafo organiza el retrato de grupo distribuyendo los sujetos para crear composiciones con fuerza. Este método fue llevado al extremo por Eugene O. Goldbeck y la sociedad Mole & Thomas, que hicieron retratos de grupos muy numerosos de decenas de miles de personas. Goldbeck creó fotografías de emblemas militares, mientras que Mole & Thomas realizó un monumental retrato del presidente Woodrow Wilson usando 21.000 soldados.

Fotógrafos fotografiados

A menudo, los fotógrafos se muestran reticentes a ponerse frente a la cámara de otros –suelen preferir los autorretratos o no ser fotografiados, quizá porque entienden el poder de la fotografía–. Es una lástima, pues el retrato ofrece la oportunidad de descubrir aspectos de nosotros mismos que de otra manera no conoceríamos.

Indoctrination Division, Air Training Command, Lackland Air Base
San Antonio, Texas, July 19, 1947
NATIONAL PHOTO
NEWS SERVICE
SAN ANTONIO, TEXAS,
E.O. GOLDBECK

Autorretrato

Ponme en la foto

Los autorretratos son encargos que uno mismo se asigna motivado por el deseo creativo y la libertad de que carecen los encargos. Esto implica que a menudo sean imágenes elaboradas y muy ambiciosas. Normalmente se hacen con un cable disparador o usando el autodisparador de la cámara. Asimismo, un colaborador puede pulsar el disparador cuando el fotógrafo se lo indica.

Yasumasa Morimura, *Autorretrato (actriz), Marilyn en rojo*, 1966

El artista japonés Morimura imita famosas fotos *pin-up* en sus autorretratos, en los que transforma su propio sexo y raza en el proceso.

Cuando un fotógrafo recibe el encargo de fotografiar a gente para revistas o periódicos, puede verse limitado por ciertos aspectos, incluida la voluntad y el humor del modelo y el tiempo disponible. A menudo el modelo sólo concede al fotógrafo unos pocos minutos o incluso segundos. Asimismo, muchos factores quedan fuera de su control, como la idoneidad del lugar o incluso la posición del sol. Todo ello le obliga a trabajar de un modo que produzca resultados que se puedan publicar, en vez de como realmente le gustaría hacerlo. En cambio, los autorretratos están creados tal como desea el fotógrafo. Esto proporciona a la imagen una serie de cualidades no siempre presentes en otros retratos.

Muerte, sexo y raza

La libertad del autorretrato conduce a concebirlos de tal modo que desafíen tradiciones y exploren temas como la mortalidad, la sexualidad y la raza. La muerte se imita en uno de los primeros autorretratos de la historia, tomado en 1840, en el que el fotógrafo Hippolyte Bayard posa como un hombre ahogado –posiblemente como comentario acerca de su devastación personal al ser derrotado por Daguerre en 1830 en la carrera para producir el primer proceso fotográfico con éxito.

El trabajo de Cindy Sherman está formado casi enteramente de autorretratos que examinan y cuestionan el modo en que las mujeres son fotografiadas. En ellos, Sherman (que comparte su nombre con una conocida muñeca de plástico) se viste con ropa de otras épocas; lleva máscaras y pelucas y va muy maquillada; además satiriza las poses de la fotografía de moda, las *pin-ups* y la pornografía. Al introducir en sus imágenes la violencia, el horror y el humor negro, en ocasiones las conduce a tales niveles que se convierten en algo grosero y repulsivo.

En sus series *Untitled Film Stills* cada imagen parece extraída de una película. Con un profundo entendimiento del poder de la fotografía, Sherman nos hace imaginar lo que podría haber pasado o lo que está por venir. En *Untitled No. 122* viste como una mujer de negocios de la década de 1980, al estilo de la cultura «la avaricia es buena» de Wall Street. Iluminada con dureza desde arriba, lo que crea una profunda sombra en la pared blanca situada tras ella, y con el pelo despeinado que cubre su cara, cierra los puños con rabia.

En otra serie está vestida de payaso. En *Untitled No. 413* aparece contra un fondo chillón, ondulado mediante manipulación digital para simular los vivos colores y la presentación de la fotografía comercial, transformada en un tóxico y malévolo Ronald McDonald.

Como Cindy Sherman, el artista japonés Yasumasa Morimura aprovecha la figura de la *pin-up* para crear un autorretrato. Desnudo, reclinado en una alfombra de terciopelo rojo y recreando la pose de la *pin-up* más famosa del mundo, Morimura se convierte en un hombre-Marilyn. Es una fotografía llamativa e inolvidable en la que Morimura transforma su sexo y su raza.

Robert Mapplethorpe se muestra a sí mismo en un autorretrato de 1988 debilitado y moribundo debido al sida. En ella sujeta una lata coronada por una pequeña calavera. Es la única fotografía de Mapplethorpe en la que ninguna parte aparece claramente definida. En un blanco y negro vivo y plateado, el brillante

detalle de la calavera queda yuxtapuesto por el rostro angustiado de Mapplethorpe: desenfocado, retrocede hacia la negrura.

Autodefinición

Los autorretratos a menudo se utilizan para afirmar la identidad creativa de los fotógrafos y proporcionar al espectador una pista para que entienda su trabajo y ambición. Edward Steichen posó como pintor en un autorretrato de 1902. En él se muestra a sí mismo sujetando una paleta y un pincel. Las referencias pictóricas y las pinceladas de la goma bicromatada contribuyen a la autodefinición de Steichen como artista maestro –Byron con un pincel–.

El fotógrafo alemán Helmut Newton se retrató a sí mismo en un hotel barato. Newton yace en una cama bajo una modelo medio desnuda que le abraza, con su cara oculta por el pelo y las manos de ella. Él la rodea firmemente con un brazo, mientras con el otro pulsa el disparador de la cámara para hacer la fotografía de su reflejo en el espejo del techo. La imagen granulosa en blanco y negro revela al mismo tiempo el voyeurismo de Newton y su frío y pasivo desapego; todavía lleva un traje y tiene los zapatos puestos. (*Véase* «El cuerpo», pág. 59.)

En otra imagen, Peter Beard emerge de la boca de un enorme cocodrilo mientras escribe despreocupadamente una postal; es decir, se retrata como un playboy aventurero y seguro de sí mismo, entre peligrosos animales.

Pierre et Gilles aparecen vestidos con trajes blancos de Elvis y sujetan revólveres de color negro brillante contra un cielo azul resplandeciente salpicado

Pierre et Gilles, *Autorretrato*, 1988

La pareja francesa Pierre et Gilles, creadores de preciosas fotografías pintadas a mano, se sintieron inspirados por un viaje a la India para hacer este autorretrato (*pág. opuesta*): «El cine, los templos, las esculturas, el reto de hacer maravillas con nada, ¡con planchas de madera y papel maché! Recurren al ingenio», apuntan con entusiasmo.

Peter Beard, «*Escribiré siempre que pueda...*», autorretrato, 1965

En su jocosa felicitación de Navidad, Peter Beard usa una fotografía tomada en las orillas del lago Rudolf, ahora lago Turkana, en la frontera entre Etiopía y Kenia. La copia está manchada con sangre de un animal, uno de los materiales favoritos de Beard. Mientras posaba para esta fotografía, el interior del cocodrilo muerto empezó a contraerse, comprimiéndole las piernas.

El fotógrafo, artista, aventurero, playboy y filósofo medioambientalista Peter Beard divide su tiempo entre los cañones de Nueva York y las llanuras de África. La vida salvaje y la violencia de ambos mundos queda registrada en bonitos diarios compuestos de recortes en los que usa fotografía, collage, dibujos, escritura y pintura, e incluye a menudo objetos encontrados como pieles de serpiente, huesos y guijarros como parte de sus imágenes. Él atribuye su éxito a que no es culpable ni responsable de nada.

La vida y el trabajo de Beard se han visto influenciados por su amistad con Karen Blixen, la autora de *Memorias de África*, y el pintor Francis Bacon. Fotográficamente está influido, entre otros, por Julia Margaret Cameron.

Mientras que muchos fotógrafos no utilizan colores vivos para pintar directamente la superficie de las copias, Beard no está limitado por las ideas de «pureza». También combina a menudo secuencias de fotografías, en las que vuelve a fotografiar, ampliar y modificar imágenes ya acabadas. (*Véase* «Secuencia», pág. 89.)

Beard usa pinceles y tintas Windsor y Newton para dibujar, y sangre, que compra fresca en la carnicería o congelada en el matadero, para manchar la superficie de las copias.

Gran parte del trabajo de Beard se puede ver en su sitio web, www.peterbeard.com. *Véase también* la obra de los hermanos Douglas y del joven fotógrafo y artista Dan Eldon, que también se inspiró en la belleza y la peligrosidad de África.

Autorretratos heroicos

Estas fotografías hechas por estudiantes (*pág. opuesta*) fueron una respuesta a un proyecto para crear autorretratos al estilo de sus propios héroes y heroínas.

de nubes algodonosas. Posan como gángsteres angelicales con caras pintadas con aerógrafo.

Autorretratos en la calle

Los autorretratos parten de los reflejos o efectos de la luz encontrados por casualidad en la calle. Nigel Henderson, Tommy Harris, Henri Cartier-Bresson y Eve Arnold han creado de este modo imágenes distorsionadas y fracturadas. Saul Leiter y Louis Faurer captan reflejos siniestros en las ventanas de Nueva York.

La norteamericana Lee Friedlander es una fotógrafa urbana que aparece en muchas de sus fotografías, aunque a menudo sólo como un elemento pequeño –reflejada en ventanas, espejos, sombras–. La más famosa muestra una sombra proyectada hacia atrás y esculpida en el pelo de una transeúnte. (*Véase* «Ver cosas», pág. 106.)

Fotomatón

Todo el mundo se ha hecho un autorretrato en un fotomatón. Esta máquina se concibió originariamente para hacer fotografías en blanco y negro de pasaporte en un par de minutos. Algunas de ellas incluso proporcionan instrucciones sobre cómo posar.

Las cabinas de fotomatón también se aprovechan para realizar experimentos baratos, y las han utilizado muchos fotógrafos, artistas y estudiantes de arte, entre ellos Andy Warhol, Francis Bacon y Dick Jewell. Tomoko Sawada expuso 400 autorretratos de cabina en las que posaba con extravagantes vestidos de moda, mirando en todo momento a la cámara.

Richard Avedon utilizó un fotomatón para crear un extraordinario autorretrato en 1964. Sentado contra el fondo blanco sostiene una fotografía recortada del escritor James Baldwin, con el que estaba colaborando en un libro. Con la fotografía enrollada para mostrar a medias su cara, Avedon se acerca a la cámara, con lo que se desenfoca la imagen. Los rostros del escritor y del fotógrafo se funden, con lo que se crea una imagen que refleja su relación creativa. Se trata de una imagen compleja y de gran fuerza creada con unos pocos centavos.

Nicole Rogers, *Escuela*, 2001

«Quería componer una fotografía dramática ambientada en una escuela. Para ello, tuve la idea de crear un autorretrato que me mostrara al mismo tiempo como perpetradora y víctima.

»La imagen se captó con una cámara de formato medio sobre trípode y con luz natural. Un amigo pulsaba el disparador mientras yo interpretaba los distintos papeles. Escaneé los fotogramas y creé la composición final en Photoshop.»

Rogers es una fotógrafa e ilustradora afincada en Londres. Otros trabajos suyos pueden verse en el sitio web www.nicolerogers.com.

Retratos y autorretratos digitales

Actualmente se puede usar la fotografía digital en retratos y autorretratos, lo que ofrece nuevos e interesantes modos de vernos a nosotros mismos. Nicole Rogers la ha utilizado de forma brillante en un autorretrato muy turbador en el que representa el aula de una clase.

La ciudad

A algunos fotógrafos les obsesionan las ciudades y las tendencias y trasfondos de la vida urbana. Recorren la metrópolis mirando, buscando y esperando los encuentros fortuitos de la luz del sol y la calle, de los neones y la vida nocturna, de los rascacielos y la vida en las calles. Buscan sucesos ordinarios y extraordinarios, pues desean retratar la alegría, la intensidad o la malevolencia de la ciudad. Quieren preservar escenas que de otro modo se perderían para siempre.

Ernst Haas,
***La cruz, Nueva York*, 1966**

Haas era un extraño en Nueva York cuando llegó por primera vez a la edad de treinta años. Como tal, pudo fotografiar la ciudad con una mirada fresca y nueva. Inspirado por la capacidad de Edward Weston para hacer fotografías que transformaban lo real en irreal, Haas halló un crucifijo entre los rascacielos. Sus fotografías se publicaron en la revista *Life* como «imágenes de una ciudad mágica».

William Klein, *Variación sobre pistola 1, Nueva York 1955*, 2000

Se dice que el fotógrafo William Klein ganó su primera cámara jugando al póquer en el ejército de Estados Unidos. Klein es una figura legendaria, un revolucionario de estilo propio con una cámara –es tan «guay» que puede fumar y hacer fotografías al mismo tiempo.

Klein comenzó su carrera creativa como pintor abstracto y diseñador. Ha sido fotógrafo urbano, de moda, pintor, escultor, productor de anuncios, fotógrafo de publicidad, cineasta, documentalista, activista y satírico escritor. Sus fotografías de Nueva York a principios de la década de 1950 han influido en posteriores generaciones de fotógrafos. Esta fotografía (*pág. opuesta*) pertenece a una serie en la que Klein ha vuelto a trabajar recientemente. Actualmente, Klein vive y trabaja en París, y hace poco se ha pasado a la fotografía digital.

El París de Eugène Atget

En 1898 Eugène Atget tomó una cámara por primera vez y empezó a fotografiar París. Con un equipo primitivo y sin expectativas inmediatas de exposición, publicación o ventas, se embarcó en un proyecto que duró veinte años y reunió unas 10.000 copias. La obsesión de Atget fue fotografiar su visión del antiguo París. Por ello ignoró la recién construida Torre Eiffel y los grandes centros comerciales, y se centró en las estrechas calles adoquinadas, así como en zonas a punto de ser demolidas, donde captó detalles como escaparates, letreros, aldabas y farolas.

El París de Robert Doisneau

Desde la década de 1940 hasta la de 1970, Robert Doisneau recorrió las calles de París en busca del humor y la calidez de la vida urbana. En sus imágenes, los amantes se besan en calles atestadas de gente, un policía pasa por delante de una puerta en forma de una gran boca abierta que parece estar a punto de engullirle, mientras que los trabajadores se esfuerzan en mover una pesada estatua de una mujer desnuda, y para ello la empujan con las manos posadas sobre los pechos de la estatua. Sus fotografías son amables e ingeniosas; muestran la ciudad como un lugar romántico y placentero.

El Londres de Roger Mayne

Roger Mayne fotografió Southam Street, en la zona North Kensington, Londres, durante cinco años, de 1956 a 1961. Descubrió la calle por casualidad mientras exploraba los vecindarios próximos a su estudio. Motivado por la exuberancia –vida familiar en la calle, niños que jugaban a fútbol y construían columpios que ataban a farolas– regresaba frecuentemente para fotografiar esa zona. Hombre tranquilo, amable y vergonzoso, Mayne se confundía con el fondo después de sus primeras visitas, con lo que captaba preciosas fotografías de la calle como patio y centraba su atención en la vida de la comunidad.

El Tokio de Naoya Hatakeyama

En la década de 1980 Naoaya Hatakeyama fotografió la estructura oculta de Tokio. Mientras millones de personas pasean por las calles, él se arrastra hundido con el cieno hasta las rodillas y fotografía los canales tóxicos que discurren en las alcantarillas de hormigón excavadas justo bajo la superficie de la ciudad. Arrinconado por los feos bloques de oficinas y apartamentos, el agua oxidada y ácida refleja retazos de las luces de neón y fluorescentes de la ciudad. Hatakeyama ejerce un estrecho control sobre sus fotografías, y compone cada una de ellas de forma que la llamativa línea horizontal de la valla de hormigón del canal discurra exactamente a través del centro. La moderna, brutal y desagradable ciudad que se ve en la parte superior de la imagen adquiere una belleza misteriosa en su reflejo distorsionado del subsuelo.

26A
DAK 5063 TX
27
27
KODAK 5063
27A

Extraños en la ciudad

A algunos fotógrafos les apasiona su ciudad natal y centran su trabajo en ella; otros son extranjeros y ven la ciudad con una mirada fresca. Brassaï, Weegee, Philip-Lorca diCorcia y Sirkka-Liisa Kontinnen fueron visitantes que se enamoraron de las ciudades que fotografiaban.

El París de Brassaï

Brasaï, oriundo de Transilvania, creó bellas fotografías de París en las décadas de 1920 y 1930. Nacido en Gyula Halasz, adoptó el apodo de Brassaï del nombre de su pueblo natal, Brasso. Al fotografiar París sólo por la noche, creó una vista de la ciudad dormida, una perspectiva que la mayoría de los ciudadanos nunca había visto. Así, París de Brassaï está poblado por gángsteres, prostitutas, trabajadores nocturnos y vagabundos. Con una cámara Voigtländer y flash de magnesio captaba imágenes sobre negativos de vidrio, y éstos eran tan pesados que sólo podía llevar veinte a la vez; como consecuencia tenía que ser muy selectivo a la hora de elegir los temas. También fotografiaba los *graffiti* de la ciudad: dibujos, grabados, rayadas, iniciales y corazones, un tema posteriormente abordado en Londres por Gilbert and George. Las fotografías de Brassaï muestran el París nocturno como un lugar agridulce de ternura y sexo, soledad, violencia y melancolía.

El Nueva York de Weegee

Arthur Fellig, nacido en Austria, adoptó el nombre de Weegee y captó inolvidables fotografías de Nueva York en la década de 1940 que contribuyeron a crer una imagen de la ciudad como un lugar amenazador: la capital del vicio y de la muerte violenta. Weegee era el arquetipo de reportero tramposo: un fotógrafo oportunista, con la acreditación de prensa pegada a la banda de su sombrero. Amigo de policías y criminales, buscaba una exclusiva en cualquier parte, en cualquier momento, día o noche, con la cámara siempre cargada.

Como un vagabundo que abandonaba su casa por la mañana sin saber lo que iba a pasar, Weegee se dejaba llevar por el deseo de fotografiar el último asesinato para vender sus imágenes a los tabloides. En una ocasión, un policía y un bombero quisieron saber cómo llegaba antes que nadie a la escena de un crimen, y le preguntaron si tenía un tablero de espiritismo Ouija. Esto hizo trabajar su imaginación y, jugando con la palabra, se bautizó a sí mismo como «Weegee». Con una radio de policía en su apartamento, Weegee estaba listo para la acción en todo momento, para lo cual además dormía vestido.

Asimismo, había obtenido un permiso para tener una radio de la policía en su coche, y era el único fotógrafo que contaba con este privilegio. Su compañero de trabajo Louis Liotta recordaba: «Weegee era inteligente. Había hecho las fotografías de boda de la hija del comisario de policía, y al comisario le encantaron. Tomó la tarjeta de prensa de Weegee y escribió una nota en el reverso. Cuando éste llegaba a un lugar donde había pasado algo mostraba su tarjeta, le daba la vuelta y la policía cuidaba de él y le permitía el acceso a la escena del crimen. Daban la vuelta al cuerpo, colocaban la pistola en el lugar adecuado y el hacía sus fotos».

En la fotografía más famosa de Weegee, *The Critic (Opening Night at the Opera)*, dos damas ancianas de la alta sociedad (George Washington Kavanaugh y Lady

Pell) llegan de la ópera, y sonríen a la cámara presuntuosamente, con las entradas en sus manos enjoyadas. Un desaliñado transeúnte –el crítico del título– frunce el ceño al pasar junto a ellas. La fotografía capta el mutuo desprecio de la gente situada en los extremos opuestos de la sociedad de Nueva York.

A Weegee le encantaban estas yuxtaposiciones. En sus fotografías también aprovechaba letreros de edificios, vallas publicitarias y carteles de cine con humor negro. En la fotografía de un edificio en llamas rodeado de coches de bomberos aparece una enorme valla publicitaria en el centro del encuadre que reza: «Sólo añada agua hirviendo».

Su primera exposición se llamó *Murder Is My Business* («El asesinato es mi negocio»). En ella figuraban fotografías de gángsteres de poca monta de Nueva York, policías, borrachos, travestis y matones. Weegee murió en Boxing Day (el día después de Navidad) de 1968, en Hell's Kitchen, Nueva York. El sello utilizado en el reverso de sus fotografías reza: «Credit photo by Weegee the famous» («fotografía de Weegee el famoso»). (*Véase* «Herramientas del fotógrafo de prensa», pág. 74.)

El Tinseltown de Philip-Lorca diCorcia

Philip-Lorca diCorcia, nacido en Hartford, Connecticut, fotografiaba el lado oscuro de la vida urbana. En Santa Mónica Boulevard, en Los Ángeles, se acercaba a chaperos, vagabundos, estafadores y drogadictos y les preguntaba cuánto le costaría dos horas de su tiempo para hacerles unas cuantas fotografías. Después de llegar a un acuerdo con ellos tomaba las fotografías en un escenario construido en la calle con una iluminación muy elaborada, así como en moteles y restaurantes baratos, donde mezclaba flash con luz natural y fluorescente.

Los títulos de las fotografías incluyen el nombre de la persona, su edad y su lugar de nacimiento, además de la cantidad pagada para posar: *Eddie Anderson; 21 años; Houston, Texas; 20 dólares*. Las fotografías muestran el lado triste de la vida en Tinseltown: aislamiento, tristeza y añoranza. (*Véase* «Retratos con cámara oculta», pág. 35.)

El Newcastle de Sirkka-Liisa Kontinnen

La fotógrafa Sirkka-Liisa Kontinnen pasó la mayor parte de las décadas de 1970 y 1980 fotografiando la zona de Byker de Newcastle: la vida diaria en las calles, los hogares, las peluquerías, la lavandería, el bingo, la bolera, y en ella encontró un pueblo dentro de la ciudad. Sus fotografías están teñidas por una gran tristeza; toda la zona estaba a punto de ser demolida: las callejuelas iban a ser remplazadas por bloques de pisos.

Johnnie Shand Kydd: Nápoles

«Para fotografiar Nápoles me trasladé allí durante tres meses. Cuando llegué no sabía hablar su lengua y no conocía a nadie. Nápoles es una gran ciudad, que transmite una sensación de alteridad, tiene mucho humor, es exuberante y, al mismo tiempo, oscura y siniestra.

»Para empezar, te sientes completamente seducido por los clichés de la ciudad. Es un proceso por el que se tiene que pasar antes de descubrir los niveles más bajos e intrigantes que se ocultan detrás. El único modo de hacer esto es dedicando mucho tiempo a recorrer las calles con una cámara.»

Johnnie Shand Kydd es un fotógrafo autodidacta. En su primer libro, *Spitfire*, fotografió la explosión de Britart en Londres a mediados de la década de 1990, en la que inmortalizó sucesos como participante. Estas fotografías se tomaron en el año 2000 con una cámara de formato medio Mamiya TLR fabricada en la década de 1950.

NAPOLI

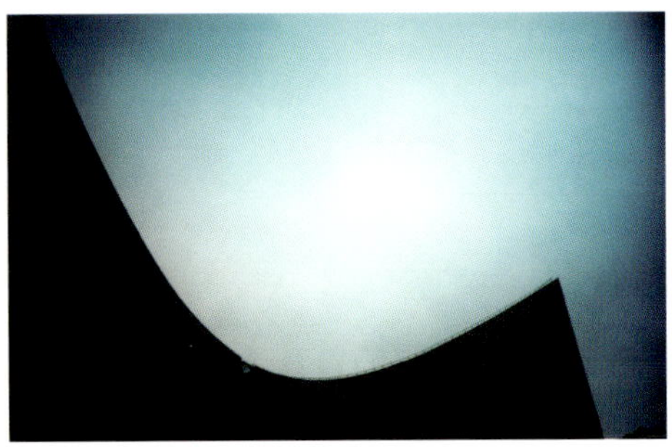

Fabian Monheim: Hong Kong

En 2004 Monheim fotografió Hong Kong con una cámara Lomo. «Cuando visito una ciudad nunca voy a los lugares turísticos. Un día camino hacia el norte, otro hacia el sur, el tercero hacia el este y el cuarto hacia el oeste, y luego veo lo que he conseguido captar.»

Paisajes

La belleza y el poder de la naturaleza han cautivado a muchos fotógrafos que se sienten atraídos por la fuerza y la vulnerabilidad del mundo natural –por las montañas, los bosques, los árboles, el cielo y el mar–. Éstos fotografían la grandeza del paisaje, sus dibujos, ritmos y poesía, tanto antiguos como actuales, con los efectos fugaces de los elementos –luz, niebla, viento, lluvia y tormentas.

Los fotógrafos de paisaje muestran lo que piensan acerca del mundo a través de sus imágenes. Algunas son impresionantes; otras destacan una armonía entre el hombre y la naturaleza, y unas cuantas muestran con pena el futuro del paisaje.

Paisajes y cámaras

Para expresar la escala de la naturaleza, muchos fotógrafos prefieren trabajar con cámaras de gran formato, que gracias a su elevada nitidez de imagen han sido la herramienta de los grandes maestros de la fotografía. Si bien la fotografía es excelente para revelar el espíritu de las cosas –por ejemplo, para examinar el detalle de los rostros y los objetos–, retratar espacios abiertos constituye un tipo de desafío muy diferente.

Cuando se observa un paisaje no suelen observarse los detalles; en vez de ello se contempla una panorámica. Se aprovecha toda la visión, hasta los bordes, para experimentar el espacio. Casi desde el nacimiento del medio, los fotógrafos han sido conscientes de esta diferencia, por lo que empezaron a crear panorámicas uniendo diversas fotografías tomadas desde el mismo punto de vista. También se construyeron cámaras panorámicas que podían captar

Andrew Watson, *Figsbury Rig*, 1994, y *A 303 and Tumuli, Salisbury Plain*, 2002

Watson fotografía la huella del hombre en el paisaje, tanto antigua como moderna.

una imagen muy amplia en una sola exposición: algunas registraban 180º, otras hasta 360º. Entre 1859 y 1866 el geólogo y fotógrafo francés Aimé Civiale realizó impactantes panorámicas de 360º que transmitían la belleza de los Alpes franceses, austríacos y suizos en un solo fotograma. El diseñador y fotógrafo nacido en Hong Kong Robin Koh crea panorámicas de 360º a partir de fotografías sueltas perfectamente fusionadas con el ordenador. A continuación, monta las imágenes en delgados tambores circulares de un metro de anchura que giran lentamente. Los espectadores que se colocan detrás pueden sentir como si estuvieran ante el paisaje.

El paisaje como protagonista

Ansel Adams veía el paisaje como un paraíso. El centro de su vida profesional transcurrió en el bellísimo Parque Nacional de Yosemite, en California. Empezó a hacer sus primeras fotografías de Yosemite a la edad de 14 años en 1916, durante unas vacaciones familiares, y regresó continuamente al mismo lugar durante los siguientes sesenta años.

Adams se convirtió en un conservacionista y apoyó la creación de parques nacionales. Sus fotografías más llamativas captan rayos de luz que bañan las montañas, los cañones, los árboles y los lagos. Muestran la grandeza épica y la majestuosidad del paisaje norteamericano, y resultaron muy populares al permitir que un público contaminado por el consumismo conectara con un mundo de simplicidad y heroica belleza. Obsesionado por la calidad técnica, Adams creó el sistema de «zonas», un método para asegurarse de que las placas de gran formato ofrecieran el máximo detalle al espectador.

El poder creativo de la naturaleza

«La naturaleza es una gran artista. He visto rocas y formas que ponen en evidencia a Matisse, Picasso y Brancusi. Es imposible ganar a la madre naturaleza.»
Brett Weston, fotógrafo de paisaje.

Edward Weston se hallaba dominado por el deseo de hacer fotografías perfectas que expresaran el poder de crear formas misteriosamente bellas. Fotografió árboles, rocas y dunas de arena erosionadas y moldeadas por los elementos que adoptaban formas de gran belleza. Fotografiaba cada sujeto una y otra vez bajo la cambiante luz. Componía imágenes de conchas, raíces, hojas y pimientos, a los que proporcionaba la apariencia de esculturas monumentales.

La línea precisa del horizonte divide el centro exacto de cada una de las fotografías en blanco y negro creadas por Sugimoto con cámaras Deardorff y Phillips de 20 × 25 cm de los océanos del mundo. Sus hipnóticas imágenes muestran la vastedad del mar y del cielo como bloques puros y simples de gris y negro. Sus paisajes marinos nocturnos, captados con exposiciones de horas de duración, resultan imposibles de reproducir en papel, pues tal es la sutileza del contraste entre el gris oscuro del cielo y la negrura del mar. Por ello es preciso ver las copias directamente.

Las primeras fotografías aéreas se tomaron desde globos sujetos con cuerdas en la década de 1850. El fotógrafo pionero James Wallace Black utilizaba cometas para elevar su cámara a alturas de 400 m, y abría el obturador mediante un cordel muy largo. El fotógrafo Vik Muniz utiliza excavadoras para crear esculturas de tierra del tamaño de los antiguos dibujos de creta tallados en las laderas de las montañas, y luego las fotografía desde un helicóptero. *Véase también* el trabajo de fotógrafos como Marilyn Bridges, Yann Arthus-Bertrand y el legendario fotógrafo aéreo Filippo Masoero.

William Garnett comenzó a hacer fotografías en 1940, y durante los siguientes cuarenta años se dedicó a captar imágenes por la ventana de un pequeño avión mientras pilotaba por encima de las nubes. Sus fotografías proporcionan una nueva y bella perspectiva del paisaje, pues revelan los dibujos de las colinas, barrancos, dunas y olas que de otro modo no se podrían ver.

El sello del hombre en el paisaje

Las fotografías de Andy Watson muestran la gran sutileza de algunas de las huellas del hombre en la naturaleza. Tomadas desde una avioneta, las imágenes, del valle glacial Manger, en Oxfordshire, el sur de Inglaterra, revelan una armonía entre elementos históricos y modernos. En algunas de ellas, las marcas de antiguos asentamientos y recintos se funden en dibujos abstractos con las huellas contemporáneas de los campos de cultivo, tractores, remolques y cosechadoras; en otras, las líneas de las carreteras modernas son absorbidas por otras líneas con miles de años de antigüedad.

Véase www.richardlong.org.

Véase también la obra de Brett Weston, Aaron Siskind y Minor White, que se trata en «La cámara en las manos del artista», pág. 120.

Richard Long fotografía las marcas que él ha dejado en el paisaje, tras caminar –a menudo durante varios días– sobre campos sin cultivar, con lo que forma líneas rectas o círculos. Las fotografías de Long atraen al mostrar el poder que tiene la naturaleza de borrar las marcas hechas por el hombre –son el único registro de la alteración de la tierra por parte del caminante, pues toda huella de su presencia se irá disolviendo lentamente con tiempo, a medida que el viento, la lluvia y la marea vayan recuperando la belleza natural del entorno.

Véase www.edwardburtynsky.com.

El fotógrafo canadiense Edwgard Burtynsky se siente enfurecido por el abuso que el hombre hace del planeta Tierra. En sus fotografías en gran formato e intenso color, documenta el modo en que hemos herido al paisaje con enormes campos de petróleo, refinerías, basura y neumáticos. Sus imágenes de la década de 1990 de enormes minas y canteras abandonadas se ven como profundas heridas en la piel de la Tierra. Las más angustiosas de ellas muestran riachuelos envenenados con níquel que se adentran en la tierra o se abren camino hacia el mar.

Bodegones

Desde hace cientos de años, los pintores han creado cuadros con composiciones de vasijas de fruta, comida, bebida, flores e instrumentos musicales, lo que se conoce como «bodegones», término acuñado para describir estas pinturas de objetos inanimados. Los primeros intentos de la fotografía en este campo imitaban estas composiciones. Sin embargo, aunque los franceses llaman a los bodegones «nature morte», que literalmente significa «naturaleza muerta», el fotógrafo pretende devolver la vida a los objetos.

«El bodegón es una forma muy pura de trabajar. Nada que uno no quiera no tiene por qué estar en la composición.»
Sandro Sodano, fotógrafo.

«Un buen bodegón puede desbloquear la respuesta emocional hacia un objeto.»
Adam West, fotógrafo.

El objeto como protagonista

Las grandes fotografías de bodegones pueden proporcionar un entendimiento más profundo y una nueva relación con lo que nos rodea, pues se centran en las cualidades de un objeto. A diferencia de otras especialidades, los bodegones ofrecen al fotógrafo un tema que se puede controlar completamente, sobre todo en el estudio. Iluminación, cámaras, objetivos y enfoque se eligen para realzar la

Edward Weston, *Pimiento N.° 30*, 1930

El bodegón puede amplificar las cualidades de un objeto concreto de formas sorprendentes, como en esta extraordinaria imagen de un pimiento, captada por el gran fotógrafo norteamericano Edward Weston.

Bodegones de bolsas, 2000, de Sandro Sodano

Sodano hace que sus objetos –bolsos– adquieran una nueva dimensión en estos bodegones de publicidad. Fueron creados en estudio mediante un cuidadoso control de la luz y la exposición, en vez de usar técnicas digitales.

belleza de la composición. A fin de dar a un objeto un valor visual atractivo, es preciso tener ideas interesantes y centrarse en el detalle. Los bodegones creados para revistas y campañas de publicidad acentúan la belleza de los objetos; también se pueden realzar las cualidades de un objeto para que adquieran una apariencia lujosa, apetitosa, refrescante o moderna.

Algunos objetos, como plantas, guijarros y conchas, poseen una belleza natural y han constituido el tema de numerosos bodegones fotográficos. Man Ray, Nick Knight, Robert Mapplethorpe y André Kertész han fotografiado flores y realzado su belleza de diferentes formas. Man Ray solarizaba sus copias de lirios para mostrar flores que parecían arder con la luz. Nick Knight fotografiaba ejemplares de la colección de flores y plantas del Natural History Museum, de Londres, sobre fondos blancos para acentuar sus formas. Robert Mapplethorpe retrataba lirios en el estudio para mostrar su sensualidad, mientras que André Kertész captó un «tulipán melancólico» distorsionado como un cuadro cubista.

La comida es un tema frecuente de los bodegones. Irving Penn –un maestro de los bodegones– creó una bella imagen de vegetales congelados directamente en el congelador. Su obra *American Summer Still Life* presenta una botella de Coca-Cola, un chicle, una pelota de beisbol y un *hot dog* con mostaza. Pero quizá el mejor bodegón de Penn –una imagen de gran simplicidad y humor– es aquel que muestra diamantes de gran tamaño, valorados en millones de libras, como si estuvieran cayendo de un grifo.

Los fotógrafos encuentran belleza en lo inadvertido, lo rechazado y lo feo, en ocasiones a través de composiciones directas de objetos en la calle o en los viajes. Edward Weston fotografió el guante de un obrero de la construcción recubierto de cemento reseco. Chalkie Davis supo ver un excelente bodegón en un plato: la comida que le sirvieron en una línea aérea. Irving Penn creó una impactante serie de fotografías con colillas que había recogido de la calle, que amplió a tamaño póster e hizo bellas copias al platino que proporcionan a cada cigarrillo una extraña elegancia escultural. El resultado es una formación de colillas estropeadas. Martin Parr incluso encontró belleza en el asiento delantero de su coche después de que lo hubieran forzado, e hizo un bodegón con los pequeños cristales del parabrisas dispersos como joyas.

El cuerpo

El cuerpo humano ha fascinado a muchos fotógrafos. Se han creado imágenes de sus formas y texturas, su movimiento, sus cambios con la edad, su fuerza, fragilidad y belleza.

Algunos fotógrafos retratan el cuerpo para mostrar deseo, sexo y sensualidad, a fin de conjurar fantasías o como medio de persuasión en publicidad. Otros aprecian el espectáculo del cuerpo que se expresa con la danza y el deporte, mientras que unos cuantos usan la cámara para facilitar la comprensión de cómo funciona el cuerpo.

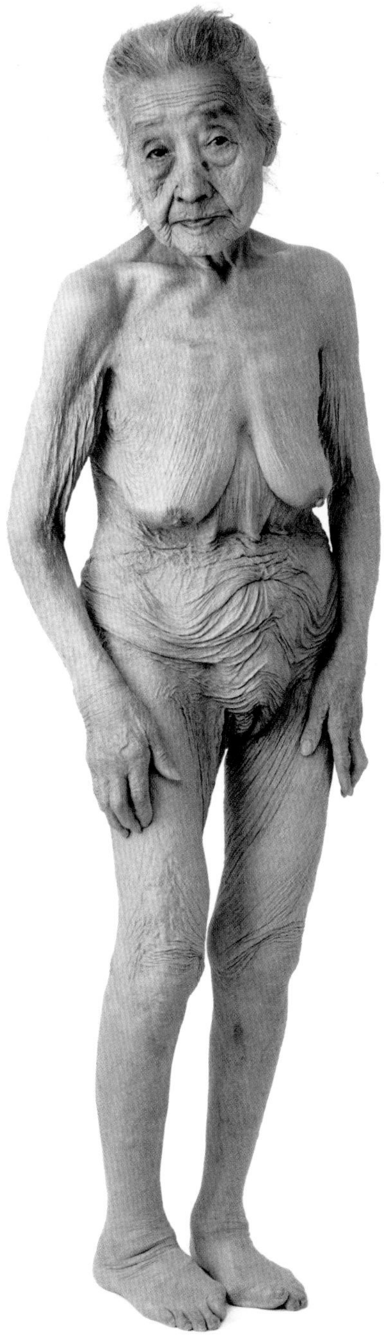

Manabu Yamanaka, *Gyahtei*, 1998

Estamos muy acostumbrados a ver imágenes de cuerpos jóvenes desnudos. Pero el fotógrafo japonés Yamanaka rompe los tabúes en su serie de fotografías a tamaño real de mujeres mayores.

El cuerpo desnudo

Nos encontramos rodeados de imágenes de cuerpos desnudos o semidesnudos, dominados por las imágenes de publicidad, productos de belleza y ropa interior. Las revistas más importantes incluyen regularmente fotografías que no hace mucho habrían sido consideradas tabú. Vivimos en una cultura cada vez más permisiva que permite ver más y más carne sin despertar comentarios escandalizados por parte del público. Lo que en su día se consideraron imágenes sexualmente explícitas para el consumo privado, ahora se muestran abiertamente, con independencia del sexo, en las carteleras y las revistas.

Los cuerpos que se ven en estas imágenes son más o menos, y de forma exclusiva, jóvenes, con una buena figura y bien bronceados. Por el contrario, el fotógrafo japonés Manabu Yamanaka crea desafiantes retratos en sus series de imágenes a tamaño real, en los que muestra mujeres ancianas desnudas, con la piel profundamente arrugada y la barriga flácida. Son fotografías extraordinarias: las personas que aparecen en ellas se sienten dignificadas y completamente cómodas con su desnudez. Ponen de relieve la obsesión que hoy existe con mantener la juventud. En nuestro mundo, donde la cirugía estética para reafirmar las carnes flácidas se ha convertido en algo normal, estas imágenes recuerdan que el envejecimiento no se puede detener.

Elliott Erwitt fotografía la playa, un lugar donde desaparecen muchas de las reglas sociales del comportamiento. Muestra la comedia del desnudo al crear agudas e inesperadas yuxtaposiciones de gente con ropa y sin ella, de cuerpos jóvenes y ancianos, y al explorar los rituales de la playa.

Otros fotógrafos buscan la belleza del cuerpo desnudo. Robert Mapplethorpe fotografiaba hombres y mujeres desnudos que posaban como estatuas clásicas, con iluminación de estudio para resaltar el músculo y el tono; en su trabajo, la carne se convierte en fría y sólida roca. Asimismo, Edward Weston creaba una armonía en las formas del cuerpo desnudo, iluminado con la luz directa del sol, que proporcionaba suaves curvas y sombras simples y oscuras.

Irving Penn elegía cuerpos carnosos y redondeados para sus famosas fotografías de mujeres desnudas, pues buscaba belleza en la obesidad. Los modelos que elegía eran la antítesis de las estilizadas maniquíes de moda, que había retratado para *Vogue*.

Lewis Morley, nacido en Hong Kong, creó una de las fotografías de mujeres desnudas más famosas, aunque el cuerpo apenas puede verse. En el encargo que recibió de fotografiar a Christine Keeler, la mujer que protagonizó el escándalo sexual en Inglaterra en la década de 1960 y que involucró a un ministro del gobierno, Morley la hizo posar sobre una silla de formas curvadas vuelta del revés, con los hombros y el pelo como un eco de su forma. La fotografía se ha imitado frecuentemente, pero sin captar la excelencia del original. La fuerza de la imagen proviene del modo en que Keeler esconde la desnudez y, al mismo tiempo, cómo la revela –su torso queda oculto por la silla y sus brazos, pero se vislumbra tentadoramente a través de la rendija en el respaldo de la silla, hacia la que convergen todas las líneas de la imagen.

Natalie Loher muestra vistas de 360° del cuerpo desnudo de sus amigos en enormes ampliaciones. Posan de cara a la cámara mientras la cámara escanea y escudriña cada detalle. En formato de libro, las fotografías de Loher permiten al espectador girar la figura al pasar las páginas.

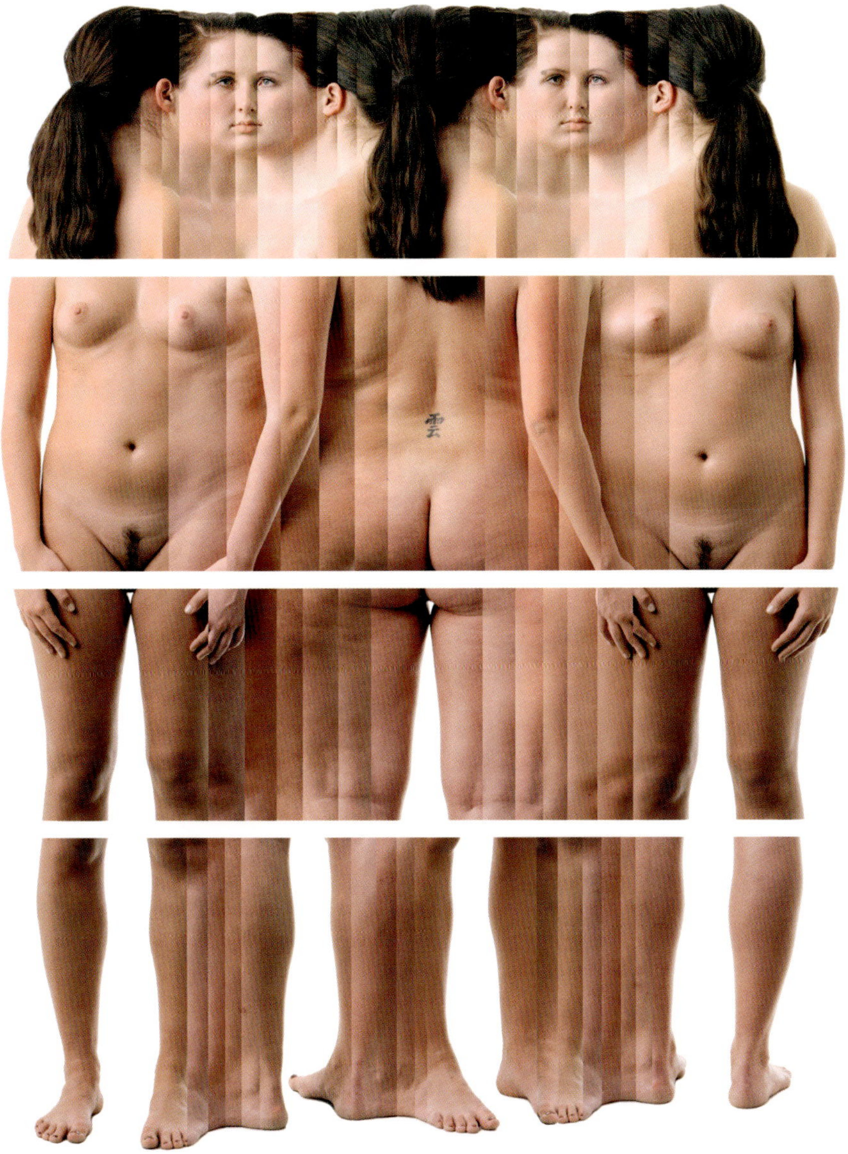

Natalie Loher,
***Desnudo femenino de 360°*, 2004**

«Esta imagen constituye una observación fotográfica de la forma humana. Varias imágenes de una mujer desnuda, tomadas cada 30°, se unen para crear una vista de 360° del cuerpo humano, lo que da una apariencia topográfica o de paisaje.»

Loher hizo las fotografías en un estudio con una cámara Sinar de 10 x 12 cm. La modelo estaba sobre una plataforma giratoria.

La fotógrafa alemana Loher estudió en la Parsons School of Design, Nueva York, y en Central Saint Martins, Londres. Su sitio web es www.natalieloher.com.

Abstracción desnuda

Los fotógrafos han experimentado ampliamente para crear visiones extrañas y sensuales del cuerpo. Bill Brandt fotografió modelos desnudas en blanco y negro con una cámara utilizada anteriormente por la policía. Con un objetivo supergranangular, enfoque fijo y sin obturador, creó impresionantes series de imágenes captadas en habitaciones vacías. El objetivo distorsionaba los miembros de la modelo en formas alargadas y sensuales de color blanco, lo que daba lugar a imágenes evocadoras de sueños y pesadillas.

El fotógrafo húngaro André Kertész experimentó retratando el cuerpo desnudo y distorsionado por los espejos de una feria. Los resultados son brutales e inquietantes, con los cuerpos retorcidos y torturados como los de los condenados de las pinturas de Breugel. El artista David Hockney creó su *Photo Collage Nude,*

17th June 1984 (Desnudo en collage, 17 de junio de 1984), de la actriz Theresa Russell a partir de numerosas fotografías macro. El collage –influenciado por las pinturas cubistas y el famoso *pin-up* de Marilyn Monroe– muestra simultáneamente la parte delantera y posterior de Russell.

Man Ray fotografió el cuerpo desnudo de la famosa modelo y musa parisina Alice Prin, más conocida como Kiki de Montparnasse, cuya forma y pose recuerdan las curvas de un instrumento de cuerda. Ray pintó las aberturas con forma de «S» de un violín en la copia, a cada lado de su espina dorsal, lo que produjo una inolvidable imagen de un instrumento musical vivo. Bautizó la imagen como *Le Violon d'Ingres* (El violín de Ingres), dado que el cuerpo desnudo de Kiki, con un pañuelo enrollado en la cabeza a modo de turbante, recordaba a la protagonista de un cuadro del pintor francés, que era un gran aficionado a la música. En Francia, la frase «Le Violon d'Ingres» pasó a formar parte de la jerga para describir la afición de una persona.

El fotógrafo británico David Hiscock modificó una cámara de photo-finish para crear exploraciones de su cuerpo captadas durante varios minutos. Llamó a estas distorsionadas imágenes abstractas «Trasmutaciones»; de hecho, tienen el aspecto de sismogramas gigantes.

Robert Doisneau, *Sueños de un hombre tatuado*, 1952

Las *pin-up* ofrecen el sueño de su disponibilidad, como se refleja en esta clásica imagen del fotógrafo francés Doisneau.

La *pin-up*

Mucha gente cuelga fotografías en la pared para decir a los demás quiénes son. Otros tienen imágenes de estrellas del cine, con lo que reflejan sus esperanzas, sueños y aspiraciones. Las *pin-up* son imágenes divertidas de mujeres semidesnudas que ofrecen la falsa promesa de disponibilidad sexual. Millones de mujeres y hombres jóvenes las cuelgan con chinchetas en las paredes de sus dormitorios.

Durante la segunda guerra mundial, algunos estudios de Hollywood publicaron miles de fotografías de famosos para animar la moral de los soldados. La *pin-up* de la actriz Betty Grable adornó más taquillas que cualquier otra estrella. Grable, famosa por haber asegurado sus piernas en un millón de dólares, ahora parece extrañamente proporcionada en la fotografía –como si su cabeza fuera demasiado grande–. Parte del atractivo de la imagen reside en la cadena que lleva alrededor del tobillo –algo tentadoramente exótico en aquella época.

En la década de 1950, el retrato en color, captado desde un punto de vista elevado, de Marilyn Monroe sobre un mar de satén rojo lanzó a la fama la revista *Playboy*. Yasumasa Morimura utilizó esta fotografía para realizar su autorretrato. (*Véase* «Autorretrato», pág. 38.)

En la década de 1970, de un imagen de Farah Fawcett, fotografiada por Bruce McBroom, se vendieron 20 millones de copias. De un póster en blanco y negro en el que aparecía un hombre con el torso desnudo que acunaba un bebé se vendieron millones de copias entre las adolescentes en la década de 1980. Esta imagen aunó con éxito el sueño de un padre perfecto y un niño perfecto; el hombre parecía ser al mismo tiempo cariñoso, vulnerable y atractivo.

Esta imágenes constituyen un excelente indicativo de los gustos de la época. Como tales, pasan rápidamente de moda y se imitan frecuencia.

Pornografía

La pornografía muestra un cuerpo que sólo interesa sexualmente. Las fotografías pornográficas han evolucionado desarrollando su propio tipo de poses, expresiones, lugares, colores e iluminación, que han sido satirizadas y exploradas por fotógrafos y pintores, entre ellos Dick Jewell, Cindy Sherman y Yasumasa Morimura.

En una serie de collage fotográficos, Dick Jewell capta el gesto con que la modelo levanta los brazos por detrás de la cabeza, una pose utilizada en la historia del porno y de las *pin-up* para indicar disponibilidad y abandono sexual. Jewell observó que esta pose se había asimilado en la corriente fotográfica y que se iba a ver en la moderna fotografía de moda, de artistas del pop y publicidad.

Helmut Newton trasladó la pornografía suave desde el estante superior de las noticias hasta las mesas de los cosmopolitas hogares. Uno de sus pares de fotografías, llamado *They Are Coming,* presenta cuatro modelos desnudas, muy seguras de sí mismas, que caminan hacia el espectador. En una imagen visten ropa muy cara; en la otra están desnudas excepto por sus zapatos de tacón alto –aunque una modelo se ha olvidado qué pie debería estar en el suelo–. Newton consideraba que todos los fotógrafos eran *voyeurs* y se pasaban el día «mirando a través del agujero».

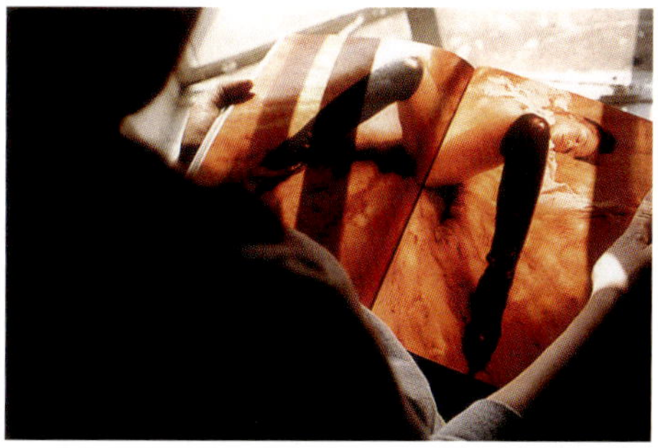

El interior del cuerpo

En 1907, William Morton utilizó rayos X para crear una sorprendente imagen del cuerpo de una joven. Los detalles de su collar, los botones de sus botas y el alfiler de su sombrero contribuyen a la rareza de la imagen. Helmut Newton copió esta idea setenta años después para crear un anuncio sobre carísimos diamantes. (*Véase* «Rayos X», pág. 187.)

La cámara se puede acoplar a microscopios y endoscopios para ayudar a médicos y científicos a conocer el funcionamiento del cuerpo humano. En la década de 1960, Lennart Nilsson empleó técnicas revolucionarias para fotografiar a un bebé en diferentes etapas de crecimiento dentro del útero de la madre. En las imágenes, el feto parece flotar en el espacio exterior.

El cuerpo en movimiento: la danza

Muchos artistas han fotografiado espectáculos de danza en los que registran las cualidades atléticas y la fuerza o la plasticidad y la armonía del cuerpo.

Además, siempre han retratado todo lo relacionado con la danza, desde los camerinos hasta la interpretación y el ensayo. El director de arte y fotógrafo Alexey Brodovitch captó unas fotografías mágicas, experimentales, granulosas y movidas de bailarines, que publicó en su libro *Ballet*. Tomadas en la década de 1930, ejercieron una gran influencia en muchos fotoperiodistas y fotógrafos de moda en las siguientes décadas. En ellas, los bailarines dan vueltas y corren delante de la cámara. Brodovitch coloca al espectador en el escenario, entre los intérpretes.

Lois Greenfield retrata bailarines de tal modo que realza la acrobacia de sus movimientos. En sus imágenes, los bailarines aparecen congelados en el aire mientras ejecutan sus saltos. Los fotografía como si fueran «figuras recortadas» contra un fondo blanco, en un escenario creado en su estudio, en vez de en el teatro.

El cuerpo en movimiento: el deporte

El deporte muestra el cuerpo humano en movimiento mientras corre, chuta un balón, salta, rema, nada, bucea, monta a caballo, lanza una pelota y juega a bolos. Toda la experiencia humana se puede resumir en un evento deportivo, cuando el espectro completo de emociones –desde el júbilo de la victoria hasta las lágrimas de la derrota– se desarrolla ante el fotógrafo. Los sentimientos más extremos y los miedos más básicos del hombre se ponen de relieve en el deporte, y en algunos eventos, como las Olimpiadas, se encuentran condensados en los breves segundos de una extraordinaria explosión de energía humana. El cuerpo se ve forzado hasta sus límites. El deporte posee excitación, belleza, agresión y dolor. Los deportistas muestran coraje, pasión, fuerza y gracia, fragilidad y enfado.

Grandes fotógrafos de deporte

Neil Leifer, Chris Smith, Ferry Cranham, Earmonn McCabe.

Aunque algunos fotógrafos se concentran en deportistas profesionales –los más en forma, los más rápidos y los más duros–, las emociones que produce el deporte son experimentadas también por los aficionados. La mayoría de los fotógrafos de deporte buscan la acción, pero algunas de las imágenes más reveladoras ni siquiera muestran la evolución del juego. Chris Smith captó ingeniosamente al boxeador Barry McGuigan en su esquina justo antes del asalto final por el campeonato mundial. Su entrenador acuna cariñosamente la cabeza del púgil entre sus manos mientras le aconseja, pero se puede ver que es demasiado tarde: McGuigan ya está derrotado y roto. Sus ojos están muertos, sus hombros flácidos y toda la energía de su cuerpo le ha abandonado. Es una fotografía conmovedora.

La mayoría de las fotografías de deporte están hechas con teleobjetivos para acercar la acción, aunque algunas se captan con granangulares. Al igual que con la fotografía de espectáculos de danza, algunos fotógrafos prefieren detener la acción en sus imágenes, mientras que otros permiten cierto grado de desenfoque para transmitir el movimiento del cuerpo.

Garry Winogrand retrató un jugador de fútbol americano con un granangular. En una gran imagen, todos los jugadores de ambos equipos son visibles en el centro del campo. Robert Davies hacía fotografías de deporte desde la parte posterior hacia el campo de juego en su serie titulada *Epiphany*. Captó muchos momentos clave del mundo del deporte, pulsando el botón de pausa del vídeo en la fracción de segundo exacta en la que ocurrían, y luego ampliaba mucho las imágenes, lo que revelaba la rica abstracción cromática de la imagen en pantalla. (*Véase* «¿Quiere ser fotógrafo de deportes?», pág. 214.)

Moda

La fotografía de moda permite que la imaginación del fotógrafo vuele, pues a menudo tiene licencia para producir fantasías extraordinarias con bellos ingredientes –ropa cara, lugares impresionantes y modelos en el momento de su máxima belleza.

La fotografía de moda avanza más rápidamente que otras especialidades de la fotografía, y busca constantemente originalidad e impacto. El *look* de ayer se olvida de inmediato.

Revistas de moda

«Es un medio muy dinámico. Está basado en su definición de cambio. Es como un rápido cambio –hoy, mañana.»
Nick Knight, entrevistado en la revista *Dazed & Confused*.

«La fotografía de moda trata de la fantasía. Las páginas de moda de las revistas incluyen treinta páginas de imágenes de gran tamaño con las que el lector se puede permitir disfrutar.»
Stuart Selner, director creativo, *Marie Claire*.

«Las mejores revistas de moda sólo usan papel brillante. Me encanta lo gruesas y pesadas que son. Prometen tanto... Incluso huelen muy bien gracias a los anuncios sobre perfumes.»
Emma Wright, periodista

«Nos gusta ser seducidos por las fotografías de moda.»
Lee Widdows, director de arte y profesor.

Las revistas de moda proporcionan un espacio para las imágenes de moda, al tiempo que compiten entre ellas ferozmente cada mes para producir las fotografías más excitantes e innovadoras. Las imágenes de moda a menudo son más llamativas que la publicidad que las acompaña.

Este tipo de revistas usan el mejor papel brillante y suelen imprimir las portadas con tintas adicionales para destacar más. Asimismo, se presta una especial atención para que la reproducción de las fotografías sea excelente. Gracias a ello, ofrecen una experiencia única visual y táctil, con su gramaje extra, brillo y *glamour*.

Al adquirir una revista uno está comprando la entrada a un mundo de fantasía que muchos lectores saben que está más allá de sus posibilidades y expectativas. Las fotografías de moda son seductoras; además ofrecen tentación y prometen belleza, lujo y *glamour*.

La fotografía de moda está concebida para crear la ilusión de la perfección. Sin embargo, una imagen aparentemente simple de una modelo físicamente perfecta vestida con ropa preciosa en un lugar de gran belleza es el resultado de horas de preparación, estilismo, peluquería, maquillaje e iluminación, seguidos por días de retoque digital.

Las series de fotografías de moda se llaman «historias», nombre que refleja que son ilusiones y no realidades. Por ello, ningún tipo de idea o de ubicación parece estar fuera de lugar para narrar estas historias. Así, se han alquilaldo mansiones, ferias, las pirámides de Egipto y el Taj Mahal en India, además de contratar a las más bellas modelos del mundo y pagar por manadas de animales salvajes... –y todo para crear impactantes fotografías de moda.

Las grandes historias de moda pueden ofrecer una nueva percepción de la vida en el momento en que se captaron las imágenes. A través de ellas puede verse cómo ha evolucionado la sociedad, los ámbitos cambiantes del trabajo y el tiempo libre, y las obsesiones e influencias de diferentes épocas.

El equipo

La fotografía de moda se basa en la colaboración. Siempre hay un equipo que trabaja con el fotógrafo, entre los que se incluyen estilistas, peluqueros, maquilladores y modelos.

Cuando un fotógrafo forma un equipo de profesionales con talento puede existir una gran camaradería; las ideas pueden venir de cualquiera. David LaChapelle llama a su equipo «la familia».

El modelo del año

Los modelos se eligen por su capacidad para «iluminar» una fotografía de moda, del mismo modo que las estrellas de cine iluminan la pantalla. Se sienten totalmente a gusto frente a la cámara y siempre quedan bien, con independencia de la luz o la pose que adopten.

Los modelos, sean masculinos o femeninos, se contratan porque poseen los atributos físicos de forma, color y altura que demandan los directores de las revistas y los directores artísticos como espejo del público o para representar el *look* en un futuro cercano.

Los «tipos» de modelos femeninos cambian con mucha mayor frecuencia que los equivalentes masculinos, ya que los hombres a menudo actúan solamente como accesorios. A lo largo de los años, las modelos se han elegido por tener figuras de reloj de arena o por presentar un aspecto distante o altivo, aniñado, andrógino, etéreo, inalcanzable, familiar, poderoso, indefenso, pasivo, depredador, deportivo o incluso extremadamente delgado y demacrado.

Las modelos más importantes pueden ejercer una gran influencia en la cultura de una sociedad, pues trascienden las pasarelas y las páginas de las revistas. Algunas, como Jean Shrimpton, Twiggy, Cindy Crawford, Elle Macpherson y Kate Moss,

Elaine Constantine,
***Chicas en bici*, 1997**

Ésta es una fotografía de moda alegre y fresca, creada por Constantine con modelos cuidadosamente escogidas, un lugar excelente y accesorios adecuados –tres bicicletas de aspecto retro–. La estilista fue Polly Banks.

«Los modelos tienen que expresar la atmósfera del momento.»
Lee Widdows, director artístico y profesor.

han desarrollado carreras muy largas y son conocidas en todo el mundo. Su estilo influye en generaciones de mujeres más que la ropa por la que se les paga.

Aunque las convenciones de la fotografía de moda dictan que sólo las mujeres delgadas, jóvenes y guapas pueden exhibir la ropa, ocasionalmente los fotógrafos rompen las reglas. Nick Knight, que ha creado de forma consistente buenas fotografías de moda desde la década de 1980, ha introducido gente normal como modelos al fotografiar historias con personas mayores y con discapacidades.

La moda también aprovecha el impacto para provocar efecto. Cuando la ropa se considera demasiado extremada o reveladora, o las modelos son demasiado delgadas, demasiado jóvenes, demasiado «drogatas» o demasiado agresivas, el factor impacto puede generar una excelente publicidad e incrementar las ventas de revistas.

Juergen Teller, imagen para publicidad, 1999

Una fotografía de la campaña de Teller para Jigsaw Menswear –una inolvidable imagen de moda, ideada por Paul Frecker y dirigida artísticamente por Phil Biker.

Las primeras fotografías de moda

Las primeras fotografías de moda retrataban a las mujeres de la alta sociedad vestidas con sus últimos vestidos. Se esperaba que los lectores las contemplaran como un ejemplo de lo que estaba de moda. Después de que *Vogue* y *Vanity Fair* contrataran fotógrafos como personal fijo en la década de 1920, empezaron a usarse modelos profesionales para mostrar la ropa.

En las décadas de 1920 y 1930, Cecil Beaton, George Hoyningen-Huene y Horst P. Horst fotografiaron a sus modelos de tal modo que parecían diosas. Posaban con elegantes vestidos y adoptaban expresiones distantes. Las imágenes, inspiradas en películas de Hollywood, usaban escenarios clásicos y esquemas de iluminación de alto contraste. A mediados de la década de 1930, Martin Munkacsi causó sensación cuando empezó a hacer fotografías que eran el polo opuesto de estas imágenes de frío elitismo. Éste retrató a sus modelos en el exterior, con vestidos ligeros de verano, corriendo por playas y dunas, expresando espontaneidad y alegría despreocupada. Sus fotografías eran frescas, vivas, enérgicas y modernas; reflejaban la vida real y las modelos parecían disfrutar. Desde entonces, la fotografía de moda ha oscilado entre estos dos estilos: entre la elegancia y un *look* de inmediatez que refleja la vida real.

«Las grandes fotografías de moda expresan la atmósfera y la excitación del momento justo en el que son creadas –los temas del mundo se destilan en una imagen.»
Lee Widdows, director artístico y profesor.

Moda y surrealismo, vanidad y vértigo

En la década de 1930, el surrealismo empezó a influir en las fotografías de moda. Los fotógrafos comenzaron a competir entre ellos para encontrar los escenarios más exóticos donde crear yuxtaposiciones inesperadas e impactantes. Erwin Blumenfeld hizo que sus modelos se colocaran en las vigas de hierro de la parte superior de la Torre Eiffel, y Toni Frissel fotografió a una modelo con un vestido de noche que arrastraba delicadamente bajo el agua mientras su pareja –vestida con un traje de submarinismo y casco– aparecía en el oscuro océano, tras ella. Esta comunión entre movimientos artísticos y moda ha prosperado desde entonces.

Desde la década de 1940 regularmente aparecen fotografías en color en las revistas de moda. Tras explorar las nuevas posibilidades del color, Erwin Blumenfeld creó fotografías de moda innovadoras y gráficas gracias al uso espejos, velos, vidrio ondulado, proyecciones, contraluces, solarización, exposiciones múltiples y experimentos de laboratorio que combinaban negativos y positivos.

Elegancia y elefantes

A finales de la década de 1940, Irving Penn y Richard Avedon retrataron los nuevos y extravagantes estilos que habían retornado a la moda femenina después de la guerra. Ambos fotógrafos tuvieron carreras increíblemente largas, y llevaron a cabo una extraordinaria variedad de encargos durante más de medio siglo.

Penn creó llamativas imágenes de estudio, reducidas al mínimo, usando iluminación de alto contraste y elegantes y sofisticadas modelos que fumaban en actitud seductora. Sus fotografías de encuadre cerrado fueron revolucionarias. Al cortar los codos, las piernas y la parte superior de sus cabezas, las imágenes parecían magnificadas en la página impresa. En cambio, Avedon prefería trabajar en calles atestadas de gente y en lugares estrafalarios. Su famosa fotografía *Dovima with Elephants* (Dovima con elefantes) muestra a una modelo vestida de noche que acaricia delicadamente a dos enormes elefantes.

En la década de 1950, William Klein se introdujo en la fotografía de moda, pese a su escaso conocimiento de sus tradiciones o historia, después de que Alexander Liberman, el director artístico de *Vogue,* descubriera las directas fotografías de la vida urbana que había tomado en Nueva York.

David LaChapelle, «Dar a luz a una historia de zapatos, Nueva York, de *Vogue* París, 1995

Un modo bellamente original de mostrar un par de zapatos (*pág. opuesta*).

Klein fotografió su serie de moda en lugares originales y extraños –museos de cera, cementerios, ruinas antiguas y salas de espejos–. Sus imágenes resultan increíblemente seductoras e imaginativas. Sin repetir nunca una idea, probó granangulares, exposiciones múltiples e incluso pintó las caras de los espectadores que observaban detrás de la modelo en una sesión en el centro de París. En el estudio era igualmente inventivo: construía escenarios con perspectiva falsa; empleaba extras de aspecto excéntrico sobre los que dibujaba el contorno de sus vestidos con linternas de colores, y fotografiaba a los modelos contra fondos muy ampliados de calles iluminadas con luces de neón.

En Inglaterra, en la década de 1960, tres valientes oportunistas, David Bailey, Brian Duffy y Terence Donovan, irrumpieron en el negocio de la moda. Donovan fotografió moda masculina como fotogramas de una película de James Bond; Duffy trabajó para la revista *Nova,* para la que creó imágenes de la modelo Amanda Lear que los lectores podían recortar para hacer un libro de viñetas; y Bailey copiaba a Irving Penn. El dinámico trío alcanzó una gran celebridad y fue tan conocido como la gente a la que fotografiaba. Su estilo de vida inspiró la película *Blow-Up*.

Nick Knight, 1995

Nick Knight remplazó los maniquíes de un escaparate por supermodelos y fotografió el caos que provocó la escena (*inferior*). Knight ha producido trabajos innovadores durante cerca de un cuarto de siglo. *Véase* su sitio web www.showstudio.com.

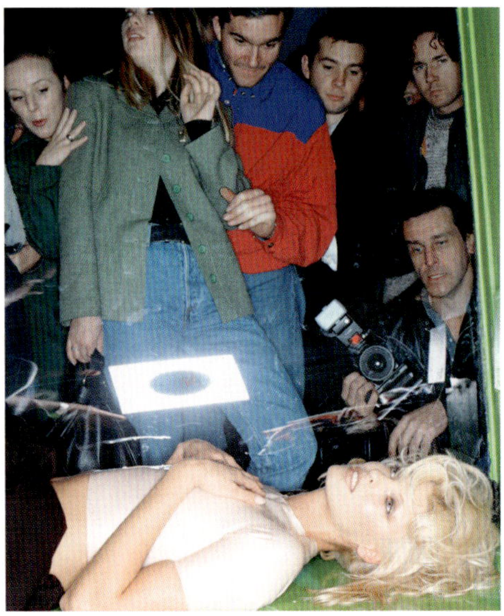

Lujuria, amaneramiento y color

En la década de 1970, Guy Bourdin y Helmut Newton crearon imágenes fascinantes y desconcertantes llenas de lujuria, fantasía y deseo. Incorporaron la crueldad y el asesinato imaginario a la fotografía de moda –algunas veces sus modelos aparecen como si estuvieran involucrados en un crimen terrible–. Por el contrario, Paolo Roversi y Sarah Moon crearon románticas fotografías en colores apagados. Roversi captaba imágenes únicas en película Polaroid de gran formato.

Bruce Weber traslada vestidos y modelos a lugares de gran belleza –casas de campo, escenarios de cine y piscinas llenas de animales hinchables– y hace fotografías mientras los modelos se visten, pasan el tiempo, hablan y se maquillan. Sus fotografías son ingeniosas, juveniles y afeminadas, y parecidas a las de un álbum familiar –excepto en que a los modelos se les paga para figurar y todos son jóvenes y guapos–. Su alegre estilo influyó en las instantáneas de tipo más directo creadas por Juergen Teller, Wolfgang Tillmans y Terry Richardson. (*Véase* «Instantáneas», pág. 140.)

David LaChapelle crea escenarios cerrados con modelos y accesorios de grandes dimensiones. Trabaja en parques temáticos, autocines y plataformas para el lanzamiento de cohetes. Sus fotografías están llenas de detalle, color, coches que se queman y carne desnuda, así como de grandes ideas y de humor: un bebé nace ante médicos sonrientes mientras la madre aún lleva puestos unos zapatos dorados de tacón alto.

La moda en la era digital

Además de ser una excelente herramienta para retocar imágenes, la fotografía digital proporciona a los fotógrafos de moda un nuevo medio de expresión. Nick Knight mezcla modelos en abstractos remolinos y piscinas de sensual color. Sølve Sundsbø reduce el cuerpo y la ropa a una serie de mallas metálicas. La imagen digital ofrece al fotógrafo un lenguaje completamente nuevo con el que contar historias, con lo que inaugura una era nueva de fotografía de moda.

Visiones únicas de la fotografía de moda

«Estaba con una modelo realmente difícil e imposible de fotografiar, así que le di la cámara y le dije que hiciera ella misma las fotografías. Le encantó la idea, y fueron las mejores imágenes de toda la sesión.»
Fabian Monheim, fotógrafo.

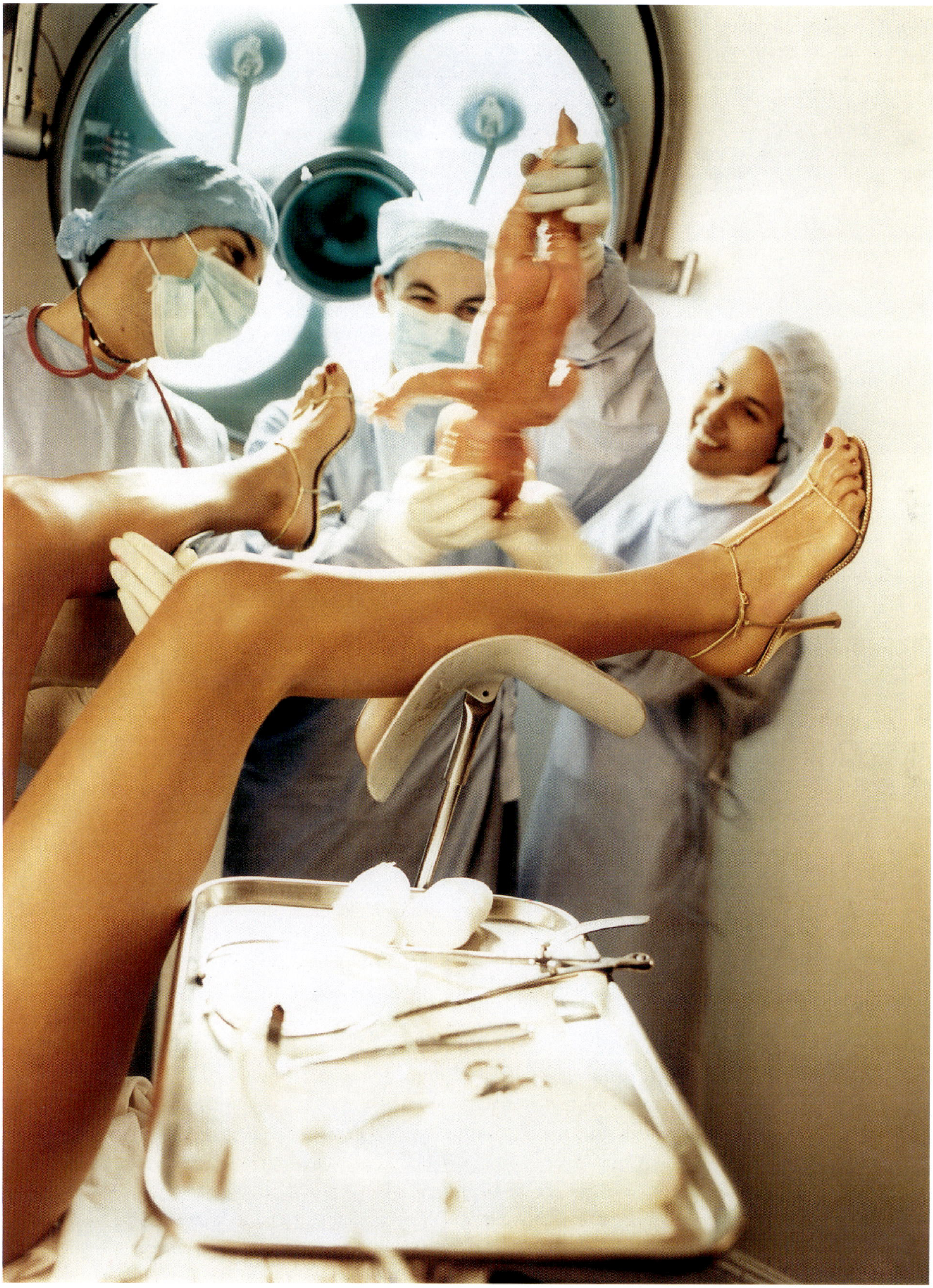

Contar una historia con fotografías

Muchos fotógrafos sienten la necesidad de contar historias con sus fotografías. Fotoperiodistas, fotógrafos de noticias, de reportaje, de documental y de guerra buscan momentos de elocuencia visual que hagan del contenido de las imágenes algo inolvidable. Más que ningún otro tipo de fotógrafos, pretenden influir y cambiar el mundo en el que vivimos captando imágenes que marquen una diferencia. Los grandes profesionales que trabajan en estas áreas son capaces de revelar lo desconocido y de transportarnos a nuevos mundos gracias a imágenes impactantes e inolvidables. Otros pretenden hacer fotografías que planteen grandes preguntas –e incluso están dispuestos a arriesgar sus vidas en el intento.

«Ser un fotoperiodista de viajes es interesante; la idea de poderse introducir en la vida de la gente y en las situaciones más extraordinarias, tan alejadas de las vivencias habituales, y compartir y comunicar las experiencias a los demás.»
Chris Steele-Perkins, fotógrafo y miembro de Magnum.

Diferentes modos de contar una historia

El «fotoperiodismo», tal como sugiere la palabra, es la fusión entre fotografía y periodismo. El término francés «reportage» también se usa para describir este tipo de trabajo, en el que un fotógrafo está presente en un suceso para hacer un reportaje en forma de una secuencia de imágenes.

El término «fotografía documental» implica la creación de un registro fotográfico para la posteridad que se puede contemplar posteriormente en exposiciones y en libros; el fotoperiodismo, en cambio, supone la creación de imágenes para un espectador contemporáneo, captadas por fotógrafos contratados por revistas y periódicos. La fotografía de prensa constituye una faceta del fotoperiodismo y es para un uso inmediato en periódicos.

Los fotógrafos enfocan de distinta manera cada una de estas especialidades; algunos son observadores imparciales de eventos, otros aportan su visión personal.

Primera página

Buenas noticias:

- Buzz Aldrin de pie sobre la Luna, fotografiado por su compañero Neil Armstrong, 1969.
- El soldado vuelve de la guerra.
- Primera ascensión al Everest, 1953.
- *El beso de un marinero, Times Square*, de Alfred Eisenstaedt –marinero y chica abrazados durante las celebraciones del final de la guerra en Nueva York, en 1945.

Muerte, conflicto, protesta y tragedia:

- *The Falling Man* (El hombre que cae) –9/11 fotografiado por Richard Drew, 2001.
- Prisioneros iraquíes encapuchados, vejados por las tropas de la alianza en la prisión de Abu Ghraib, 2004.
- Activista prodemocrático detiene tanques en la plaza de Tiananmen, China. Fotografía de Stuart Franklin, 1989.
- El Concorde se estrella, 2003.
- Explota la bomba atómica, 1945.
- El Hindenburg explota. Fotografía de Sam Shere, 1937.
- Jack Ruby dispara al asesino de John Kennedy Lee Harvey Oswald. Fotografía de Bob Jackson, 1963.
- Ejecución en la calle de un prisionero vietcong. Fotografía de Eddie Adams, 1968.
- Muerte de un antibelicista en Kent State University, 1970.
- Las aduanas francesas toman una imagen de rayos X de un camión, que revela la presencia de personas en busca de asilo.

La fotografía de prensa

El trabajo de un fotógrafo de prensa consiste en captar la esencia de toda una historia en una sola imagen –un momento de verdad que proporciona la sensación de lo que se podría haber experimentado de haber estado presente–. Para ello se tiene que encontrar la fracción de segundo que lo cuente todo –el momento decisivo–. Rara vez se presenta la oportunidad de captar una secuencia o una serie de imágenes que desplieguen una narrativa. Con frecuencia, el fotógrafo no conoce el desenlace de la historia, por lo que debe fotografiar constantemente y reaccionar ante sucesos aún no revelados.

Fotografías de primera página: momentos de verdad

Los fotógrafos de prensa aspiran a publicar sus imágenes en primera página, donde su trabajo será visto por el mayor número de personas y tendrá el máximo impacto. Estas fotografías las eligen los editores por su capacidad para narrar el espíritu de la noticia del día. La calidad técnica no es lo más importante en este caso: una fotografía puede estar desenfocada, tener mucho grano e incluso una composición pobre pero resumir un suceso de forma brillante.

Por otra parte, los fotógrafos de prensa tienen que competir con muchas otras fuentes, pues los periódicos también usan instantáneas familiares, fotografías de fichas policiales e imágenes de teléfono móvil, junto con fotogramas extraídos de vídeo y televisión y tomas de pantalla de internet. En esta especialidad el contenido –y no la calidad– es la clave.

La historia de la fotografía de prensa

Desde el principio de la fotografía siempre ha habido grandes fotografías de prensa que, de haber existido la tecnología necesaria, habrían ocupado las primeras páginas de todos los diarios del mundo. Hay imágenes increíbles de las ruinas de Hamburgo después del gran incendio de 1842 y de las barricadas de París en 1848, pero los periódicos tuvieron que conformarse con publicar dibujos hechos a partir de las fotografías.

En la década de 1870 se inventaron las técnicas de impresión que finalmente permitieron a los periódicos reproducir fotografías. Si se fotografiaba una fotografía a través de una fina pantalla, la imagen se podía reducir a pequeños puntos negros, que luego se imprimían en papel de periódico. Ésta es una técnica conocida como impresión de semitono, y todavía hoy se utiliza.

A pesar de las miles de imágenes disponibles, muchos editores eligen fotografías idénticas para ilustrar la primera página.

El *New York Daly Graphic* fue el primer periódico que publicó una fotografía en semitono en 1880. Hacia 1900 las fotografías en semitono ya aparecían en la mayoría de los diarios, pues los editores se dieron cuenta de que podían disparar las ventas publicando fotografías. Los periódicos empezaron a buscar noticias en vez de esperar a que éstas sucedieran, y contrataron a los primeros fotógrafos a jornada completa para que cubriesen todo el mundo. Con ello apareció la rivalidad entre los periódicos para acceder a fotografías exclusivas y originales de primera página. Hoy día, el deseo de todos los fotógrafos de prensa continúa siendo ver en su trabajo el titular «exclusiva».

El nacimiento de las agencias de noticias

Los primeros años de la década de 1900 vieron el nacimiento de muchas agencias de noticias, que ahorraron a los editores el gasto de tener que enviar a fotógrafos de plantilla para cubrir un suceso. Éstas ofrecían una extensa red de cobertura, pues contaban con fotógrafos propios y compraban imágenes a fotógrafos independientes y periódicos locales. Distribuían las imágenes a sus clientes tan rápidamente como era posible, por avión, tren y barco. Sin embargo, en 1906 las fotografías del terremoto de San Francisco todavía tardaron ocho días en aparecer en las primeras páginas de los periódicos de la Costa Este de Estados Unidos.

Entre las agencias famosas destacan Associated Press (AP) y su gran rival United Press International (UPI). Muchos fotógrafos famosos han trabajado para estas agencias, incluidos a los ganadores del premio Pulitzer Joe Rosenthal y Nick Ut. Otras agencias famosas son Corbis y Sygma.

Tabloides

Los tabloides se desarrollaron rápidamente entre las dos guerras mundiales. En sus páginas incluían fotografías de crímenes y desastres, y describían los sucesos con imágenes de gran tamaño y titulares breves. El *New York Daily News* apareció en 1919, y se bautizó a sí mismo como un periódico de fotografías. Tenía como logotipo una cámara con alas, lo que se refería a la velocidad con que sus fotógrafos podían narrar las noticias. La sed de nuevas sensaciones conllevó a que se animara a los fotógrafos de prensa a obtener imágenes por cualquier medio a su alcance. Por ejemplo, secretamente, con cámaras ocultas, se tomaron borrosas fotografías de la muerte de unos asesinos en la silla eléctrica.

Erich Salomon tenía la habilidad de saber mezclarse con los famosos sin ser visto. Estudió zoología, ingeniería y leyes en Alemania antes de darse cuenta de que podía vender las fotografías que había hecho secretamente en un tribunal por el equivalente a dos meses de salario. El término fotografía instantánea fue acuñado para describir las reveladoras imágenes de Salomon que muestran a los líderes mundiales del momento mientras bostezan y dormitan en las reuniones.

¡Exclusiva!

Las imágenes de Erich Salomon de las décadas de 1920 y 1930 fueron algunas de las primeras exclusivas –fotografías sensacionalistas de noticias– tomadas, por ejemplo, en secreto en un juicio y vendidas por una elevada suma de dinero. Salomon se hizo famoso por usar su cámara Ermanox, que se comercializaba con el eslogan «lo que puedes ver lo puedes fotografiar». Con un objetivo de gran abertura, permitía captar imágenes en interiores con poca luz, pero sólo podía cargar una hoja de película, por lo que había que recargarla cada vez que se hacía una fotografía. Elegantemente vestido con chaqueta y corbata, Salomon se colaba en convenciones políticas y diplomáticas, y situaba discretamente su cámara allí donde podía captar lo que iba sucediendo. Cuando consideraba que había llegado el momento clave, pulsaba el disparador con un cable, y así lograba su exclusiva.

Las herramientas del fotógrafo de prensa

La cámara Speed Graphic se lanzó en 1912, y se convirtió en la herramienta estándar del fotógrafo de prensa. Aunque era pesada, podía sujetarse a mano gracias a una correa de cuero para la muñeca. Estaba diseñada para película de hojas de 10 × 12 cm. El gran formato era perfecto para las fotografías de última hora, pues se podían publicar copias de contacto directamente de los negativos. Ésta fue la cámara elegida por Weegee y con ella fotografió asesinatos, incendios y otros sucesos en Nueva York. Utilizaba un potente flash de bombilla, que se había inventado hacía poco, para fotografiar por la noche. Weegee fue el fotógrafo de noticias más famoso del mundo, pero también destacó entre los compañeros de prensa por recolocar cadáveres para obtener una mejor imagen.

No obstante, la cámara Speed Graphic resultaba muy voluminosa, el enfoque se ajustaba a ojo y el fotógrafo tenía que asegurarse de captar el momento preciso a la primera, especialmente en tomas de acción, pues cargar el portapelículas y cambiar la bombilla de flash exigía mucho tiempo.

La invención de la cámara Leica y su rival Graphex en la década de 1920 revolucionó totalmente la fotografía de noticias y el fotoperiodismo. La Leica inventada por Oscar Barnak y lanzada al mercado en 1925, fue la primera cámara en la que se empleó película perforada, como la actual de 35 mm. Barnak, que trabajaba para el fabricante de cámaras de cine Leitz, tuvo la idea de crear una cámara que utilizara película de cine en vez del rollo de película fotográfica convencional, y ésta se bautizó como Leica, abreviatura de Leitz y cámara. En la Graphex también se utilizaba película de 35 mm, y fue la primera en tener un espejo interno que permitía al fotógrafo ver la escena a través del objetivo. Estas dos cámaras eran muy pequeñas en comparación con la Speed Graphic, por lo que revolucionaron el modo de trabajar de los fotógrafos. Por primera vez éstos se pudieron liberar de las limitaciones de las cámaras grandes; podían trabajar discretamente y hacer fotografías con rapidez, precisión y sin parar.

Fotografías por cable

En la década de 1930 las fotografías podían transmitirse por el teléfono tras escanearlas y convertirlas en impulsos eléctricos. Las fotografías por cable, como se conocían, podían enviarse de una máquina a otra en cualquier parte del mundo; la máquina receptora convertía los impulsos línea por línea en una copia fotográfica del original.

Las agencias de noticias vieron las enormes posibilidades de las fotografías por cable para los periódicos. Con este método, se podían enviar a muchos receptores a la vez, lo que aceleraba enormemente la distribución de imágenes a los periódicos. La primera fotografía por cable que ilustró las portadas de los diarios se publicó en veinticinco ciudades al mismo tiempo. En consecuencia, la fotografía por cable se convirtió en la forma dominante de distribución hasta la década de 1970. Sin embargo, las primeras imágenes tenían una calidad bastante pobre, como una fotografía copiada en una máquina de fax. Esto intensificaba el dramatismo y la sensación de inmediatez.

Contraportada

En la década de 1930 los periódicos de Nueva York y las agencias de noticias trataban de adelantar la edición usando palomas mensajeras para transportar las películas de los fotógrafos. Una paloma apodada «Champ» trabajó para Acme News. Era capaz de cubrir los 10 Km que separaban el circuito de carreras de Belmont y las oficinas de Acme en la Octava Avenida en menos de nueve minutos.

Noticias sangrientas

Enrique Metinides trabajaba para los tabloides mexicanos, conocidos como *nota roja*, cuya obsesión eran los accidentes de coche, autobús y avión, las muertes violentas y las catástrofes. Comenzó su carrera en la década de 1940 y se especializó en fotografías de estas temáticas. Su primera portada la ilustró a la edad de 12 años, lo que le valió el apodo de El Niño. Usando flash con luz diurna y posteriormente color, Metinides se hizo famoso por sus imágenes de carnicerías y matanzas.

Soldado de noticias rojas

Li-Zhensheng era un fotógrafo de prensa que trabajaba para el diario chino *Heilongjiang Daily*. Entre 1966 y 1976 fotografió la guerra interna que asoló China, conocida como la Revolución cultural. En este período, decenas de miles de personas jóvenes se unieron a los guardias rojos, conducidos por el entusiasmo revolucionario; muchos niños se pusieron en contra de sus padres y los alumnos denunciaron a los profesores. Un número incontable de personas fueron ejecutadas, encarceladas o enviadas a campos de trabajo, acusadas de ser enemigas del pueblo.

Li fotografió este tiempo de locura, las denuncias, los juicios, las manifestaciones y ejecuciones, y se ganó el reconocimiento por su trabajo del presidente Mao, que le envió un brazalete con la inscripción «soldado de noticias rojas» –que venía a significar «fotógrafo revolucionario de noticias »–. Sin embargo, Li cayó víctima de la lucha política interna; fue denunciado y se tuvo que exiliar a una desolada zona de China durante dos años. A pesar del riesgo que corría, decidió esconder todos sus negativos bajo las baldosas del suelo de su casa. Sus fotografías son actualmente el único registro conocido de ese periodo, y proporcionan un terrorífico testimonio para el mundo.

El premio Pulitzer de fotografía de prensa

El premio Pulitzer, que lleva el nombre del editor Joseph Pulitzer, es un prestigioso premio estadounidense otorgado anualmente desde la década de 1940 a la mejor fotografía de prensa que todos los fotógrafos de esta modalidad sueñan con ganar. Éste premio ha ido a parar a profesionales cuyas imágenes están entre las más famosas de todos los tiempos. Entre los ganadores se incluyen Malcolm Browne por la fotografía de un monje budista que se quema a lo bonzo en Saigón; Joe Rosenthal por su fotografía de las tropas estadounidenses izando la bandera en Iwo Jima; Nick Ut por su fotografía de unos niños que huyen de un ataque con napalm en Vietnam; y Kevin Carter por su fotografía de un niño hambriento que es acechado por un buitre en Sudán. (*Véase* «Las fotografías más conocidas del mundo», pág. 133.)

9/11

El fotógrafo de Associated Press Richard Drew plasmó en imágenes los ataques del 11 de septiembre de 2001. Drew se centró en el horrible espectáculo de gente que saltaba por las ventanas de las torres gemelas. Una de ellas, conocida como *The Falling Man* (El hombre que cae), muestra a un hombre joven vestido con una chaqueta blanca, pantalones oscuros y botas negras, encuadrado contra la estructura de acero de las torres gemelas. Sorprendentemente, cuando se lanza al vacío de cabeza parece relajado, con los brazos en los costados y su pierna izquierda encogida –como si ofreciera un atisbo de esperanza donde no había ninguna.

Nada más ver la imagen en la pantalla del ordenador, en la oficina de la agencia, Drew supo que de entre las miles de fotografías del 9/11 ésta ilustraría las primeras páginas de los diarios. «De la edición fotográfica aprendes a buscar un solo fotograma, tienes que reconocerlo. Esta fotografía destacó en la pantalla por su verticalidad y simetría. Simplemente tenía el aspecto necesario» dijo Drew. *The Falling Man* apareció en la mayoría de los periódicos de todo el mundo al día siguiente, pero una sola vez, pues los periódicos se vieron forzados a defenderse de las acusaciones de que se aprovechaba del suicidio de un hombre. *The Falling Man* se ha convertido en tabú debido a la resistencia del público a enfrentarse al hecho de que algunas personas hubieran elegido saltar desde las torres gemelas. Hay algunos eventos ante los cuales el lector prefiere cerrar los ojos.

Fotografía de prensa hoy

Los periódicos actuales sólo emplean un pequeño número de fotógrafos de plantilla para cubrir las grandes noticias, además de una red de fotógrafos independientes en el ámbito nacional a los que acuden cuando sucede una noticia en su zona. La mayoría de las fotografías de prensa provienen de agencias de noticias.

Actualmente la fotografía de prensa es digital. Los fotógrafos usan los últimos equipos –cámaras que enfocan más rápidamente que el ojo y la mano, y flashes programados para proporcionar exposiciones perfectas–, que les garantizan imágenes perfectas, al margen de la rapidez con que ocurra el evento. Las fotografías digitales se pueden enviar directamente a los ordenadores de la redacción mientras el acontecimiento todavía está sucediendo. Por primera vez, un fotógrafo puede contar una historia en imágenes más rápidamente de lo que tarda un reportero en entregar una copia. (*Véase* «¿Quiere ser fotógrafo de prensa?», pág. 213.)

Fotoperiodismo y reportaje

Del fotógrafo de prensa se espera que comunique un suceso en una sola imagen. El fotoperiodista, por el contrario, se embarca en un proyecto sabiendo que va a narrar una historia con una serie de imágenes que serán contempladas conjuntamente y contarán la historia en un ensayo fotográfico.

Durante la década de 1920, existía un voraz apetito público por los periódicos; todas las grandes ciudades contaban con varios diarios que rivalizaban entre sí con ediciones de mañana y tarde. Por ello, los editores comenzaron a publicar revistas con fotografías de gran tamaño, ya que vieron la posibilidad de crear títulos populares que cubriesen temas más amplios que las noticias diarias. Además, las técnicas de impresión habían mejorado mucho y permitían una reproducción fotográfica excelente.

Los títulos más dinámicos procedían de Alemania; entre ellos, *BIZ* (periódico ilustrado de Berlín) y *MIP* (periódico ilustrado de Múnich) incluían trabajos de una nueva raza de fotógrafos, como Alfred Eisenstaedt, André Kertész y Martin Munkacsi. Todos ellos usaban las nuevas cámaras, más rápidas y pequeñas.

Los editores de *BIZ* y *MIP* querían trasladar a los lectores al centro de la acción. Por ello, en vez de usar imágenes únicas para contar historias, implantaron por primera vez el ensayo fotográfico. El editor de *MIP* Stefan Lorant dijo: «No creía que una sola fotografía fuera suficiente». En consecuencia, se fotografiaba gente ordinaria en el trabajo o jugando, a menudo como «un día en la vida diaria», con cada historia desplegada en varias páginas. Estas revistas estaban ideadas por una nueva generación de brillantes diseñadores gráficos, cuyas dinámicas portadas y composiciones redefinieron el uso de las fotografías. Con la aparición de estos talentos, la palabra «fotoperiodismo» irrumpió en el lenguaje para describir este nuevo medio para contar historias.

En la década de 1930, muchos países ya contaban con excelentes revistas ilustradas, entre ellas *Life* y *Look* en Estados Unidos, *Picture Post* en Inglaterra y *Vu* en Francia. Todas abordaban el amplio espectro de la sociedad y trataban los aspectos de la vida diaria como dignos de atención.

La revista *Life* se fundó en Estados Unidos en 1936 siguiendo el modelo de las revistas alemanas, con el manifiesto: «Para ver vida; para ver el mundo; para ser testigo de grandes sucesos.» *Picture Post* se lanzó en Gran Bretaña en 1938 bajo la dirección de Stefan Lorant. Resultó increíblemente popular en su momento más álgido, en la década de 1940, pues llegó a vender casi un millón y medio de ejemplares a la semana.

El período que siguió a la segunda guerra mundial hasta mediados de la década de 1950 fue la época dorada de estas revistas ilustradas. Los fotógrafos trabajaban con total libertad en la calle y la cámara era bienvenida en el lugar de trabajo y en las casas de la gente. A diferencia de los *paparazzi* actuales, los fotoperiodistas trataban a las personas con respeto e igualdad –fotografiaban con discreción, con independencia de si retrataban a una persona por la calle o a un famoso–. Algunos de los más grandes fotógrafos del siglo XX trabajaron en este período, incluido Henri Cartier-Bresson, Robert Doisneau, Margaret Bourke-White, Bill Brandt y Bert Hardy.

Ensayo fotográfico

Este ensayo fotográfico, extraído de un número de 1939 de la revista *Picture Post*, adopta un enfoque humanista para narrar la historia de un día en la vida de un hombre en paro.

Henri Cartier-Bresson comenzó su vida creativa con la idea de ser pintor, pero después de sentirse inspirado por el trabajo de Martin Munkacsi compró una cámara Leica y la fotografía remplazó a la pintura como obsesión.

Sus fotografías muestran una bella composición y están captadas en el momento preciso. Era un purista obsesivo, incondicional del objetivo estándar de 50 mm. Nunca reencuadraba sus imágenes, y siempre disparaba en blanco y negro y sin flash. Se trataba de un fotógrafo difícil para los editores, ya que resultaba bastante habitual que volviera con las manos vacías de un encargo si no se encontraba inspirado –una actitud nada recomendable para los fotógrafos jóvenes.

Después de ser hecho prisionero por los nazis en 1940, Cartier-Bresson escapó al tercer intento de fuga disfrazado de doliente. Se le declaró muerto erróneamente, lo que condujo a celebrar una exposición «póstuma» a la que asistió. Su pasión por hacer fotografías era extrañamente paralela a su aversión a ser retratado. En 1952 una colección de sus fotografías fue titulada *Pictures on the Run* y publicada en Norteamérica como *El momento decisivo*, una frase que pasó a ser sinónimo de su nombre y del estilo de sus imágenes. Mientras hacía fotografías trataba de pasar lo más desapercibido posible, para lo que cubría las partes brillantes de su Leica con cinta adhesiva negra y la ocultaba bajo su abrigo, siempre atada a su muñeca para poder usarla al instante. A menudo utilizaba una tapa de goma de un bote de mermelada en vez de la complicada tapa del objetivo. En los últimos treinta años de su vida volvió a su primer amor: la pintura y el dibujo.

Cartier-Bresson murió en 2004 a la edad de 95 años. Su muerte ocupó la primera página de muchos diarios en todo el mundo. Su trabajo se expone en la fundación Henri Cartier-Bresson en París.

Véase el libro *Cartier-Bresson's France* (1971) y *Cartier Bresson's India* (1987).

Visite www.henricartierbresson.org.

Revistas imprescindibles de fotoperiodismo clásico

BIZ; MIP; Picture Post; Life.

Henri Cartier-Bresson y Magnum

Cartier-Bresson ha sido calificado como el padre del fotoperiodismo. Viajó allí donde vio que el mundo estaba cambiando, y a veces tenía la increíble habilidad de encontrarse en el lugar correcto en el momento adecuado para contar la historia. Fue testigo de las guerras civiles de España y México, de la revolución comunista de Mao en China, y el último fotógrafo en retratar a Mahatma Gandhi, tan sólo quince minutos antes de su asesinato en 1948. Las bellas fotografías de Cartier-Bresson elevaban sucesos normales de todos los días a un nivel de excelencia, y ejercieron una gran influencia en las sucesivas generaciones de fotoperiodistas.

Cartier-Bresson fue, además, uno de los cuatro miembros fundadores en 1947 de Magnum, la legendaria agencia fotográfica independiente constituida para proteger la integridad del trabajo de los fotoperiodistas. Así, el colectivo de fotógrafos más famoso del mundo se creó con el propósito idealista, inexistente en aquel tiempo, de proteger los derechos del autor de las fotografías y controlar el uso que se hacía de su trabajo en periódicos y revistas. Antes de la creación de Magnum, el trabajo de un fotógrafo se consideraba propiedad de la publicación que lo había encargado, y las imágenes se podían recortar, retocar o titular sin el conocimiento previo o el permiso de su autor, y reutilizarse o volverse a vender sin pagarle nada.

Magnum todavía funciona como una cooperativa que comparte los beneficios entre sus miembros. Sus fotógrafos siguen estando en la punta de lanza del fotoperiodismo actual. Entre ellos figuran Chris Steele-Perkins, Donovan Wylie, Steve McCurry y Nikos Economopoulos. Magnum ha declarado que su estudio es el mundo.

Fotografía documental

Calificar a un proyecto fotográfico de «fotografía documental» significa que se considera que las imágenes se han captado con la idea de crear un valioso registro visual. Es decir, configuran un documento histórico o algo que algún día puede ser susceptible de considerarse como tal. La palabra «documental» fue acuñada en la década de 1920 para describir el nuevo tipo de películas que se mostraban en los cines sobre la exploración del mundo y las vidas de gente poco conocida.

La fotografía documental incluye proyectos a largo plazo: un fotógrafo puede dedicar meses, años o incluso décadas a una historia, conducido por su pasión y obsesión más que por el encargo. A menudo estos proyectos se financian con otros trabajos o premios. Es habitual que los fotógrafos de esta modalidad vivan en contacto con el tema que desean documentar, ya sea inmersos en su cultura y estilos de vida, compartiendo sus experiencias y captando imágenes con la colaboración de los protagonistas.

Muchos fotógrafos documentalistas no se desvinculan nunca de los temas que tratan pese a haber completado el proyecto, pues regresan para visitar a los amigos que hicieron y vuelven a fotografiarles para continuar la historia. Algunos fotógrafos prefieren trabajar como si fueran un observador invisible; otros, como un participante más.

Abrir los ojos del mundo

Poco después de la invención de la fotografía, los gobiernos se dieron cuenta del valor de la imagen como elemento añadido a los registros escritos, por lo que empezó a usarla habitualmente en el trabajo policial. Se tomaban fotografías de los detenidos de frente, lado derecho y lado izquierdo para el registro de los criminales. También en poco tiempo los reformadores sociales vieron las posibilidades de la fotografía como medio para educar a la gente sobre la pobreza y la explotación, al darse cuenta de que éstas ofrecían una prueba fiable de las condiciones de vida ocultas al público.

En 1890, un libro de fotografías iluminadas con flash titulado *How the Other Half Lives* (Cómo vive la otra mitad) abordó las espantosas condiciones de vida del Lower East Side de Manhattan. Producido por el fotógrafo danés Jacob Riis, el libro provocó la protesta del público y supuso el catalizador para un cambio social. Bloques enteros de edificios fueron derribados y remplazados por jardines y parques para niños.

Lewis Hine también creía que las pruebas que aportaba la fotografía podían cambiar las cosas. Por ello, fotografió las miserables condiciones de trabajo de los pobres en Norteamérica a principios de la década de 1900, en concreto el trabajo infantil en fábricas. Su trabajo fue financiado por organizaciones públicas y privadas relacionadas con la asistencia social a los pobres. El sello utilizado en el reverso de sus imágenes tenía grabada la leyenda «Lewis W. Hine/Social Photographer».

El término «fotografía documental» se hizo común después de publicarse, en la década de 1930, el trabajo realizado por los fotógrafos que trabajaban para la Farm Security Administration (FSA), una división del departamento de agricultura de Estados Unidos que contrató a una docena de fotógrafos –entre ellos Walker Evans y Dorothea Lange– para crear una serie de reveladoras imágenes que pudieran distribuirse a los periódicos de toda la nación. Su propósito era mostrar las vidas de la gente pobre del medio rural en los estados del sur, asolados por una terrible sequía durante la depresión económica de 1929. El proyecto de la FSA, que duró más de cinco años, fue concebido como un «documento pictórico». Utilizó con éxito la fotografía para abrir los ojos del pueblo estadounidense ante la grave situación que sufría la gente retratada.

En Gran Bretaña, entre 1936 y 1947, tuvo lugar un proyecto conocido como Mass Observation. Fue la investigación más extensa hecha nunca sobre la cultura de un país, pues se enviaron mil quinientos observadores a lo largo y ancho de Gran Bretaña para documentar los detalles de la vida diaria de la gente. Mass Observation buscaba gente normal que hicieran cosas normales –ir al trabajo, pasar el tiempo con la familia y en sociedad–. El propósito era revelar y preservar para un público futuro los rituales diarios de la gente a la que nunca se entrevistaba ni salía en las noticias, y también educar al contribuir «a incrementar la consciencia social». Los fotógrafos que trabajaron para la FSA y Mass Observation prepararon el camino a la fotografía documental moderna.

«Creo que las fotografías deberían revelar lo inaceptable: pobreza, vivienda en mal estado, hambre. Me gustaría que mis fotografías consiguieran algún día hacer del mundo un mejor lugar para vivir.»
Humphrey Spender, fotógrafo del proyecto Mass Observation.

«Para mí, la fotografía documental es menos una cuestión de tema y más una cuestión de enfoque. Lo importante no es lo que se fotografía, sino el cómo.»
Dorothea Lange.

La fotografía documental que debe verse

- El proyecto de Bruce Davidson sobre las bandas de Brooklyn y la vida en el metro.
- Las fotografías de la Farm Security Administration.
- Las fotografías de Roger Mayne sobre la vida en la calle en la zona North Kensington, Londres.
- Las fotografías de Chris Steele-Perkins sobre los «Teds».
- Las fotografías de Oscar Marzaroli sobre Escocia.
- Las fotografías de Danny Lyon sobre motos de bandas.

Documentales

Antes de que ni siquiera existiera un nombre específico, el fotógrafo y cineasta Frank Hurley hizo uno de los primeros documentales del mundo, en el que se centró en la primera expedición australiana al Antártico. Cuando la aventura se vio comprometida por una serie de tormentas invernales, Hurley filmó las extremas condiciones, al tiempo que narró la historia como una batalla heroica entre el hombre y la naturaleza. También hizo las extraordinarias fotografías del posterior viaje de Shackleton a la Antártida.

Muchos fotógrafos han hecho documentales, entre ellos William Klein, que trabajó sobre la carrera del boxeador Muhammad Ali y el cantante Little Richard.

Dar voz a los olvidados

Los fotógrafos documentalistas a menudo tienen la misión de educar e iluminar eligiendo temas alejados de los típicos titulares que aparecen en los periódicos; en vez de ello tratan la vida diaria y buscan imágenes inolvidables de sujetos en la periferia de la visión. Sus fotografías llegan a un amplio público gracias a su publicación en libros y exposiciones.

El brasileño Sebastião Salgado ejemplifica este enfoque. Sus imágenes ponen voz a las historias de sus protagonistas –algunas de ellas, rara vez, o nunca, se oyen, por lo que abren los ojos del mundo al esfuerzo diario de la gente–. Salgado ha hecho fotografías en más de sesenta países, en las que se centra sobre todo en la gente que sobrevive día a día: trabajadores, refugiados y víctimas del hambre. Sus extraordinarias imágenes tomadas en 1986 de los trabajadores de las minas a cielo abierto en Para, Brasil, mostraron una visión del infierno: fosas enormes llenas de barro abarrotadas de trabajadores andrajosos, algunos de ellos niños. Unos trepaban por escaleras hechas a mano, cargados con sacos de tierra, mientras otros cavaban con las manos, todos bajo la atenta mirada de guardias armados. Este proyecto, desarrollado durante más de un mes, impactó al público, incrédulo ante la existencia de una barbarie semejante a finales del siglo XX.

Bruce Davidson empleó dos años (1966-1968) en fotografiar a gente que vivía en la calle 100 del este de Harlem, en Nueva York. Al principio se centró en el comité de ciudadanos. Deliberadamente eligió para el proyecto lo que se conocía como el peor bloque en toda la ciudad. Utilizó película de blanco y negro y una cámara de gran formato, con lo que creó excelentes imágenes íntimas y dignas de personas que luchaban en la pobreza. Hizo fotografías no como un extraño con una cámara, sino como un amigo bien recibido en las casas de la gente.

Roger Ballen pasó casi dos décadas fotografiando la vida de los pequeños pueblos de la Sudáfrica rural. Mostró a los pobres en provocativas imágenes que evocan la aridez y la desolación del campo sudafricano, y la actitud que ha contribuido a crear en sus habitantes. Las fotografías son cuadradas y en blanco y negro, tomadas con una cámara de formato medio, a menudo con flash, y cada una se creaba en equipo con sus modelos, tras contemplar el pequeño y claustrofóbico cuadrado de espacio que había seleccionado a través del objetivo de la cámara como el escenario de un teatro en el que hubiese invitado a la gente a actuar, con sus mascotas y niños.

Té y Tupperware

Martin Parr aportó vivos colores a la fotografía documental con sus imágenes de formato medio de los espectáculos y las ceremonias de la vida social inglesa. La ceremonia del té, las fiestas de Tupperware, las vacaciones en la costa, el bricolage, las banderas de la Union Jack y los conos de helado se fotografiaron a una escala mayor que la real, en ocasiones con flash anular, y se ampliaron al tamaño de un valla publicitaria para su exposición. Parr fotografía, principalmente, a escondidas para captar el humor de la vida diaria. Algunas veces su visión es cruel, un enfoque opuesto al de muchos fotógrafos documentalistas. Cuando formuló su petición

Martin Parr, *Sedlescombe*, 1998

Mientras Robert Frank (*véase* «Contar una historia en un libro de fotografías», pág. 87) buscaba los iconos de la vida en Estados Unidos en blanco y negro –máquinas de discos, coches, bares y la bandera de los estados confederados–, el fotógrafo inglés Parr utiliza colores vibrantes en su disección de los iconos británicos (*pág. opuesta*).

Parr es un coleccionista obsesivo y antiguo *trainspotter* y observador de pájaros. Colecciona ejemplos de los formatos que pueden aprovechar las fotografías –postales, fichas, placas, tarjetas de prostitutas en cabinas de teléfonos e incluso bolsas de palomitas.

En su libro *Autoportrait*, una serie de retratos de Parr tomados en parques temáticos por fotógrafos de todo el mundo, él aparece como el Mr Bean de la fotografía, un enclenque pazguato con gafas desconcertado por el mundo.

Entre sus libros cabe destacar *Sign of the Times*, *The Last Resort* y una serie en blanco y negro, *The Weather*. También ha recopilado un libro irresistible llamado *Boring Postcards*.

Si le gusta el trabajo de Parr, eche un vistazo a las postales de John Hynde y a las fotografías de William Egglestone.

Visite www.rogerballen.com.

para incorporarse a Magnum –un proceso que Parr describió como equivalente a unirse a los masones– se vio tachado de fascista por el veterano fotógrafo de guerra Phillip Jones Griffith, que le acusó de burlarse de la gente a la que fotografiaba. Parr ganó por un voto, y se dice que es el fotógrafo que aporta más dinero a Magnum.

Después de hacer duras fotografías y con grano de su propia adolescencia, y pasar un tiempo en la cárcel, Larry Clark se asignó el proyecto de retratar a los adolescentes norteamericanos. Aunque por entonces les doblaba en edad, les hacía fotografías como si fuera un miembro más de la pandilla, y sobre ellos afirmó: «viven en el momento, sin pensar más allá, y eso es lo que yo quería captar». Sus inquietantes instantáneas muestran de forma chocante la realidad de las vidas adolescentes, casualmente entrelazadas con drogas duras, sexo y armas. (*Véase* «Instantáneas», pág. 140.)

Chris Steele-Perkins, *The Teds*, 1976

Los fotógrafos documentalistas a menudo se centran en sujetos que no son el tema principal de los periódicos. Chris Steele-Perkins pasó tres años fotografiando a los Teddy Boys en un proyecto que posteriormente se publicó en un libro.

Contar la historia de la guerra

Aunque los términos que se emplean en la fotografía parezcan adecuados a los de la lucha –flash, disparar, cargar, apuntar, capturar...–, hay pocos fotógrafos cuya misión sea contar la historia de la guerra. Ellos eligen ser testigos para el resto del mundo al fotografiar a los vencedores y a las víctimas, enfrentarse resueltamente al horror y la muerte, a menudo mostrando un coraje encomiable.

La fotografía de guerra ha sido tratada como fotografía de prensa, de fotoperiodismo y documental, pero todos sus autores se esfuerzan para crear imágenes que obliguen al espectador a pensar y a decantarse por un bando. Se trata de una especialidad en la que no existe la tierra de nadie.

«Otorgar a una imagen el valor de un millón de palabras es la tarea del fotógrafo en su intento por mostrar las injusticias que la humanidad perpetra contra sí misma. Las imágenes de las agonías y penurias de la guerra han de tener la capacidad de impactar, y también, espero, de sacudir la consciencia de la gente.»
Tim Page, fotógrafo de guerra.

Vencedores y víctimas: Roger Fenton y Mathew Brady

El primer fotógrafo en ir a primera línea de batalla fue el inglés Roger Fenton, enviado a la guerra de Crimea en 1855 con un carruaje arrastrado por caballos para llevar sus cámaras, los negativos de vidrio, el laboratorio de revelado y dos ayudantes. Se trató de una elección extraña, pues previamente había trabajado como fotógrafo de paisaje.

Contratado por la revista *The Illustrated London News* y bendecido por la British War Office, tenía instrucciones estrictas de ofrecer una visión positiva de la guerra que calmara los temores en casa. Parece ser que hizo un buen trabajo. En vez de fotografiar la suicida carga de la Brigada Ligera, Fenton captó imponentes escenas de soldados en poses heroicas y campos de batalla con títulos bíblicos que se reprodujeron como grabados en madera para su publicación. Hizo más de 300 fotografías, y ninguna de ellas mostraba los cadáveres descompuestos que mencionaba en sus cartas.

El trabajo de Fenton se expuso ampliamente y animó a Mathew Brady a embarcarse en ambiciosas campañas para fotografiar la guerra civil de Estados Unidos (1861-1865). Brady tenía un estudio de retrato y una galería en Broadway, Nueva York, enfrente de Barnum's Gallery of Freaks. Conocido como «Brady of Broadway», rara vez hacía fotografías, sino que las encargaba a «operadores». Sin embargo, a Brady se le ocurrió que las fotografías de muertos podían ser buenas para ganar dinero, por lo que creó un equipo de fotógrafos para cubrir la guerra, lo que fue una noticia nacional.

Parece ser que Brady empleó la mayor parte de su tiempo en codearse con generales, en lugar de ir a los campos de batalla, donde sus operadores hacían fotografías. Sus imágenes muestran cadáveres aplastados esparcidos por los campos, yaciendo en zanjas, y se expusieron sin ninguna censura por el horror que mostraban. La exposición causó sensación entre el público de Nueva York, que pagó por ver las imágenes. El proyecto de Brady había cumplido su propósito: las reproducciones de las imágenes, a tamaño de álbum familiar, se vendieron particularmente bien.

La primera guerra de salón

La guerra entre España y Estados Unidos librada en Cuba en 1898 se convirtió en la primera contienda ilustrada con fotografías impresas en periódicos. No obstante, se publicaron semanas después de haberse captado, pues fue preciso transportarlas por mar y tierra desde el frente. Esta guerra se conoce como la primera guerra de salón, pues el impacto de las imágenes fotográficas de muertos llegó a las casas de todo el mundo.

Al estallar la primera guerra mundial, se permitió a los fotógrafos de prensa seguir a la armada británica en Francia sin apenas restricciones. Los periódicos eran colaboradores patrióticos de la guerra, y todas las imágenes publicadas eran positivas. Un año después del inicio de la guerra, cuando los hombres empezaron a ir al frente obligados, la moral del país comenzó a decaer y el gobierno se vio en la necesidad de reforzar la confianza en que la guerra todavía se podía ganar. Entonces se empezó a censurar las imágenes, de forma que sólo se publicaban aquellas que daban la impresión de que la contienda se estaba ganando y de que todo el mundo apoyaba el esfuerzo que había tras la lucha, a pesar de las huelgas y de un creciente movimiento pacifista.

En los periódicos o revistas de la primera guerra mundial no aparece ninguna fotografía de los aliados británicos muertos, aunque sí muchas de los enemigos. A los fotógrafos oficiales se les disuadía de retratar a los muertos de sus propias tropas. Finalmente se les prohibió el acceso al frente occidental, al igual que las fotografías tomadas por las tropas. Las pocas instantáneas que han sobrevivido –tomadas por soldados que se arriesgaron a un consejo de guerra– muestran la total devastación causada por la guerra, la vida miserable en las trincheras y el terror ciego de salir al exterior para luchar.

«El mejor fotógrafo del mundo»: Robert Capa

En 1936, durante la guerra civil española, el fotógrafo norteamericano Robert Capa hizo una de las fotografías de guerra más famosas y controvertidas; entonces contaba sólo con 22 años. La fotografía se conoce como *Death of a Loyalist Soldier, Soldier at the Moment of Death* o *The Falling Soldier* –Muerte de un soldado republicano, Miliciano herido de muerte o El soldado caído–. En ella, un hombre vestido con un uniforme blanco cae bajo el fuego enemigo, al tiempo que suelta su rifle. Es una imagen de la resistencia heroica contra los fascistas, y se publicó por primera vez en la revista francesa *Vu*, y luego en *Life* y *Picture Post*. Sin embargo, despertó algunas sospechas y dudas. ¿Por qué Capa se encontraba frente al soldado? ¿Por qué no hay señales de ninguna una herida? Ahora se sabe que el protagonista de la imagen de Capa es Federico García Borrell, herido de muerte en el frente de Córdoba el 5 de septiembre de 1936, y todavía hoy es un poderoso símbolo de sacrificio. *Picture Post* incluía once páginas de fotografías de Capa sobre la guerra civil española, y le proclamó «el mejor fotógrafo de guerra del mundo».

En 1938 Capa tomó fotografías con película para diapositiva sobre las consecuencias de un bombardeo japonés. Estas imágenes se publicaron en la revista *Life,* que persuadida por su impacto hizo una excepción a su política de publicar exclusivamente fotografías en blanco y negro. Asimismo, las fotografías de Capa del desembarco de Normandía el 6 de junio de 1944 retratan el pánico y el caos

El famoso fotógrafo de guerra Robert Capa estuvo presente en los conflictos de todo el mundo en las décadas de 1930, 1940 y 1950 –España, África del norte, Sicilia, Anzio, el Día D, Israel y Vietnam–, siempre en el frente de batalla. En sus fotografías expresa el pánico, la ansiedad y la tragedia de la guerra. Consideraba su cámara como un arma contra el totalitarismo.

Nacido como Endre Friedmann, en Budapest, en 1913, Capa se trasladó a Berlín y se convirtió en el chico de los recados de una agencia fotográfica, puesto desde el que ascendió a ayudante de laboratorio antes de recibir encargos fotográficos de poca importancia. En 1932 se coló en una clase impartida por Trotsky; las fotografías resultantes fueron su primer gran éxito.

Se trasladó a París en 1933, donde entabló amistad con André Kertész y Henri Cartier-Bresson. Dados los pocos encargos que recibía, siguió las sugerencias de su novia y se reinventó a sí mismo con un cambio de vestuario y de nombre; eligió Robert Capa porque sonaba norteamericano y profesional. Su famoso consejo «si tus fotografías no son suficientemente buenas, es que no estás lo bastante cerca» fue la causa de su muerte, cuando el 25 de mayo de 1954, todavía tras la acción, pisó una mina en el delta del río Rojo, en Vietnam.

Lea la autobiografía de Capa, *Slightly out of Focus*.

de la guerra más que cualquier otra imagen. A Capa, vestido con un chubasquero Burberry, lo tiraron al agua helada, detrás de los soldados norteamericanos, cuando se interpretó, por sus movimientos para hacer fotografías desde el barco, que dudaba en saltar. Sólo un tercio de la primera oleada de tropas llegó a tierra.

Después de unos minutos en la playa, bajo intenso fuego enemigo, temblando de miedo y sin película en sus dos cámaras Contax, Capa regresó arrastrándose a una barcaza que volvía a Inglaterra. Para entonces el mar estaba teñido de rojo. Con las prisas por tener las fotografías reveladas, el ayudante del laboratorio casi destruyó los negativos al aumentar excesivamente la temperatura del secador, que fundió la emulsión de la película; de entre más de cien fotografías sólo sobrevivieron ocho. Las imágenes emborronadas por el calor poseen una textura basta y cruda; transmiten el intenso peligro, la confusión, el pánico y el miedo que provocaban los desembarcos, y han inspirado muchas secuencias de películas de guerra modernas, incluida la primera mitad de *Salvar al soldado Ryan*.

Cecil Beaton, *Tanques alemanes destruidos en Sidi Rezegh*, 1942

Beaton fue un fotógrafo de guerra atípico. Conocido por sus glamurosas fotografías de moda y retratos de ricos y famosos, se encontró acompañando al ministerio de Información en la segunda guerra mundial con la tarea de promocionar el esfuerzo de la guerra. Una fotografía de una chica con el cuerpo vendado –la víctima de un bombardeo–, sentada en su cama del hospital, ocupó la primera página de la revista *Life*. Se dice que hizo reaccionar a la opinión pública de Estados Unidos a favor de unirse a la guerra. En la imagen reproducida aquí, Beaton muestra una belleza cruel en el metal retorcido.

Inolvidable Hiroshima

Las fotografías de los efectos de las bombas atómicas sobre Hiroshima y Nagasaki, en agosto de 1945, se tomaron desde los aviones que las lanzaron cuando volaban de regreso a casa de sus misiones. En el bombardeo murió un cuarto de millón de personas. Las imágenes de las nubes en forma de hongo impactaron en la imaginación de la gente durante las siguientes décadas. Todas las fotografías de las víctimas de las bombas se censuraron en Estados Unidos por ser demasiado duras.

La batalla censurada

W. Eugene Smith fotografió a las tropas estadounidenses en el Pacífico en 1944-1945; para ello se concentró en las experiencias físicas y emocionales de los soldados en primera línea de batalla y retrató con empatía y compasión; se acercó tanto a la acción que fue herido de gravedad en Okinawa. Su forma de contar historias personales de la guerra queda reflejada en las fotografías de Vietnam hechas por Larry Burrows y Don McCullin, que se concentraron en captar imágenes intensas y próximas de las vidas diarias y los sufrimientos de soldados ordinarios que se hallaban lejos de casa, luchaban en penosas condiciones y experimentaban frecuentemente la muerte de sus compañeros. Una fotografía en color de Burrows, conocida como *Reaching Out*, captada en 1966, muestra a un soldado negro herido que regresa instintivamente para ayudar a sus camaradas blancos heridos, en vez de ser evacuado. Burrows murió en 1971, cuando el helicóptero en el que viajaba fue abatido en Laos. Una fotografía de McCullin de 1968 muestra un soldado afectado por neurosis de guerra durante la ofensiva Tet que aprieta el cañón de su arma; se trata de un hombre de acción vacío, derrotado.

La guerra de Vietnam fue la primera y la última vez que se proporcionó a la prensa permiso para vagar libremente por el escenario de la guerra. Los fotógrafos podían viajar a cualquier parte adonde les llevara un helicóptero o un camión. Sus terribles imágenes del conflicto sacudieron a la opinión pública para que se manifestara en contra de la lucha armada y contribuyeron a que Estados Unidos perdiera la guerra. Ningún gobierno volvería a tomar esa decisión otra vez. Durante la guerra de las Malvinas, en 1982, el gobierno británico impidió el acceso al conflicto al elegir sólo dos fotógrafos para que proporcionaran todas las imágenes a la prensa del país –uno de un periódico progubernamental y otro de una agencia de noticias–. Esta censura se repitió en la primera guerra del Golfo de 1990-1991, si bien Keneth Jareche captó una extraordinaria fotografía en la carretera hacia Basora de un soldado iraquí carbonizado, quemado vivo en el momento en que intentaba escapar de su tanque. Jareche, que había evitado la restricción a la prensa para hacer la fotografía, trabajaba para la revista TIME, cuyos editores vetaron la imagen por considerarla demasiado dura. También fue censurada por la mayoría de los directores de otros periódicos. Jareche afirmó que «nadie va a tocar mi fotografía».

Durante la segunda guerra del Golfo (2003-2004), los gobiernos estadounidense y británico ejercieron un control completo sobre los medios de comunicación al permitir el acceso a la guerra exclusivamente a fotógrafos elegidos, «incluidos» en secciones del ejército, lo que permitió controlar firmemente todos sus movimientos y actividades. El resto de los miembros de la prensa fueron confinados a un centro para los medios informativos, a cientos de kilómetros de la línea de frente, donde la única información disponible procedía del portavoz del ejército.

La censura se extendió a la prohibición del Pentágono de publicar cualquier fotografía de soldados estadounidenses muertos, rota por la publicación en internet de una imagen tomada por un empleado de un avión de carga lleno de ataúdes cubiertos por banderas estadounidenses. De lejos, la fotografía más elocuente de la invasión de Iraq es la inovidable imagen de un niño, Ali Ismail Abbas, terriblemente herido, sin brazos debido a uno de los bombardeos descritos en la jerga militar como «golpes quirúrgicos».

Contar una historia en un libro de fotografías

A todos los fotógrafos les gusta ver su trabajo publicado en libros. Unos pocos, entre ellos Diane Arbus, William Klein, Henri Cartier-Bresson y Robert Frank, han hecho libros increíbles que continúan inspirando a nuevas generaciones de fotógrafos, como Nick Knight y Richard Billingham.

En las páginas de un libro de fotografías es posible ver y revisar íntimamente el contenido de las imágenes, secuencias y ritmos del trabajo de un fotógrafo. Los fotógrafos son coleccionistas, y es algo muy bello poseer una selección de las imágenes de los mejores profesionales. Estos libros, pues, preservan el trabajo de los fotógrafos y posibilitan que su obra llegue a mucha más gente.

La historia de los libros de fotografía

William Henry Fox Talbot creó el primer libro de fotografías, *The Pencil of Nature*, que fue publicado en seis partes entre 1844 y 1846 usando copias de sus calotipos. Hacia la misma época, Anna Atkins creó un impresionante libro de calotipos de flores. (*Véase* «¿De dónde proviene la fotografía?» en el capítulo «Inicio».)

La bandera americana remendada: Robert Frank

El libro de Robert Frank *The Americans* es un pilar fundamental en la historia de la fotografía. Constituye toda una referencia por el gran impacto que puede tener una historia contada en imágenes. Cada imagen de las ochenta y tres que ilustran el libro, bellamente impreso en blanco y negro, resalta con fuerza al lado de una página en blanco. Las fotografías se seleccionaron a partir de las miles de imágenes que Frank hizo durante un serpenteante recorrido a lo largo y ancho de Estados Unidos en un maltrecho Ford entre 1955 y 1956, y expresan alienación, tristeza y desconcierto, una secuencia unida con imágenes de las estrellas y barras de la bandera de Estados Unidos, que aparece en ocasiones raída y remendada, a menudo dividida por el encuadre de las imágenes. Gasolineras, tocadiscos, autocines, ataúdes y crucifijos también se incluyen en el libro. Uno siente como si estuviera viajando con Frank, mirando a través de la ventana de su coche.

Cuando *The Americans* se publicó, en 1958, provocó un gran escándalo. Los críticos lo tildaron de enfermizo, neurótico y triste, ofendidos por la audacia del título, pues lo consideraron un ataque a los valores y al modo de vida estadounidenses en un tiempo en que el país se autoproclamaba la nación más rica de la Tierra y la defensora del mundo. Frank captó perfectamente una nación en su cúspide, entre el optimismo enfermizo de principios de la década de 1950 y los cambios radicales que iban a llegar con la década de 1960.

The Americans todavía se encuentra en las librerías y en las estanterías de numerosos fotógrafos. Sus imágenes han influido en todas las generaciones siguientes de fotógrafos. *The Americans* es la versión fotográfica de *On The Road*, de Jack Kerouac, un triste poema dedicado a un país cambiante. Kerouak incluso escribió la introducción.

Robert Frank nació en Suiza en 1924 y emigró a Estados Unidos a la edad de 23 años. Dejó su trabajo de fotógrafo de publicidad y moda a principios de la década de 1950 para viajar a Sudamérica y Europa, y luego vagó por Estados Unidos gracias a una beca del Guggenheim. Hizo más de 28.000 fotografías en blanco y negro, de las que seleccionó unas cuantas que se publicaron en *The Americans*. A veces Frank se esforzaba poco por componer sus fotos, pues disparaba aleatoriamente sin mirar a través del visor. La imagen de la bandera de Estados Unidos, tan habitual en *The Americans*, se convertiría en un elemento clave del pop art. Las fotografías de Frank preceden el cuadro de la bandera de Estados Unidos pintado por Jasper Johns.

Poco después de la publicación de *The Americans*, Frank dejó de hacer fotografías para concentrarse en la creación de películas, adaptando su enfoque fotográfico a las imágenes en movimiento. Sus películas están filmadas con cámaras sujetas a pulso, y entre ellas, una de las más famosas es *Cocksucker Blues*, un documental sobre la gira de los Rolling Stones en 1972. El grupo usó un detalle de una fotografía de Frank en la portada de su álbum *Exile on Main Street*. *Cocksucker Blues* es una obra maestra «sucia»: la mayor parte del metraje está manchado con marcas de la luz que penetró dentro del compartimiento de la película –un «defecto» que Frank rehusó arreglar–. Los Stones prohibieron la difusión de la película –excepto en presencia de Frank–, y con el tiempo se ha convertido en un vídeo pirata muy valorado.

Frank retornó a la fotografía en la década de 1970, con la creación de collages y secuencias de imágenes, algunas del libro *The Americans*, sobre las que escribió textos personales que reflejaban las tragedias que han sazonado su vida. Estas imágenes formaron su libro *The Lines of my Hand*.

A pesar de que nunca fue una persona muy conocida, tiene un gran número de admiradores en todo el mundo.

Soledad, añoranza y tristeza: Diane Arbus

El revolucionario libro de Diane Arbus se publicó por primera vez en 1972. Las inolvidables fotografías en blanco y negro, con bordes suaves, cuentan intensas e irresistibles historias de soledad, añoranza y tristeza. Están impresas en la página derecha del libro, acompañadas por un simple y extraño título en la izquierda; en algunas de ellas se puede ver gente en un entorno ordinario, que rehusa vivir vidas ordinarias: hombres tatuados, travestis, forzudos, actores

«Dar una cámara a Diane es como poner una granada en las manos de un niño.»
Norman Mailer, novelista norteamericano.

Diane Arbus y Richard Avedon procedían del mismo ambiente: ambos eran niños de familias acomodadas que poseían grandes almacenes en Manhattan. La familia de Arbus era propietaria de Russeks, en la Quinta Avenida, y ella creció en un mundo privilegiado de niñeras, doncellas y chóferes. Después de estudiar pintura se volcó en la fotografía y asistió a cursos impartidos por Bernice Abbot, Alexey Brodovitch, Lissete Model y Bruce Davidson. En 1951, a los 18 años, se casó con Allan Arbus, un fotógrafo de moda que trabajaba para el departamento de publicidad de Russeks. Juntos comenzaron un negocio de fotografía comercial: Diane desarrollaba las ideas y componía las escenas, y Allan hacía las fotografías.

En la década de 1960 Arbus empezó a perseguir sus propios proyectos y trabajos personales con una cámara Rolleiflex de formato 2 $^{1}/_{4}$. Estas fotografías son fascinantes. Diane interactuaba con sus modelos en cada toma; en una hoja de contactos de una sesión de retrato de una joven pareja, Arbus aparece repentinamente en un fotograma, desnuda, remplazando a la chica, que pasó a ser la fotógrafa.

Diane Arbus se quitó la vida en 1971. Algunos ven su trabajo personal como una larga nota de suicidio.

Si le gusta la obra de Diane Arbus...
Véase el trabajo de August Sander, Lissete Model, Weegee, la película de Martin Scorsese *Taxi Driver* y la de Todd Browning, filmada en 1932, *Freaks*.

de circo, hombres vestidos de mujer y una mujer que acuna a un mono bebé vestido como un niño –todas estas escenas son examinadas con la dura crueldad del flash directo. En otras fotografías, peatones, parados en la calle, en la playa o en el parque, miran directamente a la cámara, adoptando una pose simétrica en el centro del encuadre, como si carecieran de vida. De todas las imágenes del libro, las últimas de discapacitados que llevan máscaras y están jugando, son las que más incomodan y resultan imposibles de olvidar. Tomadas entre 1970 y 1971, se conocen como *The Untitled Series* (Series sin título). De este libro, que todavía está en catálogo, se ha vendido más de un cuarto de millón de ejemplares.

Un tabloide desquiciado: William Klein

William Klein creó cuatro libros legendarios diseñados por él mismo, *New York: Life Is Good and Good for You in New York: Trance Witness Revels* (1956), *Rome* (1960), *Tokyo* (1964) y *Moscow* (1964). El primero tenía un diseño muy llamativo y ejerció una gran influencia. Klein escribió: «Vi el libro como una ciudad monstruosa *Daily Bugle*, con sus escándalos y exclusivas, que se encuentran en las calles a las tres de la mañana... Vi el libro que quería hacer como un tabloide desquiciado, burdo, con un exceso de tinta, una composición brutal y titulares estridentes».

Las fotografías de Klein están llenas de energía, distorsiones y son borrosas. Impresas en crudo blanco y negro, sin tonos medios, las imágenes golpean al espectador como las imágenes de televisión con el contraste al máximo. (*Véase* «Elegancia y elefantes», pág. 69.)

Luchar y hacer las paces: Richard Billingham

El libro de Richard Billingham *Ray's a Laugh* (1994) no contiene texto, excepto media docena de líneas en la contracubierta y unas pocas palabras de Robert Frank. Las fotografías detallan en vivos colores la vida diaria de la madre de Billingham, de su padre y su hermano alcohólicos en un piso claustrofóbico repleto de mascotas; describe una vida que consiste en beber cerveza casera, pelearse y hacer las paces, fumar, dar comida a los gatos y hacer puzzles. El libro coloca al lector en el centro del caos familiar –el asombroso alcoholismo del padre, la niebla de resacas y nicotina– con destellos de afecto y felicidad. Hasta se puede sentir el hedor del piso.

Secuencia

Algunos fotógrafos no están satisfechos con crear fotografías individuales y prefieren expresar su visión en secuencias de imágenes, que pueden intensificar una vista y desarrollar ideas, con lo que producen un mayor impacto que fotografías únicas. La vida está formada por una secuencia de eventos que las imágenes en serie a veces pueden reflejar mucho mejor.

Las primeras secuencias

En la década de 1850 se diseñaron unas cámaras con una serie de objetivos para que el fotógrafo pudiera hacer varios retratos –cuatro, ocho o doce– sobre la misma placa fotográfica. Con ello se dio el pistoletazo de salida a la locura de las *cartes-de-visite*, pues estas cámaras redujeron enormemente el gasto de las fotografías de retrato, lo que condujo a un gran incremento de los retratistas y del coleccionismo de fotografías. Se hacían copias de contacto de las placas, que luego se recortaban para su presentación. Las fotografías sin recortar crean un basto registro de las sesiones de retrato, pues muestran a los modelos cuando cambian ligeramente sus poses y expresiones. Estas series son muy similares a los estudios de movimiento de Eadweard Muybridge, hechos treinta años antes. La diferencia está en que Muybridge controlaba con precisión el tiempo entre la toma de cada fotografía.

El extraño mundo de Eadweard Muybridge

Muybridge tuvo una vida extraordinaria. Después de sufrir un fuerte golpe en la cabeza durante un accidente mientras viajaba en una diligencia, cambió de nombre y de carrera. De llamarse Edward Muggeridge y dedicarse sin éxito a la distribución de libros, se convirtió en Eadweard Muybridge y en un fotógrafo brillante e innovador.

Muybridge también encontró tiempo para buscar y asesinar al amante de su mujer –un crimen del que fue absuelto en un juicio sensacionalista.

Además de crear cerca de 800 famosas secuencias, que muestran el movimiento de caballos, animales en el zoo y gente, desarrolló el obturador de cámara e inventó un proyector que podía mostrar sus secuencias en movimiento –un antecesor del cine.

En 1872, un magnate de los ferrocarriles que tenía unas cuadras de caballos de carreras contrató a Muybridge; el magnate había apostado –por la asombrosa cantidad de 25.000 dólares– con un entrenador que en algún momento las cuatro patas de un caballo estaban suspendidas en el aire al mismo tiempo, y esto era lo que Muybrigde debía demostrar.

Muybridge colocó una serie de cámaras a lo largo de una pista de carreras para poder fotografiar a un caballo al galope durante todo su recorrido. En el obturador de cada cámara adaptó un hilo tirante, que se debía romper cuando el caballo pasase, con lo que consiguió que cada obturador se activara en secuencia. Un caballo llamado Occident fue el primero en salir, activando los obturadores de las cámaras. Las fotografías de Muybridge proporcionaron una prueba incontrovertible de que las cuatro patas permanecían en el aire en un momento dado.

Etienne-Jules Marey

Como Muybridge, el fotógrafo francés Etienne-Jules Marey estaba obsesionado con fotografiar el movimiento. Después de ver las fotografías de caballos galopando hechas por Muybridge, Marey se marcó como objetivo fotografiar el movimiento de pájaros en vuelo. Para ello, inventó una pistola fotográfica con la mira de un rifle y el mecanismo de un reloj que, al activarse el obturador, realizaba una rápida secuencia de doce exposiciones. Marey llamó a sus imágenes «cronofotografía».

El poder de la secuencia

El poder de la imagen repetitiva es conocido por todos los vendedores de fruta que distribuyen cajas seguidas de naranjas o manzanas, así como por cualquier encargado de supermercado que organiza la disposición en los estantes de guisantes o judías: las imágenes repetidas estimulan la vista. Andy Warhol observó los escaparates comerciales y adoptó sus métodos para producir pinturas con trama de seda de latas de comida y cajas Brillo.

Peter Beard usa secuencias para amplificar la experiencia de estar presente en un suceso. Sus imágenes en serie de un matador que mata a un toro y de un león que ataca ofrecen al espectador una experiencia mucho más intensa que cualquiera de las imágenes por sí sola.

Elliott Erwitt, *No tan ingenuo, Nueva York*, 1990

Erwitt es un fotógrafo que puede contar excelentes bromas con fotografías, en este caso a través de una secuencia tomada en Central Park. «Erwitt tiene la increíble habilidad de anticipar escenas que la mayoría de los fotógrafos jamás percibirían», dice el editor de imagen Tony McGrath. Erwitt ha creado muchas imágenes de perros, publicadas en sus libros *Son of a Bitch* y *To the Dogs*.

Si le gusta la fotografía de Elliott Erwitt, vea también el trabajo de William Wegman.

El humor de una secuencia

Elliott Erwitt crea secuencias de imágenes con humor, a menudo con finales inesperados. Hace observaciones y cuenta bromas con fotografías –como un libro de viñetas o una tira de dibujos animados–. Robert Doisneau creó una divertida secuencia de imágenes –tomadas con una cámara oculta– de diferentes personas cuando éstas se paraban para ver el cuadro de un desnudo, expuesto en el escaparate de una galería. Las expresiones de la gente varían desde el escándalo a la envidia y el placer.

Secuencias por etapas

Duane Michals produce secuencias por etapas de fotografías con amigos y modelos, escenarios en habitaciones, dobles exposiciones y accesorios. En ellas recrea un mundo poético de ensueño donde suceden cosas extrañas y desconcertantes: los caracteres desaparecen en la luz brillante, los espíritus dejan el cuerpo y las flores crecen en la gente como en una película.

Harold Edgerton experimentó en un estudio con rápidos destellos de flash para fotografiar secuencias de personas en movimiento, incluidos jugadores de tenis y golfistas.

Duane Michals, *Yo construí una pirámide*, 1978

Fotógrafo autodidacta, Michals compone escenas como secuencias de hasta veinte fotografías en las que explora grandes temas como la mortalidad y el deseo.

Colecciones

Algunos fotógrafos crean colecciones o imágenes similares para producir un impacto. A éstos les encanta juntar imágenes, tanto las hechas con sus cámaras como las de otros autores. Las secuencias ocurren o se construyen, y ganan potencia y conexiones con la repetición.

El artista Idris Khan reinterpreta las fotografías de los Becher superponiendo secuencias enteras para crear una sola imagen, que luego amplía a gran tamaño.

Durante cuarenta años, los fotógrafos alemanes Bernd y Hilla Becher fotografiaron meticulosa y sistemáticamente ejemplos de arquitectura industrial, como depósitos de agua, torres de refrigeración, altos hornos y tanques de gas. Con una cámara de gran formato, los Becher componían con precisión cada imagen y corregían minuciosamente su perspectiva. En las fotografías, todas las líneas verticales discurren paralelas, con lo que crean una perspectiva deliberadamente perpendicular y plana. Las imágenes, agrupadas por categorías, se visualizan en pequeñas cuadrículas, pues así se refuerza la extraña y directa belleza y simetría del conjunto.

El artista Dick Jewell reúne secuencias de fotografías de periódicos y revistas. Con ellas creó un enorme mural de cada fotografía que encontró de la famosa carrera entre Zola Budd y Mary Decker en 1984. Esta obra ofrece una visión del famoso incidente en el que las dos atletas chocaron, que estaba fuera del alcance de cualquier espectador presente en el evento. Muestra el momento clave desde todos los ángulos del estadio al combinar imágenes tomadas por diferentes fotógrafos, dispuestos en distintos lugares de la pista, y otras que encontró publicadas y que hicieron personas del público. Jewell acabó la imagen añadiendo sus propias imágenes captadas de la retransmisión de la carrera por la televisión.

Dick Jewell, *Incidente olímpico*, 1985

El artista Dick Jewell utiliza una extensa secuencia de imágenes para amplificar un evento. Al considerar que los medios informativos habían acusado injustificadamente a la atleta Zola Budd de tropezar con Mary Decker, utilizó todas las fotografías disponibles para analizar y aclarar lo que realmente sucedió.

Jewell estudió en el Royal College of Art de Londres. Entre sus publicaciones se incluyen los libros *Found Photos* y *Hysteric Glamour*.

Secuencia de diapositivas

Los espectáculos con proyector son anteriores a la fotografía, y fueron una forma muy popular de entretenimiento. Historias cómicas, aventuras, historias de la Biblia y cuentos sobre moralidad se narraban a través de secuencias proyectadas de diapositivas pintadas a mano o impresas. Algunos proyectores podían mostrar hasta tres imágenes a la vez mediante diferentes objetivos, y se utilizaron para crear efectos muy llamativos.

La invención de la fotografía introdujo diapositivas de vidrio, y en poco tiempo la proyección de transparencias se hizo común en muchas casas victorianas, donde la primera de muchas generaciones de niños tuvieron que presenciar aburridas fotografías familiares de lugares lejanos.

Muchos fotógrafos y artistas usan secuencias de imágenes proyectadas. El proyector ofrece al fotógrafo un sistema barato para mostrar su obra a gran tamaño y con una calidad muy alta en habitaciones oscuras. Nan Goldin empezó a mostrar su trabajo fotográfico como proyecciones en discotecas en la década de 1980.

La vida de Jacques-Henri Lartigue en imágenes

Jacques-Henri Lartigue grabó su vida en una secuencia de bellas imágenes. Creó 130 álbumes fotográficos, 14.500 páginas llenas de fotografías. Cada página está bellamente compuesta, con notas sobre la hora, el lugar y las personas presentes. Los álbumes tienen un tamaño similar, y Lartigue los almacenó en estantes especialmente construidos. En la actualidad, su trabajo se expone cronológicamente en sus álbumes.

Lartigue es el genio de la niñez de la fotografía. Antes de que le regalaran una cámara a los siete años, en 1901, creía que se hacían fotografías ¡cerrando rápidamente los ojos tres veces! Aunque su primera cámara era más grande y pesada que él, fue capaz de hacer fotografías que aún hoy resultan frescas, alegres y espontáneas. Su padre era uno de los hombres más ricos de Francia, y el joven Lartigue creció rodeado de sirvientes que se convirtieron en los modelos de muchas de sus primeras fotografías, junto con sus hermanos mayores Zissou y Maurice.

A la familia de Lartigue le encantaba la excitación de las carreras de coches, y se unía a las multitudes que iban a ver los primeros intentos de vuelos tripulados. Lartigue fotografió todos estos acontecimientos con una cámara que apodó «angeltrap»; con ella experimentó diversas formas de captar la velocidad y la energía que veía. Como resultado, estas fotografías del movimiento de coches y aviones parecen dinámicos cuadros futuristas.

Cuando era adolescente, Lartigue estaba fascinado por las estilizadas mujeres parisinas que veía pasear a su alrededor con vestidos y sombreros a la última moda, y empezó a fotografiarlas con pasión. Estas imágenes –y en concreto la de una mujer que llevaba un vestido a rayas blancas y negras– fueron la fuente de inspiración para los diseños de Cecil Beaton de la película *My Fair Lady*.

Cuando se hizo mayor, Lartigue siguió fotografiando incansablemente lo que él amaba: viajes, familia y cualquier persona con la que se encontrase, al tiempo que vivía una vida de placer, imperturbable ante los cambios del mundo o la necesidad de trabajar. En 1963, después de un encuentro fortuito con John Szarkowski, director de fotografía del Museo de Arte Moderno de Nueva York, tuvo la oportunidad de montar una exposición. Como consecuencia, Lartigue pasó de ser un fotógrafo totalmente desconocido a otro internacionalmente famoso. El Peter Pan de la fotografía –el niño que rehusó crecer– se convirtió en un fotógrafo profesional a la edad de setenta años, y continuó creando encantadoras fotografías llenas de alegría juvenil hasta su muerte en 1986.

Persuasión

Grandes imágenes de persuasión

- F.H.K. El póster antinuclear de Henrion «Stop Nuclear Suicide».
- El hombre embarazado: «¿Tendría más cuidado si fuera usted quien se quedara embarazado?», fotografías de Alan Brooking.
- «Se necesitan 40 animales indefensos para hacer un abrigo de pieles, pero sólo uno para llevarlo», anuncio de Greenpeace fotografiado por David Bailey.
- Carteles para anunciar la película *Trainspotting*.
- Campañas de Oliviero Toscani para Benetton.
- Máquina expendedora llena de pistolas: «Así de fácil es obtener un arma en Sudáfrica». Fotografías de Wayne Rochat.
- El anuncio del perfume Sophie Dahl, por Nick Knight; imitado por el artista Angus Fairhurst.
- Los anuncios de Lavazza, por David LaChapelle.

Campañas de publicidad y campañas políticas

Algunos fotógrafos sienten pasión por la publicidad, pues la ven como la cumbre de la fotografía profesional. Se sienten atraídos por la idea de que su trabajo pueda ser contemplado por muchas personas.

A los fotógrafos de publicidad les encanta la colaboración que se requiere en las campañas publicitarias, en las que hay muchas otras personas involucradas –directores de arte, guionistas, estilistas y decoradores– y su colaboración da vida a las ideas. Su trabajo consiste en dirigir los apetitos del espectador creando imágenes que no sólo muestran un producto, sino que además le dan un valor añadido y una resonancia gracias al modo en que se presenta.

La propaganda tiene el mismo propósito que la publicidad –cambiar el punto de vista del público–. Sin embargo, la publicidad se utiliza para el comercio y la propaganda para la política, pues esta última difunde un mensaje y propaga ideas, al tiempo que procura consolidar pensamientos e imágenes en la mente del espectador que contribuyan o perjudiquen a una causa social o política.

Crear deseos

Las imágenes de publicidad y propaganda son directas y simples. Nada aparece en ellas por casualidad. Funcionan siguiendo los mismos métodos: llaman la atención y crean deseos mediante la identificación del espectador con la gente que aparece, con sus sentimientos hacia la persona fotografiada o con el humor de la imagen o del impacto visual. Crear con éxito estas imágenes de persuasión constituye un desafío creativo fascinante.

Impacto

Las imágenes de publicidad y propaganda tienen que proporcionar un mensaje al espectador. Estos mensajes deben destacar en las vallas publicitarias, entre todo el caos visual de la calle. Para ello, las imágenes han de despertar la curiosidad del espectador y provocar una segunda mirada.

La gente compra revistas por su contenido editorial, no por los anuncios, por lo que las imágenes de publicidad tienen que resultar más impactantes que el contenido editorial o serán ignoradas.

«Hay que atraer a la gente de una forma visual. Es su trabajo que se paren. Tiene que gritar más fuerte que la cacofonía del ruido visual que hay en la calle.»
Francis Glibbery, director de arte.

Para dirigir la atención se utilizan colores vivos y llamativos, gran escala, diseño dinámico y el impacto de los «recortes», donde el objeto se ve recortado contra un fondo blanco brillante. Los recortes se utilizan para reducir una imagen a su esencia visual.

Ideas, ideas, ideas

Las imágenes más persuasivas están cuidadosamente diseñadas para hablar directamente al espectador. En general se acompañan por unas pocas palabras que sirven de apoyo al contenido visual. Con ello se desafía al espectador a decodificar la idea expresada por la fotografía y las palabras –para descifrar el mensaje, reconocer la referencia, entender el juego o resolver el acertijo.

«Nadie quiere ver anuncios. Nadie compra revistas por los anuncios –por definición, un anuncio es una pérdida de tiempo–. Un buen anuncio se introduce en su mente sin quererlo. En el momento en que lo comprende le deja con una sensación cálida. Se introduce en su cerebro.»
Clive Challis, director de arte y profesor.

Para que un anuncio tenga éxito las ideas han de ser frescas; los productos nuevos se tienen que percibir como deseables, y los productos establecidos se deben valorar bajo una nueva luz. Se trata de un desafío excitante. Los fotógrafos de publicidad reciben la esencia de una idea y se les pide que hagan su trabajo, que creen imágenes que al mismo tiempo sean visualmente atractivas y expresen la idea de modo que produzcan el máximo impacto.

Ninguna idea de publicidad se considera demasiado extrema o irrealizable. Los fotógrafos a menudo cuentan con el lujo de un presupuesto muy elevado –se pueden construir escenarios de grandes dimensiones, alquilar lugares exóticos, contratar modelos y extras, construir accesorios, diseñar equipos y utilizar la tecnología más cara– para dar vida a una idea.

Los publicistas siempre se han esforzado por estar en la vanguardia de la modernidad y la tecnología, y por ello contratan a los fotógrafos más innovadores y creativos para producir sus campañas –desde los primeros grandes como László Moholy-Nagy e Irving Penn en las décadas de 1930 y 1940, hasta Robert Frank y Garry Winogrand en las décadas 1950 y 1960, y Nick Knight y David LaChapelle en la actualidad.

«Es necesario captar lo esencial para mantener la mente del espectador concentrada. Cuanto más extraños sean los elementos, más se pierde de vista la idea.»

«Una fotografía se ve en tensión con palabras. La imagen completa es como dos cables eléctricos sin aislar: uno es la imagen, el otro las palabras. El espectador une los cables, lo que crea un *shock* eléctrico y chispas en su cabeza.»

«Se elige a un fotógrafo por la magia que aporta a una idea.»
Clive Challis, director de arte y profesor.

Nick Georghiou, Maasai, Anuncio de Landrover Freelander, 2003

Como el producto –el coche– está ausente, la imagen requiere que el espectador resuelva el mensaje –una idea brillantemente ejecutada.

Georghiou, graduado en el Royal College of Art de Londres, trabaja exclusivamente en publicidad. Ha creado imágenes para numerosas campañas de empresas internacionales, entre ellas Adidas, Sony y Vodaphone. Puede ver más sobre su trabajo en www.nickgeorghiou.com.

Este anuncio fue ideado por el escritor Mike Boles y el director de arte Jerry Hollens.

Fotoperiodismo de propaganda

Muchos líderes políticos han contratado fotógrafos o han utilizado la fotografía como medio para controlar su imagen pública. Presidentes, primeros ministros y la realeza permiten el acceso a unos pocos y seleccionados fotógrafos para que el público pueda echar una ojeada a su esfera de poder. Las imágenes resultantes son controladas por especialistas en relaciones públicas con el fin de asegurar que los protagonistas siempre aparezcan bajo un prisma positivo.

Hou Bo trabajó para el Partido Comunista chino haciendo fotografías de propaganda del presidente Mao. Éstas fueron ampliamente distribuidas por las autoridades chinas, que las usaron para difundir el mensaje del amor del pueblo por su líder, de sus hazañas heroicas y del gran progreso de la revolución. Cuando empezó a hablarse de la inminente muerte de Mao, se intentó acallar dicho rumor con unas fotografías en las que Mao se bañaba felizmente a sus 77 años en el río Yangtse. En 1959 Hou Bo fotografió a Mao rodeado por adoradores colegiales en los escalones de la escuela Soasan. Millones de carteles de esta imagen retocada y coloreada se distribuyeron en toda China. Cuando más adelante se acusó a Hou Bo de hacer retratos de Mao poco favorecedores, fue condenado a un campo de trabajo.

Impacto y subversión

Tetsuya Tamano, *Sin título*, 2000

Mientras se encontraba en Fabrica –el centro Benetton patrocinador de investigación y desarrollo de comunicación en el norte de Italia–, a Tetsuya Tamano se le pidió que creara imágenes que reflejaran su visión de la sociedad contemporánea. Esta composición (*pág. opuesta*) es una de las series que realizó usando tecnología digital.

Más adelante pasó a ocupar el cargo de director artístico de la revista *Colors*.

Los anuncios de Oliviero Toscani para la empresa Benetton de la década de 1980 incluían diversos modelos de varias razas que llevaban ropas de vivos colores bajo el eslogan «Todos los colores del mundo». La campaña se desarrolló yuxtaponiendo naciones opuestas con armoniosas ropas de lana: un modelo inglés con uno argentino, un iraní con un iraquí, y un árabe con un israelí.

Con cada campaña sucesiva Toscani fue reduciendo la presencia de los productos que anunciaba, antes de descartarlos completamente. Al conservar el mismo estilo fotográfico de «recorte», incrementó paulatinamente el impacto de las imágenes. Así, en una de ellas los curas besaban a las monjas, en otra una mujer negra daba el pecho a un niño blanco y en una tercera un recién nacido lloraba cubierto de sangre. Cada nueva campaña se anticipaba ansiosamente, aunque tan pronto como el impacto se desvaneció Toscani fue remplazado y la compañía se reenfocó en «dinero para cachemira».

Visite www.adbusters.org.

La empresa canadiense Adbusters Media Foundation crea anuncios negativos en vez de positivos, y anticomerciales en vez de comerciales. Usa vallas publicitarias, revistas, televisión e internet para denunciar campañas publicitarias y desinflar el balón del consumismo. Empleando el mismo lenguaje visual y escrito de las corporaciones multinacionales que tanto aborrece, Adbusters utiliza el poder de las grandes ideas y la fotografía como arma contra la cultura de consumo y el comercio de masas.

La artista Barbara Kruger aprovecha la fuerza de la fotografía publicitaria en conjunción con una copia directa. Sus imágenes, ampliadas a mayor tamaño que un póster, ejercen un gran poder y demuestran una total maestría del arte de la persuasión. Kruger utiliza imágenes encuadradas, y de un vivo y directo blanco y negro y un diseño dinámico, de forma que las palabras saltan hacia el espectador junto con el color rojo, vivo y brillante, asociado a McDonald's, KFC y Coca-Cola. Sus llamativas imágenes nos apuntan acusadoramente: «Vuestra vida es un insomnio permanente»; «¿Quién se vende y quién se compra?»; «¿Por qué no te atreves a ser como yo?». Uno siente como si las palabras se introdujeran a la fuerza en la garganta.

Manipulación

Manipular significa literalmente «usar las manos». Algunos fotógrafos encienden nuestra imaginación manipulando creativamente fotografías en collages y fotomontajes. La manipulación permite que suceda lo imposible, que objetos de tamaños muy diferentes puedan interactuar, que las fantasías se puedan visualizar y lo totalmente inesperado y ridículo pueda tener lugar.

«La vida es una división continua; cuando caminas por la calle la consciencia queda desmenuzada por factores aleatorios. La división está más cerca de los hechos.»
William Burrows, escritor.

«El collage es la mejor idea del siglo xx.»
Damien Hirst, artista.

Véase el trabajo de Peter Blake, Jake Wilson, Kart Schwitters, Richard Hamilton, Robert Motherwell, Nigel Henderson y las cajas del tesoro de Joseph Cornell –apasionantes retazos de memoria–. *Véanse también* los collages fotográficos de David Hockney, a los que llamó «ensamblajes». (*Véanse* «La cámara en las manos del artista», pág. 120, *y* «¿Qué hace a un buen fotógrafo?», pág. 130.)

«Creo que el collage se encuentra en algún lugar entre la fotografía y el cine. Tan pronto como colocas dos imágenes juntas empiezan a contar una historia. Cuando colocas muchas imágenes juntas, la historia se vuelve realmente excitante.»
Fabian Monheim, fotógrafo.

Visite www.vikmuniz.net.

En el proceso de manipulación las fotografías se recortan y se utilizan como materia prima. Se pueden yuxtaponer, reorganizar, añadir, destruir y «muestrear» de la misma forma que los músicos contemporáneos muestrean la música.

Antes de la fotografía digital, las imágenes se manipulaban usando escalpelos, tijeras, pegamento, pintura y aerógrafo. Hoy, muchos fotógrafos emplean el programa Photoshop en lugar de las herramientas físicas más tradicionales, lo que ha reavivado el arte de la manipulación.

Collage, reciclado de imágenes

Muchos fotógrafos y artistas conservan todo lo que encuentran interesante en revistas, periódicos y en la calle. El collage es un excelente sistema de reciclar estos materiales para crear nuevas imágenes.

La palabra «collage» procede del verbo francés *coller*, que significa «pegar», y define las composiciones de fotografías, papel, tejido y otras imágenes, en ocasiones combinadas con pinturas. Pablo Picasso utilizó por primera vez esta técnica en 1912 en un cuadro llamado *Naturaleza muerta ccon trenzado de silla*, en el que pegó un trozo de papel de pared impreso con caña de bambú.

Varios fotógrafos y pintores han usado el collage de diferentes formas y han creado obras con distintos materiales. Max Ernst recortaba catálogos y revistas en la década de 1920 para crear unas imágenes que el crítico de arte Robert Hughes ha descrito como «fina poesía visual destilada a partir de cosas cotidianas». El artista Brion Gysin optó por una bella técnica de collage después de obtener casuales yuxtaposiciones cuando cortó varias capas de hojas de periódico mientras recortaba la montura de una fotografía. Vik Muniz crea collages con rostros de estrellas de cine, cantantes y amigos a partir de trozos de tamaño confetti de papel de color recortados de revistas; la vista los mezcla formando retratos fotográficos. Peter Beard combina sus fotografías con huesos y calaveras de animales, dibujos y anotaciones, y fotografías recortadas de periódicos.

Fotomontaje

Fotomontaje es el nombre que se da a la técnica de combinar fotografías para producir imágenes que no se pueden ver en la realidad. Las imágenes obtenidas de esta forma pueden ejercer un impacto visual inmediato e ilustrar ideas con mucha claridad y fuerza gracias a yuxtaposiciones inusuales, quizá absurdas o satíricas, y el uso de humor. Como resultado, el fotomontaje se ha empleado frecuentemente en campañas sociales y políticas. En general, se sirve de fotografías originales, reproducciones en periódicos y revistas o anuncios.

Los orígenes del fotomontaje

Cuando fotografías de caras, acciones y productos se extraen de su contexto original adquieren un nuevo significado. Si estos recortes se combinan de nuevas formas, pueden dar lugar a imágenes frescas con significados muy diferentes. Este modo de trabajar se desarrolló en 1910 cuando fotógrafos, diseñadores y creadores de carteles empezaron a buscar nuevas formas de producir un impacto instantáneo con su trabajo. Durante la revolución rusa de 1917, los diseñadores utilizaron la técnica de reproducir carteles de propaganda para provocar un fuerte impacto visual. Ampliaron fotografías de las cabezas de políticos a un tamaño gigante y las yuxtapusieron con escenas de multitudes en perspectivas dinámicas a fin de comunicar el mensaje de que los líderes eran poderosos y heroicos, y que la gente estaba finalmente unida tras ellos.

Por las mismas fechas, pintores del movimiento dadaísta empezaron a crear montajes anárquicos para sus exposiciones y las portadas de sus manifiestos y revistas. Elegían imágenes de la modernidad, como fotografías de aviones, tocadiscos y piezas de maquinaria, que luego unían con frecuencia a fotografías de sus propias cabezas. Los dadaístas querían dar un nuevo nombre a este trabajo para distinguirlo del uso del collage por parte de los cubistas, y eligieron la palabra «montaje».

El líder del movimiento dadaísta que trabajaba con fotografías era John Heartfield (originariamente Helmut Herzfeld), a quien se le apodó *monteur*, que viene a significar «mecánico» o «ingeniero».

Dick Jewell,
***Un cambio de cara*, 1977**

El artista Dick Jewell creó este fotocollage a partir de imágenes encontradas en libros, periódicos y revistas. «Sentía la necesidad de encontrar muchos ejemplos de fotografías que se hubiesen tomado para acompañar a una fotografía ya existente o anterior.» Jewell hizo una litografía de este collage y pegó copias por todo el centro de Londres. Su trabajo incluye a menudo imágenes casuales.

El fotomontaje como arma

Mientras muchos pintores dadaístas usaban el montaje para crear trabajos artísticos, Heartfield lo utilizó para producir elocuentes imágenes de propaganda antinazi, que se publicaron en periódicos alemanes en la década de 1930, a menudo en primera página. Un eslogan a la entrada de un espectáculo proclamaba: «Utilice la fotografía como arma».

Tras elegir cuidadosamente famosas citas de líderes políticos, Heartfield socavaba sus mensajes creando habilidosas y agudas yuxtaposiciones visuales mediante fotografías de prensa y otras especialmente encargadas. Cuando Hitler alardeó de que

«El fotomontaje permite elegir el aspecto de una fotografía. Se elige exclusivamente lo interesante y se eliminan los aspectos superfluos. Cuando se unen varias piezas con interés, el resultado empieza a adquirir carácter.»
Dick Jewell, artista.

Algunas fotografías poseen la franqueza, la simplicidad y la potencia de un fotomontaje. Margaret Bourke-White fotografió una fila de gente que hacía cola para comprar pan después de una inundación en Louisville. Todos esperaban desesperadamente frente a una enorme valla publicitaria que proclamaba: «El nivel de vida más alto del mundo. No hay camino como el camino estadounidense».

Fotomontajes esenciales

Hanna Höch, El Lissitzsky, Aleksandr Rodchenko, Max Ernst, Edwin Blumenfeld, Linder Sterling y Cat Picton Phillips.

Fotomontaje y humor

Las revistas satíricas aprovechan con frecuencia el fotomontaje como técnica para atacar lo pomposo y lo hipócrita, pues como Heartfield reinterpretan un sonido de forma cómica.

Regularmente se envían archivos adjuntos con fotomontajes en broma –los mejores tienen muchos entusiastas en todo el mundo.

Este fotomontaje, creado en Photoshop, muestra unos futbolistas dispuestos en barrera durante la Copa del Mundo en Japón y Corea (2002). Lo vieron millones de personas pocas horas después de finalizar el partido.

«millones de personas me siguen», Heartfield mostró a un abotargado plutócrata entregando en mano un soborno al líder nazi, lo que indicaba que Hitler no era más que una marioneta financiado por industriales millonarios. Finalmente, Heartfield se vio forzado a salir de Alemania para escapar de la persecución nazi.

Peter Kennard creó llamativas imágenes para la Campaña para el Desarme Nuclear (CND) en la década de 1980, que incluían un fotomontaje de un gigantesco misil nuclear que el borde afilado del logo de la CND partía. En su sitio web, Kennard explica que su intención era «descomponer la imagen el misil, a fin de representar el poder de los millones de personas que están tratando de eliminar las armas nucleares». Dicho montaje se ha utilizado con mucho éxito y se ha reproducido con todo tipo de tamaños en vallas publicitarias, carteles e incluso chapas.

Manipulación en la era digital

Si bien antes la gente podía apreciar inmediatamente que un fotomontaje o un collage era el resultado de una manipulación, hoy es imposible decir si una imagen ha sido radicalmente modificada en Photoshop. El ordenador permite combinar imágenes sin que se note. No obstante, Photoshop es una herramienta creativa apasionante, pero conlleva algún que otro problema con implicaciones preocupantes para el medio de la fotografía.

En 2004 se envió una fotografía a la prensa que parecía mostrar al candidato a la presidencia de Estados Unidos, John Kerry, en una manifestación contra la guerra, en la década de 1970, con la actriz Jane Fonda. La fotografía era pura dinamita. Tras interrumpir en medio de la campaña electoral y en medio del debate sobre la presencia de Estados Unidos, en Iraq, la fotografía se publicó inmediatamente en la primera página de los diarios, lo que influyó radicalmente en la opinión pública sobre Kerry. Sin embargo, se descubrió que la fotografía era un engaño, que se había «arreglado» cuidadosamente con Photoshop a partir de dos imágenes individuales como parte de una campaña contra el político demócrata.

Las fotografías de moda, en particular, tratan de ocultar la manipulación. Una boca o un ojo de una imagen se pueden añadir al rostro de otra fotografía. Especialistas en retoque pueden intercambiar y suavizar los cuerpos de las modelos sin que el lector aprecie ninguna diferencia.

En lugar de significar «usar la mano», ahora la manipulación conlleva «hacer juegos de manos». No sólo se manipulan imágenes, sino también a las personas. (*Véanse* «En la era digital», pág. 126, y «Fotografía y verdad», pág. 137.)

El puente III

Abrir los ojos, contacto visual, m
el ojo de la mente, más de lo que
ojo, ojo de buey, el blanco del ojo
ojos, un brillo en los ojos, el oj
gico, los ojos son la ventana del a
fotográfico, ser todo ojos, ojo p
el ojo derecho, tener un ojo en
do, tener un ojo bien entrenado
ojo, con los ojos de un niño, el
posible creer lo que ven mis oj
entrecerrar los ojos, el ojo de la a

r con buen, ojo para el detalle, en
ojo puede ver, ojos rojos, mal de
tercer ojo, cuatro ojos, írsele los
el mundo nos observa, ojo má-
a, ojos abiertos como platos, ojo
ojo, ojo electrónico, entrar por
cogote, tener un ojo muy rápi-
ojo que todo lo ve, a través del
o público, ojos cerrados, es im-
, cerrar los ojos, andar con ojo,
ja, ojo avizor, tener ojo, mil ojos.

Buscar inspiración

«Inspírese en todas partes. Sea consciente de todo lo que le rodea; inspírese en la calle, en la cultura popular, en la música y en la comedia.»
Lee Widdows, director de arte y profesor.

«Todos los pensamientos son como placas fotográficas expuestas, sin una imagen visible hasta que se revelan.»
Samuel Butler, escritor.

«Dispone de unos 10 minutos para actuar sobre una idea antes de que ésta retroceda hacia el país de los sueños.»
Richard Buckminster Fuller, arquitecto y diseñador.

La palabra inspiración tiene su origen en la palabra latina que significa «respirar vida». La inspiración aporta vida a las ideas y proviene de una imaginación bien alimentada. Todo el mundo necesita alimentar la fantasía exponiéndola al trabajo creativo y a la cultura.

Busque inspiración en la cámara

Parta de las cámaras y en la tecnología para inspirarse. Las cámaras nos rodean; puede estudiar sus fantásticas posibilidades creativas. Además con las cámaras digitales y de película, puede ser creativo con imágenes de fotocopiadora, escáner, *webcam*, cámaras de rayos X, de satélite, de infrarrojo y visión nocturna, circuito cerrado de televisión de alta velocidad y de seguridad. Cada uno de estos sistemas tiene su propio y único carácter creativo.

Busque inspiración en la historia de la fotografía

Investigue todo lo que pueda sobre fotografía. Nunca se deja de aprender –lo que se puede saber y absorber no tiene fin.

Busque inspiración observando el trabajo de otros fotógrafos

Busque en tiendas de fotografía, bibliotecas, revistas e internet. Coleccione buenas fotografías y trate de averiguar por qué le gustan.

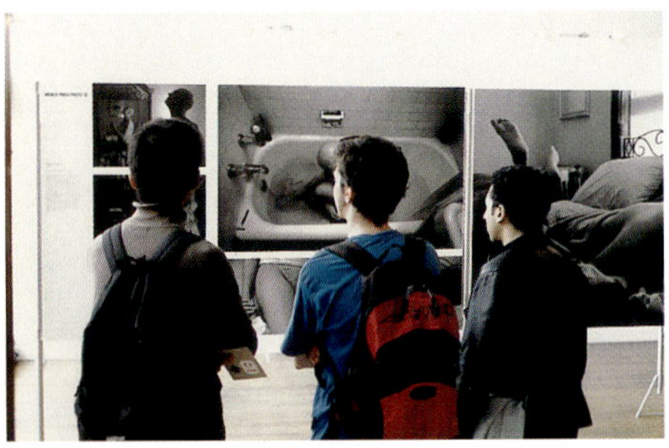

Busque inspiración observando cómo trabajan los fotógrafos

Busque películas y documentales sobre fotógrafos. Trabaje como ayudante de un fotógrafo profesional. (*Véase* «Ayudante de fotografía: el aprendiz de brujo», pág. 221.)

Busque inspiración mirando copias fotográficas

Las fotografías de las revistas y los libros nunca presentan la misma calidad que la copia fotográfica original. Visite galerías y museos.

Busque inspiración en el proceso fotográfico

Algunos fotógrafos se inspiran en procesos fotográficos concretos y trabajan con ellos a su manera, con lo que descubren nuevas formas de llevarlos a cabo. Visite laboratorios y sea testigo de los diferentes procesos de la fotografía.

«Manejar físicamente las copias de cualquier trabajo fotográfico es una experiencia muy satisfactoria. Es lo más cerca que uno puede estar de una obra –su visión con la visión del fotógrafo–; sólo le separa un paso en el proceso.»
Alan Latchley, fotógrafo.

Busque inspiración en películas antiguas en blanco y negro

Richard Avedon se inspiró en los primeros planos, los cortes radicales y los fondos blancos de la película *Juana de Arco*, filmada en 1928. William Klein aprendió de las películas de Fritz Lang y Erich von Stroheim, y Bill Brandt, de *Ciudadano Kane*, de Orson Wells. Henri Cartier-Bresson aprendió sobre composición ayudando al director de cine Jean Renoir. Francis Bacon y Cindy Sherman explotaron la gran fuerza de las secuencias de una película. Déjese influir por la iluminación de las películas de cine, sobre todo por la luz utilizada en el cine negro.

Inspírese en las películas en color

En algunas películas se usa el color de forma muy efectiva. Un buen ejemplo de ello son las obras de Michael Powell y Emeric Pressburger, entre ellas *The Red Shoes, A matter of Life and Death* y *Peeping Tom,* de Powell. Otro buen ejemplo es *El mago de Oz*, de Victor Fleming.

Inspírese en la pintura

Estudie el trabajo de los pintores, sobre todo de aquellos obsesionados por el color y la luz, y el de los que han creado su propia y distintiva paleta de colores.

Inspírese en determinados lugares

Fíjese en aquellos lugares que poseen unas cualidades especiales creadas por la naturaleza, la arquitectura o la luz.

Busque inspiración en sus errores

Los errores puede conducir a grandes descubrimientos creativos. Todos los fotógrafos se equivocan, por ejemplo cuando la película o el papel se exponen o se procesan incorrectamente, o cuando se escanea o se copia una imagen con parámetros erróneos. Estos accidentes pueden dar lugar a grandes resultados o revelar un nuevo proceso. El fotógrafo debe ser consciente de lo que hace para sacar provecho de los fallos y explotarlos.

Algunas de las innovaciones más importantes en fotografía se han descubierto por casualidad, y muchos fotógrafos se han inspirado en imágenes producidas por equipos que no funcionaban bien.

Cine negro

«Cine negro» es un término utilizado para describir las grandes películas hechas a finales de la década 1940 y a principios de la de 1950, caracterizadas por una imagen en blanco y negro de alto contraste, con argumentos turbios y amenazadores. Las películas disponibles en los videoclubs, como *Perdición*, de Billy Wilder, y *La noche del cazador*, una película de extraordinaria inventiva firmada por Charles Laughton, pueden ser una buena fuente de inspiración.

«Sólo es un error si le dices a alguien que es un error.»
Kitty McCorry, fotógrafa.

Daniel Alexander, *Kim*, 2005
De la serie de imágenes creadas con una fotografía estropeada.

Ver cosas

Los fotógrafos son grandes observadores, y constantemente están buscando tesoros visuales en sus desplazamientos diarios. Buscan yuxtaposiciones, secuencias y nuevos puntos de vista, reflejos, refracciones, simetrías y sombras. Experimentan ampliamente con cámaras nuevas y antiguas, con películas y diferentes sistemas de copiado, con el enfoque, exposiciones largas, dobles exposiciones y la luz. En este capítulo se estudian las fotografías como el producto de la creatividad.

Ver cosas: sombras

Ver cosas: desde un nuevo punto de vista

«Cuando recibí el encargo de fotografiar estos vestidos (*derecha*) hablé con el diseñador, que me explicó cómo estaban dispuestos y cómo quería que se movieran en el cuerpo. Cuando los vi en colgados de percha me planteé cómo podría proporcionarles vida fotográficamente. Se me ocurrió colocar a las modelos bajo el agua y salí en busca de un tanque adecuado para trabajar con la cámara.»
Sandro Sodano, fotógrafo. Sobre el trabajo de Sodano se puede consultar www.aboud-sodano.com.

El grupo de jazz The Happy End visto desde abajo (*derecha*).

Ver cosas: exposiciones largas y múltiples

Ver cosas: por la noche

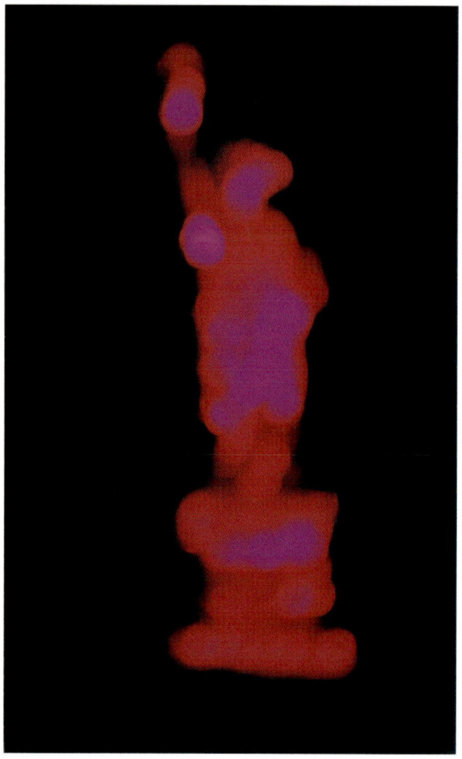

Ted Croner, *Central Park South*, 1948

Al mover la cámara durante una exposición larga, Croner crea una imagen que refleja la energía de Nueva York (*superior*).

Lee Friedlander,
***Hill Crest, NY*, 1970**

Las fotografías de Friedlander a menudo retratan imágenes fracturadas que se reflejan en espejos y superficies brillantes. (*Véase* «Autorretrato», pág. 42.)

Ver cosas: superficies reflejadas y refractadas

Ver cosas: siluetas

Las siluetas se pueden crear controlando la exposición.

Ver cosas: en secuencia

«Los fotógrafos necesitan una misión, tiene que existir una razón o una agenda para hacer fotografías; es preciso comunicar algo. Lo más difícil es encontrar eso que se quiere fotografiar.»
Dave Hendley, fotógrafo.

Proyectos

Muchos grandes fotógrafos adquieren su reputación por proyectos propios. Empiezan con una pasión por un sujeto en lugar de con un encargo. Dichos proyectos se pueden llegar a publicar o a exponer. Puede plantearse unos temas fácilmente accesibles, quizá se encuentren justo al lado de su casa. Los fotógrafos jóvenes a menudo se centran en lo que les rodea, como cultura juvenil, moda y música.

Kjell Ekhorn: proyecto de clase

Ekhorn decidió fotografiar a todos sus compañeros de clase. En esta página se pueden ver dos de las imágenes. Ekhorn explica: «Buscaba un modo original de hacer fotos. Retraté a la gente contra fondos blancos y luego coloqué los negativos sobre una mesa de luz y tapé ciertas partes antes de volver a fotografiarlos con una serie de exposiciones que me permitieron enfatizar diferentes zonas de cada imagen. Me encantan las posibilidades casuales de las exposiciones múltiples –a veces uso hasta quince exposiciones en un solo fotograma–. Se pueden hacer planes y cálculos, pero con sólo inclinar un poco algo y desenfocarlo se pueden conseguir efectos nuevos e inesperados. Estas fotografías son la cumbre de mis pruebas con exposiciones múltiples en retratos. Con ellas creé algo que realmente se parecía a mi propio trabajo.»

Dave Hendley: raíces jamaicanas, proyecto reggae

La pasión de Hendley por el reggae le condujo a visitar Jamaica varias veces para buscar a los intérpretes que hay detrás de la música. Su gran interés y aprecio por la música *underground* hizo que se le abrieran muchas puertas.

Hannah Stanton y Vanesa Marisak: proyecto sobre el comportamiento

Stanton y Marisak son compañeras en un proyecto que examina el comportamiento ante la cámara, en el que se fotografían a sí mismas en diferentes posturas y momentos –como pilotos de caza, trabajadoras en un matadero y mecánicas, viudas desconsoladas, madres adolescentes, turistas e incluso bebés.

Steve Harries y Mel Bles: escenarios de películas

Steve Harries y Mel Bles buscaron las localizaciones utilizadas en la producción de famosas películas de la década de 1970 –incluido *Taxi Driver, El padrino* y *The Last Picture Show*– y luego fotografiaron estos lugares que, gracias a su aparición en el celuloide, se han impreso intensamente en las mentes de millones de aficionados al cine. Utilizan película de negativo color Kodak y una cámara Mamiya 6 x 7 de formato medio. Las imágenes sobre este proyecto se pueden ver en www.steveharries.com.

Will Brook: proyecto de cámara estenopeica

Will Brook llevó la fotografía estenopeica a un nuevo territorio cuando construyó una cámara curvada de grandes dimensiones y con varios estenopos. Puede hacer más de cien fotografías de la misma escena desde diferentes ángulos.

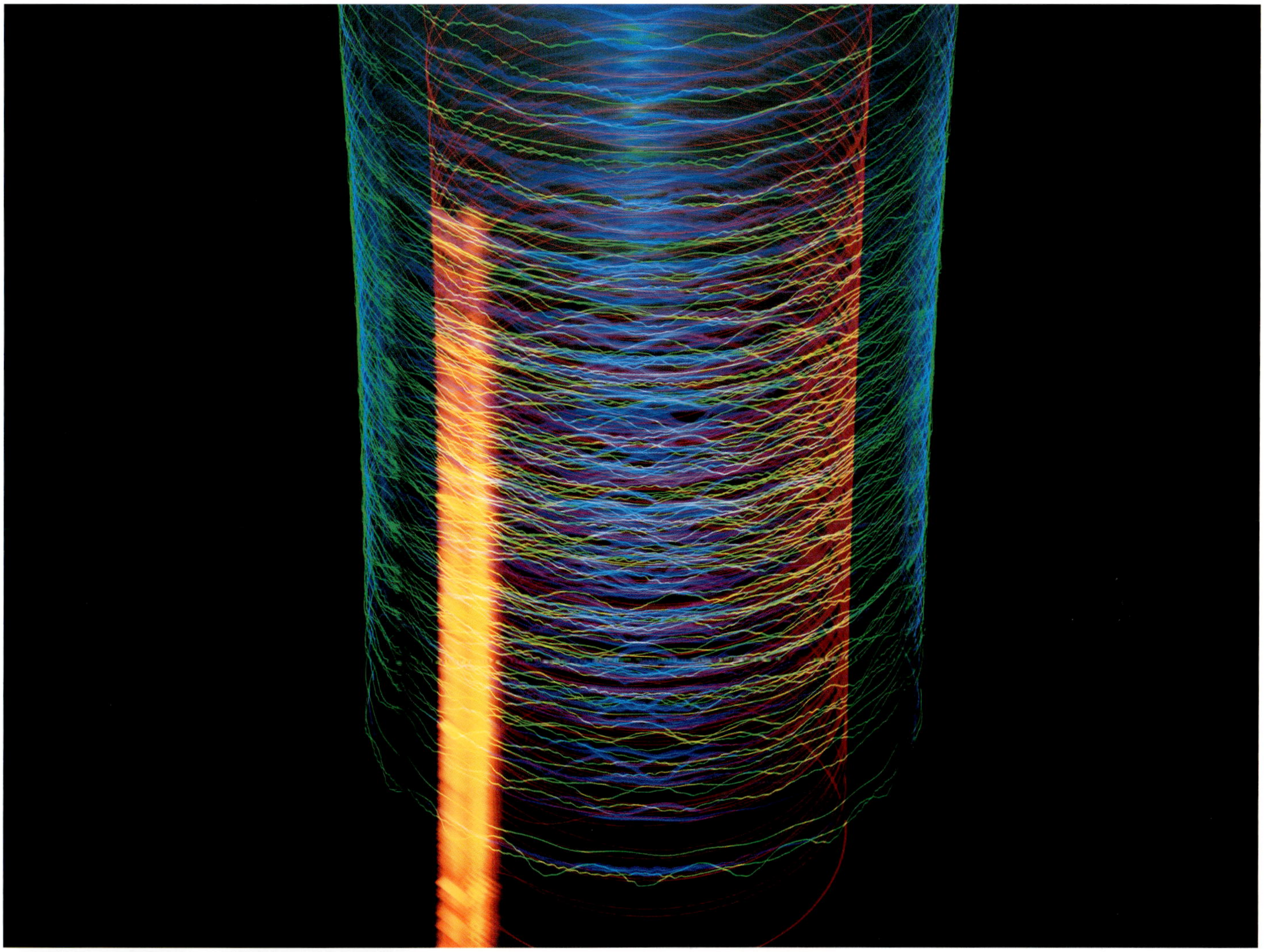

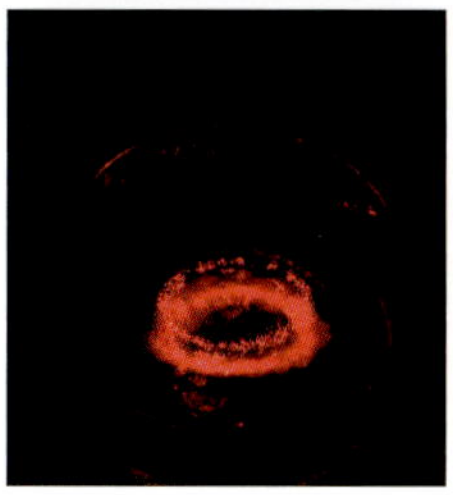

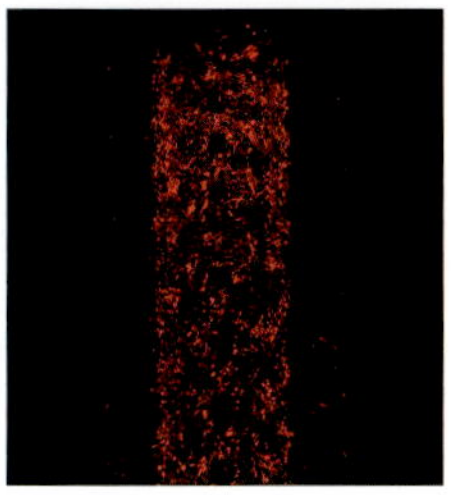

Jamie Dobson: proyecto de sonido

Jamie Dobson está fascinada por las formas en que se puede usar la fotografía para retratar el sonido. En sus experimentos construye máquinas que interpretan música en forma de ondas escritas con luz, que pueden fotografiarse. También producen frecuencias inaudibles para el oído humano que provocan vibraciones en líquidos; a continuación fotografía el dibujo formado por un láser giratorio que proyecta un círculo de luz sobre la superficie del fluido.

Dobson usa cámaras sujetas sobre trípode y exposiciones muy largas. Sus fotografías se pueden ver en www.jamiedobson.com.

La cámara en las manos del artista

Cuando alguien se considera un artista está declarando que sólo responde ante sí mismo y que no teme seguir su propia visión y pasión. Decide el tema que va a fotografiar sin contar con encargos o clientes, y se gana la vida gracias a la venta de su obra. Los artistas han ampliado mucho el alcance de la fotografía, y actualmente es habitual que aprovechen este medio para expresar su visión, del mismo modo que en su día lo hicieron pintando o haciendo esculturas.

Artista/fotógrafo, fotógrafo/artista

Muchos artistas modernos que eligen la fotografía como medio se describen frecuentemente como «fotógrafos». Este término ha llegado a englobar, por lo tanto, a aquellos artistas que usan cámaras, además de aquellos que hacen fotografías para ganarse la vida o por placer.

La atractiva obra de los artistas que se sirven de la fotografía en su trabajo, así como la aceptación de este medio por parte de galerías de arte y coleccionistas, ha posibilitado que se hayan creado un amplio abanico de oportunidades para todos. Además de idear sus propios proyectos, muchos artistas llevan a cabo encargos comerciales que hace un tiempo habían sido territorio exclusivo de fotógrafos, mientras que éstos encuentran nuevas personas interesadas por su trabajo más allá del ámbito comercial y exponen en las galerías. (*Véase* «Exposiciones», pág. 228.)

El trabajo de artistas como Yasumasa Morimura, Nan Goldin, Rineke Dijkstra, Hiroshi Sugimoto, Phipip-Lorca diCorcia, Nobuyoshi Araki y Wolfgang Tillmans se estudia en diferentes capítulos de este libro.

La relación entre arte y fotografía

Desde la invención del medio siempre ha existido una relación de inspiración mutua entre arte y fotografía. A partir de 1850, los pintores se acostumbraron a encargar daguerrotipos como estudios para sus cuadros, mientras que los primeros retratos fotográficos, bodegones y desnudos imitaban la composición de los cuadros.

Bohnchang Koo,
***En el principio # 10*, 1995-1996**

Bohnchang Koo crea instalaciones compuestas por cientos de copias fotográficas cosidas entre sí. Hijo de un sastre, descubrió este método de trabajo después de haber sido incapaz de obtener hojas grandes de papel fotográfico. Para solventar el problema, trasladó la máquina de coser de su padre al laboratorio y la usó para unir varias hojas. En sus obras deja los hilos de algodón colgando de la superficie. Bohnchang Koo es uno de los artistas modernos líderes de Corea; su trabajo se ha expuesto en Asia oriental, Europa y América.

Muchos pintores se han inspirado en la nueva visión del mundo obtenida a través de la fotografía. Marcel Duchamp utilizó los estudios fotográficos del movimiento de Etienne-Jules Marey en la composición de su famoso cuadro *Desnudo bajando por escalera* (1912). Las fotografías de Muybridge sobre humanos y animales en movimiento también han influido en incontables artistas, incluido Francis Bacon, quien usó estudios fotográficos de luchadores como material para sus cuadros de encuentros sexuales violentos. Bacon también aprovechaba fotogramas de película como fuente de inspiración: en sus series sobre pinturas de papas que gritan volvió a trabajar sobre un primer plano en el que aparece una boca gritando, extraída de la película *El acorazado Potemkin*.

Muchos fotógrafos famosos comenzaron su carrera artística como pintores, entre otros Diane Arbus, Henri Cartier-Bresson y William Klein, y numerosos artistas conocidos por sus cuadros han experimentado ampliamente con la fotografía, por ejemplo David Hockney y Chuck Close. También Picasso utilizó fotografías de moda como lienzo para crear bellos dibujos.

Hay numerosos movimientos artísticos que han inspirado a los fotógrafos –en concreto, el surrealismo, que destacó la importancia de yuxtaposiciones inesperadas, los efectos del azar y el poder de las imágenes que aparecen en los sueños–. Entre los fotógrafos que han creado imágenes surrealistas se encuentran el húngaro André Kertész, cuyas imágenes representan coincidencias visuales paralelas a las pinturas de René Magritte. La influencia del surrealismo todavía se deja notar en la fotografía de publicidad y moda, en la que el uso de yuxtaposiciones llamativas e inusuales puede resultar muy efectivo.

Artistas pioneros con la cámara

Julia Margaret Cameron se consideraba una artista que hacía fotografías, más que una fotógrafa. Nacida en 1815, a los 23 años se casó con un hombre que le doblaba en edad, y con el que llevó una confortable vida colonial en la India, donde su esposo pertenecía a la elite gobernante británica. Cuando éste se retiró, la pareja regresó a Inglaterra, donde Cameron, con sus hijos ya crecidos, se encontró con que tenía mucho tiempo libre. Comenzó a buscar una afición que la distrajera y encontró la fotografía a los 48 años. Después de pasar varios meses experimentando consiguió dominar el voluminoso equipo y los procesos, y convirtió su gallinero de cristal en un estudio, y su carbonera, en laboratorio. Con un alegre entusiasmo, Cameron engatusó a su familia, sirvientes y amigos para que hicieran de modelos. Con mantas y trozos de terciopelo como fondo y un gran número de accesorios hechos a mano, creó bellas fotografías influenciadas por cuadros prerrafaelistas y los mitos y leyendas románticos. Al cabo de un año ya podía mostrar su trabajo en exposiciones importantes. Cameron renunció a los estándares técnicos aceptados por la fotografía, pues consideraba una interferencia y un obstáculo. Prefería usar tiempos de exposición de hasta diez minutos a fin de conseguir unas bellas imágenes de ensueño.

En la década de 1890 un grupo de fotógrafos pretendió elevar la fotografía a una forma de arte. Se dieron a conocer como un «movimiento», y se llamaron pictorialistas. Influenciados por los pintores impresionistas, crearon imágenes

Ver fotografías en una galería

La historia y el paso de los años pueden proporcionar a las fotografías un valor imprevisto en el momento de la toma. Una fotografía puede adquirir un significado especial cuando se copia a pequeño o a gran tamaño, cuando se encuadra, se coloca en una secuencia, se expone en una galería o se añade texto o sonido.

Una fotografía enmarcada comunica al espectador que ésta debería tomarse en serio como imagen, que el fotógrafo la considera buena y significativa, digna de estudio y exposición. La misma fotografía sin enmarcar tiene una presencia totalmente distinta.

Mostrar fotografías en las paredes blancas de una galería puede darles un impacto imposible de obtener en otros escenarios. El entorno prístino de la galería en combinación con las expectativas de los visitantes de que lo que van a ver vale su atención, hace que se amplifique el contenido de las imágenes. El mismo trabajo tendría una fuerza totalmente distinta si se expusiera en cualquier otro lugar, por ejemplo en un café o en una librería.

Véase el trabajo pictorialista del francés Robert Demachy y del estadounidense Frank Eugene.

difusas, envueltas en niebla, sombras y textura. Usando técnicas como la goma bicromada, platino y fotograbado, produjeron imágenes con aspecto de grabados al aguafuerte o dibujos.

En esa época, varios grupos, sociedades y clubes fotográficos empezaron a proliferar en las grandes ciudades –algunos se llamaban a sí mismos con nombres rimbombantes, y todos organizaban exposiciones y proclamaban sus propósitos–. Los miembros a menudo iban de un grupo a otro. Estas agrupaciones experimentaron un crecimiento antes de subdividirse y colapsar finalmente.

Uno de los grupos que prosperó fue una ramificación estadounidense de los pictorialistas, formado en 1902 y bautizado con el nombre de movimiento foto secesionista. Entre sus miembros figuraban Alfred Stieglitz, Edward Steichen y Clarence White. Estaban frustrados por el bajo nivel de las exposiciones de fotografía en Estados Unidos, y fundaron una galería en el número 291 de la Quinta Avenida, que al cabo de poco tiempo se la conoció simplemente como 291. Por primera vez se expuso obra fotográfica junto con trabajos de pintores famosos, como Matisse, Picasso y Cézanne. A partir de ese momento, la fotografía se alió con la vanguardia.

Grupo f64

«La fotografía es el modo más intenso de ver.» Edward Weston, artista.

Otro grupo famoso de fotógrafos artistas fue el grupo f64, formado por Ansel Adams, Edward Weston e Imogen Cunningham. Su primera exposición conjunta, en 1932, tomó su nombre de la abertura más pequeña disponible en los objetivos de las cámaras de gran formato; con esta denominación se pretendía resaltar la pasión por la nitidez de imagen proporcionada por esta pequeña abertura, que crea fotografías enfocadas desde el primer plano hasta el fondo.

Los integrantes del grupo f64 fueron artistas pioneros con cámaras que contribuyeron a la difusión e importancia de las exposiciones en galerías y museos. Se ganaban la vida vendiendo copias a coleccionistas y también gracias al apoyo de los socios, subvenciones y premios. Los miembros perseguían un crecimiento artístico más que comercial.

Man Ray el mago de la invención

Man Ray fue un gran experimentador que trabajó como pintor, cineasta y fotógrafo. Nacido como Emmanuel Radnitzky en 1890 en Filadelfia, estudió arte y diseño antes de establecerse en París –en aquel entonces la capital mundial del arte– sin hablar ni una palabra de francés. Como era totalmente desconocido, empezó a trabajar como fotógrafo para sufragarse su carrera de artista. Mago de la invención, Man Ray estaba determinado a crear imágenes que no se parecieran a ninguna otra. Gracias a ello abrió nuevos caminos con sus retratos experimentales, fotografías de moda y desnudos, entre ellas las extraordinarias imágenes *Glass Tears* y *Le Violon d'Ingres*. (*Véase* «Abstracción desnuda», pág. 61.) Man Ray también experimentó ampliamente con fotogramas en los que empleaba objetos tridimensionales y opacos, y con la solarización, una técnica que adoptó por su imprevisibilidad.

A finales de la década de 1940 y durante la década 1950, Aaron Siskind y Minor White tomaron fotografías de detalles de la naturaleza y de edificios destruidos

–maderas y piedras ajadas por el tiempo, pintura desconchada, cristales de hielo y remolinos de agua–. En el proceso produjeron obras abstractas con tanta fuerza y movimiento como las de los pintores expresionistas abstractos, entre ellos Mark Rothko y Willem de Kooning.

La fotografía proporcionó inspiración a los artistas Andy Warhol y Robert Rauschenberg. Ambos tomaron imágenes de los periódicos –las mismas que los lectores miraban y luego tiraban– y las convirtieron en obras de arte provocativas y con mucha fuerza visual. Warhol recortaba fotografías de accidentes de coches, disturbios, ejecuciones y apariciones de estrellas de cine y pop de las páginas de los diarios. Después de ampliarlas, las tramaba de forma repetitiva con tonos apagados y ácidos y con los impetuosos colores de anuncios baratos, y dejaba cualquier error causado por la sobreimpresión para añadir crudeza a las imágenes. Por su parte, Rauschenberg ampliaba fotografías de presidentes, astronautas y soldados y las componía toscamente en un collage con imágenes icónicas estadounidenses de la Estatua de la Libertad, rascacielos y el águila de los Estados Unidos. A continuación emborronaba las imágenes, las superponía y pintaba sobre ellas para crear composiciones de tamaño póster.

El trabajo de Andy Warhol ha inspirado a mucha gente, incluido este grupo. El autor encontró esta fotografía en un álbum que alguien había tirado a la basura en Nueva Orleans.

David Hockney

El artista británico David Hockney ha experimentado en su obra con fotografía, fotocopiadoras y máquinas de fax. Llegó a la fotografía por casualidad, después de que el director de un museo se olvidara unas cuantas películas Polaroid en su casa de California, con las que tomó varias fotografías del edificio. A continuación pegó las secuencias de las imágenes para crear una imagen mayor. Desde sus inicios con este collage de 30 imágenes, ha continuado experimentando y ha creado retratos de cuerpo entero de amigos y familiares, incluido uno de su madre en casa compuesto por más de cien Polaroid. Cada copia de gran tamaño está delimitada por la cuadrícula blanca formada por los bordes de las copias pequeñas. Hockey llama a estas imágenes de «ensamblaje». Su primera exposición de collages fotográficos se tituló «Dibujar con la cámara».

Hockney también hace collages de grupos de sus amigos con fotografías en color tomadas con una cámara de 35 mm y procesando las copias en un laboratorio rápido de una hora. En vez de unir las imágenes borde con borde, las superpone, haciendo collages de muchas fotografías de la misma persona, tomadas en diferentes momentos y desde distintos ángulos. El resultado evoca las pinturas cubistas que tanto le gustan a Hockney, y al mismo tiempo rompe con la convención de que las fotografías deberían ser rectangulares –los collages finales son bloques separados que se proyectan hacia el espectador.

La culminación de los experimentos fotográficos de Hockney la constituye un collage de grandes dimensiones titulado *Pearblosson Hwy., 11-18th April 1986*. Para ello, fotografió la autopista con una cámara de 35 mm durante un período de ocho días a fin de crear un «ensamblaje» de grandes proporciones con cada centímetro cuadrado perfectamente nítido –una profundidad de campo que habría sido la envidia del grupo f64–, desde la lata arrugada de Pepsi en el primer plano hasta las montañas en el horizonte.

David Hockney, *Pearlblossom Hwy., 11-18 April 1986*

Hockney creó este increíble collage usando cientos de fotografías tomadas desde diferentes posiciones y ángulos durante varias sesiones de ocho días.

Artistas modernos y fotografía

La artista iraní Shirin Neshat retrata a mujeres con velo en inolvidables fotografías simétricamente compuestas sobre fondos blancos, e iluminadas y encuadradas como las imágenes que aparecen en la portada de las revistas. Su propósito es expresar el espíritu y la fuerza de las mujeres iraníes contemporáneas. Para ello, Neshat dibuja sus imágenes con tinta negra, tatuando las caras con caligrafía árabe. Los textos que usa son de mujeres novelistas y poetas prohibidas en Irán.

Catherine Yass usa en su obra efectos de color intenso. En su serie *Descent* hizo fotografías desde lo alto de un edificio en Canary Wharf, Londres. Tras enfocar los bloques de oficinas del otro lado, hacía barridos con la cámara que recorrían verticalmente el edificio durante la exposición. Como resultado, en las fotografías, los edificios se desintegran en líneas abstractas de luz, lo que transmite la sensación de que caen fuera de control. Yass presenta sus imágenes en forma de grandes transparencias iluminadas por la bella y suave luminosidad de cajas de luz.

Sarah Lucas hace autorretratos ingeniosos y directos en los que ella se presenta ante la cámara y adopta poses deliberadamente masculinas. Con ello provoca que uno se cuestione las indicaciones de identidad que generalmente se dan por garantizadas en los retratos –expresiones, vestidos y pose.

Muchos artistas modernos combinan fotografía con otros medios. Por ejemplo, el ceramista británico Grayson Perry mezcla cerámica, dibujo y fotografía; los Chapman Brothers, conocidos principalmente por sus esculturas, vendieron rollos de película expuesta pero sin procesar en una galería.

El alemán Andreas Gursky crea imágenes en color de gran formato en las que los seres humanos quedan empequeñecidos por los ambientes comerciales creados por el ser humano –supermercados, oficinas y bancos–. Gursky emplea manipulaciones sutiles para reforzar las composiciones y enriquecer los colores.

Shirin Neshat,
***Silencio rebelde*, 1994**

Neshat se fotografió a sí misma de forma provocativa –blandiendo un arma en su serie titulada *Mujeres de Alá*.

Fotografía digital: a favor

«La fotografía digital permite hacer cualquier cosa –la tecnología ha liberado las ideas al permitir una creación más perfecta.»
Blaise Douglas, director de arte.

«La fotografía trata sobre comunicación. La fotografía digital me permite comunicarme más rápido. Si una revista o una productora musical que se halla en el otro lado del mundo quiere una de mis fotografías puede tenerla en pocos minutos. Se pueden cubrir enormes distancias con tanta rapidez, es fantástico.»
Dave Hendley, fotógrafo.

«Ya no me tengo que preocupar sobre si alguien va a estropear la película. No tengo que esperar al revelado o preocuparme de revelarla yo mismo –sé que tengo las fotos instantáneamente.»
J. Beauchamp, fotógrafo.

«La fotografía digital proporciona a los fotógrafos una oportunidad para reinterpretar una imagen después de haberla captado. Mucha gente nunca había disfrutado antes de esta posibilidad.»
John Myers, fotógrafo y profesor.

«El debate sobre película y digital es exactamente el mismo que el de discos de vinilo y CD. Algunos sienten una pasión incondicional por la calidad y variedad de sonidos del vinilo. Otros sólo consideran el medio digital, como el CD, como progreso.»
Ed DeSouza, director artístico.

Las cámaras digitales han cambiado el ritmo de la fotografía –las imágenes pueden verse en pantalla y revisarse enseguida.

«Hago fotografías de una forma que jamás habría soñado antes debido a los costes de película y copiado.»
Tom Clive, estudiante de arte.

En la era digital

La fotografía digital ha cambiado totalmente el medio

Con la fotografía digital ninguna idea es irrealizable. Las fotografías manipuladas de forma digital pueden resultar convincentes aunque expresen una visión totalmente distinta de la que comunican las imágenes reales. Antes de la fotografía digital, la manipulación era una tarea sumamente especializada e increíblemente cara. Por ejemplo, a ningún fotógrafo se le habría ocurrido retocar marcas visibles en un fondo liso detrás del sujeto. La nueva relación entre cámaras y ordenadores ha cambiado por completo este aspecto.

La fotografía digital ha cambiado la fotografía profesional

Los fotógrafos profesionales ahora no sólo tienen que entender de fotografía, sino también de informática. Las herramientas que antes se necesitaban habitualmente eran una cámara y unos cuantos rollos de película. En la actualidad, para conseguir trabajo es necesario disponer de cámaras muy caras y ordenadores.

La fotografía digital es más inmediata y más barata que la analógica –los clientes ven los resultados más rápidamente sin tener que pagar por el coste de la película y el copiado.

La fotografía digital proporciona una imagen instantánea

Ver una imagen de forma instantánea resulta muy gratificante. Después de todo, éste fue el sueño que condujo a inventar la fotografía, y las cámaras digitales ofrecen una satisfacción instantánea, lo que, por otra parte, refleja la obsesión de nuestra época: obtener aquello que queremos sin tener que esperar.

Las cámaras digitales han cambiado el modo de hacer fotografías

Las cámaras digitales han liberado al fotógrafo de las restricciones y gastos de las películas de 24 o 36 exposiciones. Pueden usarse como un bloc de notas, pues es posible tomar cientos o incluso miles de fotografías al día –algo que para muchos usuarios era económicamente inviable con película.

Las cámaras digitales de pequeño tamaño y bajo precio permiten que los fotógrafos siempre puedan tener a mano una máquina. Antes estaba prohibido hacer fotografías en ciertos eventos, como, por ejemplo, conciertos y exposiciones; ahora es imposible mantener la prohibición.

> «Utilizo la cámara digital para recopilar colores, combinaciones de colores, formas, lugares, elementos que nunca formarían una gran fotografía pero que igualmente me gusta conservar.»
> James Davies, fotógrafo.

La cámara digital ha cambiado el ritmo de la fotografía. En vez de guardar la cámara después de usarla, ahora es posible mirar los resultados instantáneamente y revisar las imágenes en la pantalla LCD. Esto ha modificado totalmente la forma en que los fotógrafos trabajan con la gente, pues permite involucrar a los modelos en las imágenes.

Como su propio nombre indica, en las cámaras digitales de apuntar y disparar sólo es necesario encuadrar y pulsar el disparador. En lugar de usar el visor, se sujeta la cámara frente a uno para ver en la pantalla de enfoque lo que registra el objetivo. Las cámaras de móvil carecen de visor, por lo que el encuadre y la composición se juzgan a través de la pantalla.

Las cámaras digitales han cambiado la reacción que muestra la gente al ser fotografiada

Cada vez se es menos consciente de la fotografía. Antes se posaba, mientras que ahora ya no preocupa la cámara –siempre está presente y siempre está exponiendo–. Las ventas de móviles con cámara han superado a las de las cámaras digitales, y se estima que antes de finalizar la década habrá unos 650 millones de teléfonos con cámara en uso.

Borrado digital

Las cámaras digitales son las primeras que incorporan un botón de borrado, diseñado para eliminar una imagen de la memoria a fin de liberar espacio y poder captar otra fotografía. Esta destrucción permanente de una imagen es contraria al deseo del fotógrafo de preservar aquello que ve. Muchos fotógrafos de la era predigital guardaban todas las imágenes que tomaban en forma de negativos y diapositivas. Revisar las fotografías en una fecha posterior puede desenterrar joyas que se pasaron por alto en su día, por lo que borrar enseguida las fotografias destruye imágenes que hubiesen podido ser importantes.

Las cámaras digitales han acelerado la comunicación

Las cámaras digitales han acelerado la fotografía, pues las imágenes digitales se pueden ver y transmitir instantáneamente, sin el retardo del procesado y el copiado. Mientras que antes las fotografías tardaban horas, días o incluso semanas en llegar, hoy las cámaras digitales permiten enviarlas «en tiempo real» mientras el suceso todavía tiene lugar.

Las imágenes digitales se pueden transferir directamente al ordenador para editar una revista, un periódico o un anuncio.

Asimismo, con las cámaras digitales es posible compartir las imágenes de un modo nuevo y sin precedentes –las fotografías se pueden enviar al instante a amigos o clientes por correo electrónico o compartirlas con el mundo publicándolas en sitios web.

Fotografía digital: en contra

«La fotografía digital ha devaluado totalmente la validez de las imágenes. Cuando la mayoría de las fotografías se captaban en diapositiva, cada imagen era única y un precioso tesoro. Era un original cuya reproducción sólo se podía conseguir por copiado en la ampliadora. Estas diapositivas ofrecían la posibilidad suprema de la imagen. Las fotografías digitales carecen de este encanto.»
Alison Smithee, fotógrafa.

«Una vez "liberado" un archivo digital, se pierde para siempre. Se puede distribuir, reproducir o modificar instantáneamente por cualquiera y en cualquier parte. Los fotógrafos han perdido el control de sus imágenes. La fotografía digital ha erosionado la propiedad y la capacidad del fotógrafo para proteger su trabajo.»
Eric Daley, fotógrafo.

«El problema con el sistema digital es que la edición es muy rápida y se pueden borrar algunas imágenes que podrían ser buenas. Las hojas de contacto se asientan, maduran y fermentan a lo largo de los años. La imagen que se elige rápidamente casi siempre es distinta a la que se escoge al cabo de un tiempo, cuando se distinguen aspectos mucho mas interesantes.»
Johnnie Shand Kyd, fotógrafo.

«La lucha entre digital y película es como elegir entre un mundo virtual y el mundo real. Yo sé el mundo en el que quiero vivir.»
Alan Latchley, fotógrafo.

«Algo de la magia se ha perdido. Parte de la ilusión consistía en el viaje al laboratorio para ver lo que había salido.»
Alex West, fotógrafo.

Eliminar –una opción radicalmente en contra del deseo tradicional de los fotógrafos de preservar lo que ven.

El escenario digital

Los ordenadores han reunido en el mismo escenario la fotografía, el diseño, la música, el sonido y la imagen en movimiento –ahora todo se puede combinar con facilidad–. La mayoría de las cámaras digitales ofrecen al fotógrafo la oportunidad de captar películas breves que luego pueden visualizarse en la pantalla LCD o bien en un ordenador. Las técnicas fotográficas y de filmación se han aproximado, y la tecnología proporciona a los fotógrafos acceso a un equipo de filmación barato y sencillo.

La era digital ha cambiado lo que se puede ver

Internet proporciona un flujo continuo de imágenes y permite acceder a un número infinito de ellas para su visualización o publicación. El movimiento y transferencia de imágenes digitales no puede detenerse: antes, una orden judicial podía evitar la publicación de fotografías en la prensa, pero internet no se puede censurar. Así, en internet se burló la prohibición del Pentágono de publicar imágenes que mostraran soldados estadounidenses muertos en Iraq, mientras que las fotografías «trofeo» enviadas por correo electrónico desde Iraq que muestran a soldados abusando de prisioneros con toda seguridad nunca habrían llegado a la prensa antes de la era digital –habrían sido interceptadas e investigadas por censores militares o en el laboratorio en el momento de su procesado. (*Véase* «La fotografía de prensa», pág. 72.)

Las cámaras digitales han modificado el modo en que los fotógrafos profesionales trabajan con sus clientes

> «El cliente no necesita estar con el fotógrafo, respirando por encima de su hombro. Ahora puede estar *online* en cualquier lugar para aprobar una imagen antes de tomar la siguiente. La fotografía digital también es excelente cuando se utilizan modelos –sabes que has captado la imagen y que el cliente está contento antes de acabar la sesión y enviar al modelo a casa.»
> Lee Widdows, director artístico.

La fotografía digital permite que el fotógrafo no necesite encontrarse con el cliente –se puede celebrar una reunión y enviar las fotografías sin ni siquiera tener que hablar.

La fotografía digital permite a los fotógrafos enviar copias de su trabajo enseguida a posibles clientes y mostrar las imágenes en su sitio web.

La fotografía digital ha modificado el control que el fotógrafo ejerce sobre las imágenes

La fotografía se ha acercado al diseño. Se han formado nuevos lazos entre fotógrafos y diseñadores. El fotógrafo puede controlar el aspecto final de las imágenes y el diseñador se encarga de la composición. Las fotografías digitales tienden a usarse más como material base que como imágenes acabadas.

Las cámaras digitales han modificado la forma de imprimir las imágenes

La digitalización ofrece la posibilidad de imprimir sobre muchas superficies y a gran escala, de forma rápida y barata. Una vez guardada la imagen, se puede imprimir en el momento o más tarde y obtener los mismos resultados.

Las cámaras digitales han modificado el modo en que se conservan fotografías; ¿es una señal del fin de las copias en papel?

Aunque es posible crear copias en papel, la mayoría de las imágenes digitales nunca existirán como objetos; sólo se verán en la pantalla del ordenador. En vez de mirar álbumes de fotografías, ahora se navega en el archivo –nunca se toca un objeto físico.

La fotografía digital ha modificado el modo en que se almacenan las imágenes

Es posible almacenar un número elevadísimo de imágenes en un solo disco, el trabajo de toda una vida.

Las cámaras digitales han conducido a una rápida obsolescencia de la tecnología fotográfica

Las cámaras que usan película pueden durar toda una vida, mientras que las cámaras digitales quedan obsoletas rápidamente dado que evolucionan a gran velocidad, por lo que, al igual que los ordenadores, en poco tiempo quedan superadas por modelos de mejor tecnología. El genio está fuera de la lámpara; es imposible hacerle regresar.

En la era digital, ¿por qué viajar para hacer fotografías?

La fotografía digital permite unir muchas fotografías, aunque puede ser muy difícil igualar la autenticidad del lugar o la luz.

¿Digital o película?

La fotografía digital permite crear imágenes extraordinarias que son imposibles de producir con película. En ocasiones es muy difícil distinguir entre una imagen de película y otra digital. Algunas imágenes digitales tienen una increíble nitidez, color e intensidad, mientras que otras carecen de la fuerza y la autenticidad de las imágenes captadas en película. No hay grandes fotografías captadas en película, por un lado, y grandes fotografías digitales, en el otro; sólo hay grandes fotografías.

¿Qué convierte a alguien en un gran fotógrafo?

A pesar de que es inevitable que una generación de revolucionarios jóvenes se conviertan en figuras establecidas de la siguiente generación, el trabajo de los grandes fotógrafos siempre parece innovador. Dominan generaciones creando obras de tal fuerza que parecen nuevas. Ven el tema y usan la cámara, los objetivos, la película o el ordenador de formas anteriormente inimaginables. Su misión se basa en captar imágenes como nunca antes se habían captado. Su trabajo se reconoce instantáneamente, pues demuestran un dominio único de la composición, el tono o el color.

Los grandes fotógrafos llevan la fotografía a sus extremos, hacia un nuevo terreno. Harold Edgerton quería encontrar las exposiciones más breves posibles; Hiroshi Sugimoto busca las más largas. Aunque David Hockney siguió una vía trillada por todos los estudiantes de arte para unir diferentes fotografías del mismo tema, fue más allá de lo que se había explorado nunca sobre esta técnica en su gigantesco collage fotográfico *Pearblossom Hwy., 11-18th April 1986*. (*Véase* «La cámara en las manos del artista», pág. 120.)

Los grandes fotógrafos desafían que se les ponga etiquetas como fotógrafos de retrato, fotógrafos de moda o fotógrafos de guerra. Simplemente son fotógrafos con una visión personal del mundo que llevan a nuevos lugares; no sólo crean grandes imágenes individuales, sino también un trabajo consistente. Actúan como catalizadores para cambiar la percepción del medio fotográfico. Además, poseen un apetito voraz para captar imágenes. Son incansables y entusiastas, y nunca se sienten satisfechos con nada que no sea lo mejor. Nos animan a hacer fotografías. Por todo ello, existen muy pocos de estos visionarios en cualquier generación.

Los grandes fotógrafos sienten una pasión irrefrenable por su arte. El fotógrafo australiano Frank Hurley fue descrito como «un guerrero con su cámara» que «iría a cualquier lugar o haría cualquier cosa para conseguir una fotografías». Así, viajó en la desgraciada expedición al Antártico de Shackleton en el barco *Endurance*, y captó increíbles imágenes en blanco y negro en las condiciones más extremas, para las que usó hasta veinte exposiciones de flash. Hurley incluso desafió las órdenes de Shackleton y buceó en el agua helada para recuperar algunas placas fotográficas que se habían caído por la borda.

Etienne-Jules Marey y Edweard Muybridge estaban tan decididos a fotografiar el movimiento que inventaron sus propias cámaras con los primeros obturadores que permitían conseguir tiempos de obturación de fracciones de segundo. Edwin Blumenfeld captó imágenes con tiempos de exposición muy largos para crear un mundo de belleza imposible en sus retratos. Man Ray llevó a cabo experimentos irrepetibles en el laboratorio, en los que arriesgó el procesado de sus negativos y copias en papel, pues habrían podido arruinarse muchas horas de trabajo por un exceso de exposición.

Los grandes fotógrafos siguen el manifiesto de Madame Yevonde: «Ser original o morir». Se han ganado la inmortalidad gracias a sus fotografías.

Harold Edgerton, *Gota de leche impactando sobre un platito de leche*, 1936

Edgerton detuvo el tiempo en fotografías (*pág. opuesta*) captadas con tubos de flash creados por él mismo.

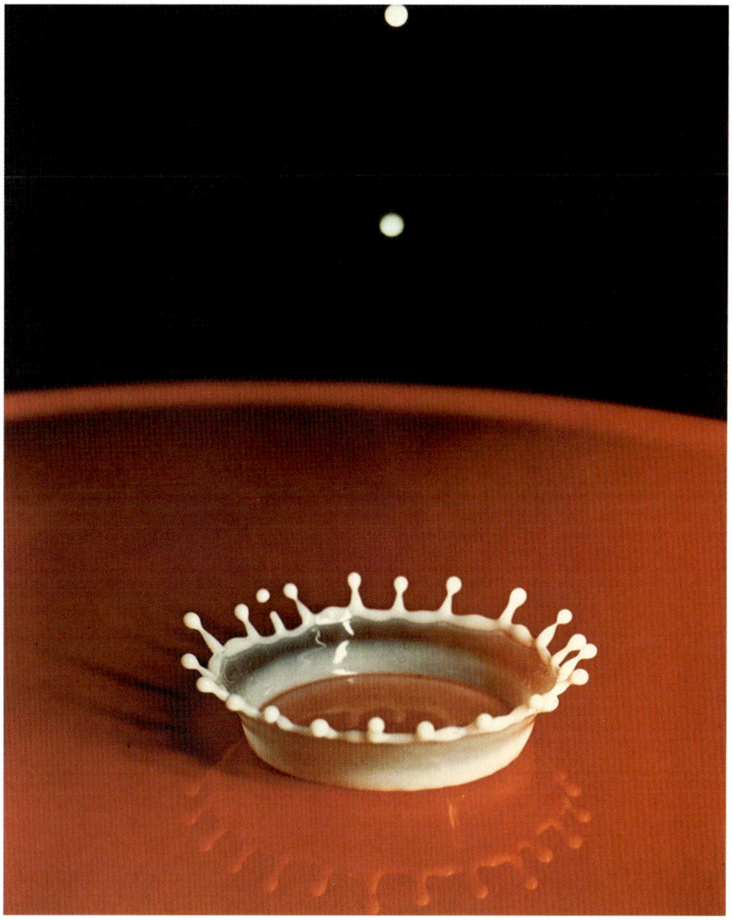

«Para que una fotografía sea excelente, el fotógrafo tiene que formar parte de la imagen. Con esto quiero decir que cuanto más se muestre de su punto de vista, sus prejuicios, su nostalgia, su vida amorosa y su entorno, y cuanto más se involucre en su trabajo, mayores serán las posibilidades de conseguir algo único y bello.»
Henry Wolf, escritor.

«Una gran fotografía es aquella que cambia la percepción de millones de personas.»
Dave Hendley, fotógrafo.

«Siempre hay un punto de vista en las buenas fotografías.»
Adam West, fotógrafo.

¿Qué hace que una fotografía sea buena?

Las fotografías pueden ser mucho más que una composición sobre un trozo de papel fotográfico o una imagen reproducida en un periódico o una revista. Las grandes fotografías hacen que una persona o un suceso cobre vida para el espectador y le ofrezca una intensa experiencia. Las mejores imágenes hablan por sí mismas. Están cargadas de emoción e historia. Sacuden las emociones cada vez que se miran. Tienen la capacidad de conectar con las personas.

> «Una gran imagen tiene, de alguna manera, aspectos codificados que significan mucho para la gente. Es capaz de hablarles individualmente.»
> Sandro Sodano, fotógrafo.

Erwin Blumenfeld, *Marua Motherwell*, h. 1941

Cincuenta años antes del lanzamiento de Photoshop, Blumenfeld creaba increíbles imágenes en el laboratorio que incluso hoy día presentan un aspecto moderno e innovador.

Las fotografías más conocidas del mundo

Hay unas pocas imágenes que están tan imbuidas en la consciencia que resultan inolvidables. Una galería de arte alemana presentó una exposición titulada *Imágenes de la mente* que mostraba una serie de cuadrados en blanco, cada uno de ellos complementado por un título como «La huella del primer hombre que pisó la luna» y «Albert Einstein sacando la lengua». Se asumía que los visitantes serían capaces de recrear las imágenes con su imaginación.

Muchas de las fotografías más conocidas poseen tanto poder que numerosos fotógrafos, artistas, pintores, cineastas, dibujantes, caricaturistas, muralistas y artistas del graffiti se sirven de la misma composición como base para crear sus propias imágenes. Así, las fotografías más inolvidables se convierten en iconos y pasan a la cultura popular en forma de camisetas y carteles. Nos obsesionan tanto que frecuentemente se convierten en el tema de libros, documentales y películas.

En esta época es habitual que uno acabe por acostumbrarse a las imágenes de hambruna, desastres y dolor, y al pasar la página éstas se olviden enseguida. Sin embargo, las mejores fotografías pueden hacer que uno se detenga, provocar la imaginación y romper las defensas emocionales, captar la atención y hacer pensar. Algunas fotografías tienen grandes consecuencias y pueden influir y cambiar acontecimientos.

Niña que huye de un ataque de napalm

La fotografía que retrata a un grupo de niños huyendo de un ataque con napalm en Vietnam, ganadora de un premio Pulitzer, logró cambiar el curso de los acontecimientos. Fue tomada el 8 de junio de 1972 en la Ruta 1, en Trang Bang, por el fotógrafo vietnamita Nick Ut, de la agencia Associated Press. En ella, una niña desnuda de nueve años llamada Kim Phuc corre hacia la cámara; había sido quemada por el napalm lanzado por un avión sudvietnamita pilotado por un soldado estadounidense y su piel empezaba a desprenderse de la espalda. Dos de sus hermanos murieron debido a las heridas sufridas. Con un dolor inenarrable, su cara es como la del cuadro *El grito*, pintado por Edvard Munch. Sin embargo, los soldados que se ven detrás de ella muestran una total indiferencia. Uno de ellos enciende despreocupadamente un cigarrillo en lugar de ayudarla.

La fotografía impactó al mundo y contribuyó a que Estados Unidos reconsiderara su implicación en la guerra. La imagen, como la niña, pide nuestra ayuda. Más adelante, la revista *Life* informó de que en las infames cintas de Nixon, grabadas secretamente, se oye cómo el presidente de Estados Unidos se pregunta si «el tema napalm... fue un arreglo».

Prisionero iraquí encapuchado en la prisión de Abu Ghraib

Con los brazos en cruz, un hombre se balancea de pie sobre una caja con cables eléctricos conectados a sus dedos. Esta instantánea digital, tomada en la prisión de Abu Ghraib, Iraq, en 2004, es una imagen de la maldad que recuerda los linchamientos racistas, ejecuciones y electrocuciones. Es la imagen más inolvidable de los primeros años del siglo XXI; una instantánea que ha impactado a todo el mundo.

Películas y documentales inspirados en grandes fotografías

La película *The Wild One* se inspiró en una historia fotográfica sobre bandas de motociclistas en la revista *Life*. «La búsqueda de la niña afgana» documenta los intentos de seguir la pista a Sharbat Gula, la chica retratada por Steve McCurry en 1985 y que aparece en la portada de *National Geographic*. Las fotografías de Robert Capa de los desembarcos del Día D fueron recreadas por Steven Spielberg en *Salvar al soldado Ryan*, y el director de cine John Ford utilizó las fotografías de Dorothea Lange como inspiración para su versión cinematográfica de la novela de John Steinbeck *Las uvas del mal*, ambientada en la gran depresión de Estados Unidos. Los participantes de *Old Glory Goes Up on Mt. Suribachi* fueron rápidamente recordados por Hollywood en la película *Arenas de Iwo Jima*, que protagoniza John Wayne (*superior*) interpretando a un sargento que convierte un grupo de reclutas pardillos en una máquina de matar.

Che Guevara

En 1960, el fotógrafo cubano Alberto Díaz, conocido como Korda, hizo unas fotografías de Ernesto «Che» Guevara al servicio de revolucionarios cubanos caídos en combate. Una de ellas muestra al Che mirando hacia la izquierda del encuadre, con la boina –y la estrella revolucionaria– algo ladeada y el pelo revuelto. Korda eligió esta fotografía entre las muchas que hizo y la tituló *Guerrillero heroico*.

Después de que Guevara fuese capturado y ejecutado unos años más tarde en Bolivia, como recuerdo se colgaron copias de esta imagen con una altura de diez pisos en edificios gubernamentales de la Habana. Así, la fotografía de Korda pasó a simbolizar el martirio, la revolución y el deseo de igualdad, y ha sido descrita como «la encarnación de los deseos idealistas».

Cuarenta y cinco años más tarde la imagen del Che es habitual en muchas camisetas, insignias y alfombrillas para el ratón del ordenador. Se trata de una imagen tan característica que se reconoce incluso cuando se reduce a un dibujo en blanco y negro o se recorta, modifica o reinterpreta. Además, la lleva tatuada otro icono, el futbolista argentino Diego Armando Maradona.

Imágenes del Che

Libro de recortes de un estudiante (*derecha*) de imágenes del Che Guevara.

La madre emigrante

Dorothea Lange se dirigía a casa después de realizar un encargo para la Farm Security Administration cuando se cruzó con un campamento de trabajadores emigrantes en Nipomo, California. Obedeciendo a un impulso se detuvo e hizo cinco fotografías. Una de ellas se convirtió en una de las imágenes más conocidas de todos los tiempos: titulada *Madre emigrante*, se hizo enseguida famosa después de que fuera publicada al día siguiente en el *San Francisco News*. Algunos lectores enviaron comida al campamento, aunque cuando llegó la familia ya se había ido.

El nombre de la mujer era Florence Thompson. Tenía 32 años, estaba casada, sin dirección permanente y con niños que alimentar. En la imagen, mientras dos niños rehuyen la cámara, la cara de la madre expresa determinación para perseverar en esos tiempos difíciles. Es una imagen que pide a gritos hacer algo.

Izar la bandera en Iwo Jima

Se dice que la fotografía de marines que izan la bandera de Estados Unidos en Iwo Jima, *Old Glory Goes Up on Mt. Suribachi*, es la que más se ha reproducido en todos los tiempos. Fue tomada por el fotógrafo de Associated Press Joe Rosenthal el 23 de febrero de 1945, en la pequeña isla de Iwo Jima, durante la batalla del Pacífico. Gracias a ella ganó el premio Pulitzer. Se trata de una imagen de la victoria estadounidense tan evocadora que se levantó una estatua a tamaño real de la escena en Washington –el monumento al ejército de los Estados Unidos.

Posteriormente, la revista *Life* escribió que se había convertido en «una fotografía que simbolizaba el dominio de Estados Unidos en los asuntos mundiales». La fuerza de la imagen y su condición de icono nacional dieron lugar a que más de medio siglo después se utilizara su composición en numerosas ilustraciones, por ejemplo para representar la bravura de los bomberos y la policía en los días siguientes a los ataques del 11 de septiembre de las Torres Gemelas en 2001.

Aunque había otros tres fotógrafos en Iwo Jima para registrar el evento, el dramatismo de la imagen de Rosenthal cautivó la imaginación del público estadounidense. El asta de la bandera parece detenida en el tiempo mientras seis hombres trabajan todos a una, y al final la plantan en el suelo, entre los desechos de la guerra, para izar la bandera contra un cielo azul.

Marilyn Monroe sobre la rejilla del metro

Marilyn Monroe se detiene sobre una rejilla del metro de Nueva York cuando un tren pasa a toda velocidad por debajo y la corriente que se produce hace que se le levante la falda. Ella se deleita con el momento en una imagen que desborda glamour y que fue preparada como cuña publicitaria durante la filmación de *La tentación vive arriba*. Sólo aparece como primer plano en la película final. La sesión tuvo lugar en el 590 de la Avenida Lexington, donde se reunieron muchos fotógrafos famosos, entre ellos Garry Winogrand y Elliott Erwitt, por lo que existen numerosas versiones de la imagen. Andy Warhol amasó una colección de ellas. El resto de la gente moldea las diferentes fotografías en la mente para formar una sola.

La ambigüedad en las buenas fotografías

En muchas de las fotografías más conocidas hay elementos ambiguos que añaden fuerza al contenido, pues permiten al espectador hacer una lectura según sus propios significados y asociaciones. Por ejemplo, éste es el caso de las fotos *Old Glory Goes Up on Mt.Suribachi,* de Joe Rosenthal, *Le Baiser de l'Hôtel de Ville,* de Robert Doisneau, y *El beso de un soldado, Times Square,* de Alfred Eisenstaedt.

En la fotografía de Joe Rosenthal, las caras de los marines son invisibles, pues están ocultas por sus brazos y los cascos de camuflaje, lo que los convierte en simbólicos soldados desconocidos.

La fotografía de Doisneau se convirtió en un símbolo mundial del romance parisino, mientras que la de Eisenstaedt vino a representar la felicidad al final de la segunda guerra mundial. Muchas personas han reclamado ser el hombre o la mujer de la imagen. Como sus caras están ocultas por el abrazo, la fotografía resulta en cierto modo universal.

¿Qué sucede si uno tiene la suerte de captar una fotografía que podría convertirse en un icono?

Si tiene la suerte de captar una imagen que podría convertirse en un icono, ésta le podría proporcionar una elevada suma de dinero, pero también podría traerle problemas. Se calcula que Robert Doisneau ganó unas 50.000 libras al año por las ventas en todo el mundo de pósters y postales de su fotografía *Le Baiser de l'Hotel de Ville*, que también le condujo a los tribunales después de que una pareja dijera ser la protagonista de la imagen, por lo que exigía parte de los derechos de autor. Cuando Doisneau reveló que en la fotografía no aparecía la pareja en cuestión sino un par de modelos, estos últimos trataron de demandarle. Finalmente ambos casos se desestimaron. También Korda fue a juicio para denunciar la explotación comercial de su fotografía del Che Guevara después de que se hubiese utilizado sin su permiso para promocionar una marca de vodka. Ganó 50.000 dólares, que donó a un hospital.

La mano de Dios, la fotografía más infame del deporte, que muestra al futbolista Diego Armando Maradona acompañando el balón con la mano hacia la cabeza, fue tomada por el fotógrafo mexicano Alejandro Ojeda. Poco después vendió la instantánea a otro fotógrafo, que la colocó en una agencia de noticias. Esta imagen ha generado millones de dólares –para alguien–; sin embargo, Ojeda afirmó en una entrevista: «Yo no saqué nada de la fotografía».

Durante una sesión de veinte minutos en el Hotel Dalmasia, en Notting Hill, Londres, Martin Goodacre fotografió al grupo Nirvana. Como es habitual, hizo fotografías de grupo y luego individuales, incluido el cantante Kurt Cobain. «No hablaba mucho que digamos. Tenía la impresión de que quería acabar cuanto antes, así que hice unas cuantas fotos y le dejé ir.» Uno de aquellos fotogramas que captó Goodacre se ha convertido en «la» fotografía de Cobain. «Cuando llevé a positivar la imagen no podía creer lo bien que la copia transmitía el alma de Cobain. En seguida me di cuenta de que se trataba de una gran fotografía de rock and roll.»

La imagen de Goodacre –tomada en pocos segundos, sin luces ni maquillaje– ganó popularidad después del suicidio de Kart Cobain. «Quizá debido a lo que le sucedió, la fotografía ha adquirido vida propia. Se puede leer en la imagen y ver a una gran estrella del rock, pero hay que conocer la historia que acompaña a Cobain... Yo poseo la fotografía y obtengo derechos de autor de los agentes que la venden a las revistas. También ha sido robada y utilizada contra mi voluntad sin pagarme. Se vende para ilustrar camisetas y pósters, pero no gano nada con ello. Trato de solucionarlo, pero es un proceso largo. Las imágenes son difíciles de proteger cuando se utilizan tanto como en este caso y son tan conocidas.» (*Véanse* «Distribución», pág. 227, *y* «Derechos de autor», pág. 227.)

Fotografía y verdad

Hemos aprendido a confiar en las fotografías sin cuestionar su veracidad. La fotografía ofrece una prueba de que un suceso ha tenido lugar o de que alguien o algo ha existido. Por ello se suele confiar en que las fotografías de prensa digan la verdad. De hecho, la comprensión de los eventos del mundo en el último siglo y medio ha sido moldeada por la fotografía. A fin de mantener esta confianza, las fotografías deben usarse con honestidad.

Las fotografías siguen teniendo una autoridad de la que carecen las imágenes de cine, televisión y vídeo. Los efectos digitales forman ahora parte del lenguaje de casi cualquier película. Los actores parecen volar, hay escenas convincentes de la vida en el futuro y actores «virtuales» creados por ordenador que hacen cosas imposibles. Se podría argumentar que la televisión ha perdido su autoridad por culpa de la proliferación de canales, *reality shows*, programas de cotilleo y la marginación de las noticias y los análisis políticos. Los vídeos pop generalmente se comprimen un 20 % para que los actores parezcan más altos y delgados, y las localizaciones y los fondos se combinan con imágenes de estudio.

Aunque siempre han existido fotografías manipuladas, como las de Angus McBean y Edwin Blumenfeld, éstas se han visto como fantasía y nunca han pretendido retratar eventos reales. Si bien ya se sabe que las revistas de moda y de famosos retocan las imágenes, se sigue pensando en la fotografía como en un lenguaje factual. Pero ahora este valor está en peligro por la facilidad con que pueden manipularse las imágenes digitalmente. Es decir, la imagen digital puede devaluar totalmente la autoridad de la fotografía ante la mirada del público. ¿Se seguirá confiando en cualquier imagen? ¿Se verá el fin de la fotografía fidedigna y llegará un día en que todas las imágenes se modifiquen sistemáticamente?

Comportamiento tras la cámara

¿Es correcto recomponer sucesos o manipular objetos en una fotografía? ¿Es correcto que un fotógrafo de prensa o un fotoperiodista pida a alguien que repita una acción para narrar mejor la historia? Los reporteros de televisión pueden repetir una toma si la primera no fue lo suficientemente buena; entonces, ¿por qué no lo puede hacer un fotógrafo? Los fotógrafos de retrato a menudo indican al modelo cómo debe posar, hacia dónde debe mirar o dónde debe situarse para que la luz sea la adecuada. ¿Debería ser diferente para otros tipos de fotografía?

La cámara que miente –disfrazar la historia

Bajo la dictadura de Stalin, en Rusia, la fotografía mentía, la historia se falsificaba, los enemigos desaparecían y las imágenes se disfrazaban. Personas como Leon Trotsky, que no disfrutaban del favor del gobierno, fueron borradas de la historia al eliminar sus caras de todas las fotografías oficiales. Algunas de estas manipulaciones se hicieron de forma muy burda, y se ha sugerido que o bien los retocadores querían que el espectador se diera cuenta de la falsificación, o bien que se dejaron signos de retoque como recordatorio de que alguien podía ser eliminado de la historia.

En 1999, en una fotografía oficial de grupo enviada a la prensa para celebrar un acto real en Inglaterra, se había sustituido digitalmente el rostro triste de un príncipe por otro sonriente. Aunque se hizo con motivos inocentes, se creó un peligroso precedente en la manipulación de las imágenes utilizadas en los periódicos actuales.

Si bien en las imágenes se suelen oscurecer los cielos demasiado claros, se aclara el detalle y se retocan los fallos de procesado y copiado, los fotógrafos no acostumbran a modificar los elementos clave que afectan a la representación de la realidad.

Durante la reciente guerra de Iraq en 2004, *Los Angeles Time* expulsó a un fotógrafo de plantilla por falsificar una fotografía utilizada en la portada. Había fusionado dos imágenes diferentes de un soldado británico en Basora que guiaba a una multitud aterrada de iraquíes. El propósito era crear una composición más llamativa, pero algunas personas identificables de la multitud aparecían dos veces en la imagen. Como la mayoría de los diarios, *Los Angeles Times* tiene la norma de no alterar las fotografías.

Es necesario que se pueda confiar en las fotografías de prensa, de igual forma que es preciso poder confiar en lo que se lee en un periódico. La idea de «maquillar» los hechos en una fotografía se considera equivalente a que un periodista maquille los hechos en un artículo. El incidente produjo un gran revuelo en todas las redacciones del mundo. Roger Tooth, editor de imagen del periódico *Guardian*, en Inglaterra, comentó: «Fue bueno para la industria tener un ejemplo de referencia. En *Guardian* tenemos reglas estrictas. Nuestros fotógrafos saben que no pueden manipular las imágenes. Necesitamos delimitar esa línea».

Falsificación de imágenes

«Reducid las caderas», gritó el fotógrafo de moda Cecil Beaton a sus especialistas en retoque. Los diarios británicos cuentan con un código de conducta que les obliga a identificar las imágenes combinadas como «fotomontajes». Con las revistas no sucede lo mismo. Así, cuando una fotografía de revista está retocada no se indica. En consecuencia, algunas imágenes sufren una profunda cirugía antes de su publicación, y el lector no es consciente de ello.

Utilizados de forma creativa en moda, los efectos de la fotografía digital pueden ser mágicos, aunque la creación artificial de modelos sobrehumanas que aparecen más delgadas, más dulces, en mejor forma física y con los ojos más claros es moralmente cuestionable. ¿Quién puede predecir el efecto que producen sobre las mentes y los cuerpos de la gente (sobre todo de los jóvenes), que continúa viendo las imágenes como reales?

Los famosos a menudo salen en las revistas con una apariencia perfecta, como una nueva raza de seres humanos con una delicadeza imposible, piel uniforme, ojos resplandecientes, frente sin arrugas, dientes perfectos y pelo brillante –todo gracias a la posproducción más que a la naturaleza–. ¿Qué nivel de manipulación de este tipo es aceptable? Es una pregunta difícil de responder, pero debe añadirse que el auge, en la década de 1990, de la instantánea directa –la antítesis de la imagen retocada– llegó en una época en que la manipulación exagerada de las imágenes era moneda corriente. (*Véase* «Instantáneas», pág. 140.)

Las responsabilidades del fotógrafo

Los fotógrafos tienen la responsabilidad hacia aquellos que han retratado de controlar que las imágenes se vean bajo la luz correcta. No deberían explotar el privilegio que les ha dado la cámara, y deberían asegurarse de que las imágenes fueran utilizadas apropiadamente en los medios de comunicación, sobre todo cuando se trata de fotografía de prensa y fotoperiodismo, en las que el título puede cambiar totalmente el significado de una imagen.

Las agencias de noticias especializadas en fotoperiodismo distribuyen todas sus fotografías con títulos. Los fotógrafos y los editores deben responsabilizarse de que las imágenes vayan acompañadas de un texto preciso para que el lector tenga la información correcta que le ayude a interpretar lo que ve. Hay ejemplos en que los medios de comunicación de bandos opuestos en una guerra entre dos países han utilizado la misma fotografía para sus propios propósitos de propaganda, tras cambiar totalmente el significado de la imagen con la modificación del título y el pie de foto.

«Por su naturaleza, la fotografía es explotadora. Después de todo se dice "tomar" fotografías. Recibimos confianza, y tomamos algo.»
Alan Latchey, fotógrafo.

¿Cuándo un fotógrafo debería dejar de hacer fotografías?

Cuando se le preguntó al fotógrafo de guerra Don McCullin, «¿Qué haría si una niña estuviera bajo fuego enemigo delante suyo?», se dice que respondió, «f/5,6, enfoque a ojo a unos dos metros».

¿Cuándo un fotógrafo debería dejar de pensar en sus responsabilidades como observador profesional con un trabajo que debe hacer y pensar en sus responsabilidades como ser humano e intervenir?

El fotógrafo de prensa es un testigo visual. ¿No debería limitarse a su trabajo y nunca dejar de hacer fotografías? El editor Harry Evans, en su libro clásico *Pictures on a Page*, recuerda el caso de un grupo internacional de fotógrafos de prensa al que se le presentó una oportunidad fotográfica espantosa en Bangladesh, el asesinato a bayoneta de algunos prisioneros. «Algunos se alejaron sin hacer fotografías, y otros se quedaron para registrar el "suceso"», escribe. Uno de estos fotógrafos ganó el premio Pulitzer por sus fotografías; aquellos que abandonaron la escena disgustados sintieron que en esa ocasión era posible cambiar los acontecimientos dejando de hacer fotografías. ¿Qué habría hecho usted?

Instantáneas

Las instantáneas son fotografías captadas sin apenas retraso entre el instante en que se apunta la cámara y el instante en que se dispara, por lo que registran momentos de espontaneidad. Se toman a pulso –en general con cámaras sencillas o compactas–, sin prestar mucha atención al encuadre, y habitualmente la cámara enfoca sola y activa el flash. La palabra «instantánea» se utilizó por primera vez asociada a la fotografía hace unos 130 años, cuando la toma de fotografías se describió como «snapping» (en inglés, el término que se usa es *snap*) por el ruido que hacía el obturador.

El álbum de instantáneas

Durante la fiebre de las *cartes-de-visite*, se inventaron unos libros con ranuras en las páginas para poder insertar fotografías de tamaño estándar. Éstos fueron los primeros álbumes fotográficos, que permitían al propietario organizar las imágenes para verlas una y otra vez. Actualmente, la mayoría de las familias posee un álbum. El diario londinense *Times* especulaba con que «en un hogar hay de promedio unas 1.500 fotografías no digitales». Los álbumes contienen recuerdos personales de los rituales de la vida social: cumpleaños, bodas, excursiones y vacaciones, fiestas y reuniones familiares.

Comportamiento en una instantánea

La velocidad y el hecho de que las instantáneas sean tan informales puede dar lugar a fotografías alegres y desinhibidas, llenas de vida y de movimiento, aunque algunas hechas por aficionados muestran a la gente en una posición rígida, cohibida y con expresiones forzadas.

En muchas instantáneas la gente hace muecas, interpreta ante la cámara o gesticula. Las hechas por japoneses muestran gestos diferentes a las de los europeos; por ejemplo, la gente joven hace el signo «V» de victoria. Los niños de todas partes colocan las manos detrás de las cabezas de sus amigos y sacan la lengua, una pose que hizo famosa el gran físico Albert Einstein.

Instantáneas profesionales

«Instantánea» fue en su día un término burlón utilizado para describir fotografías de aficionado de baja calidad. Hoy día también se usa para describir un método que disfruta del favor de muchos profesionales. Este estilo se utiliza ampliamente en fotografía de retrato, moda y documental. Algunos fotógrafos incluso prefieren trabajar con cámaras compactas con flash incorporado y registrar imágenes con fallos, como falta de nitidez, grano, ojos rojos, caras quemadas, sombras duras, etc. Esta forma de crear fotografías ha sido criticada por otros profesionales, que la tildan de «fotografía de baja calidad», un trabajo que hasta un niño podría hacer.

Comportamiento ante la instantánea

A menudo las instantáneas muesran gestos o tipos de comportamiento que no se ven en otros tipos de imágenes.

Instantáneas con fama

Andy Warhol contribuyó a que se aceptaran fotografías técnicamente incorrectas cuando expuso y publicó retratos Polaroid con sombras duras, colores planos e iluminación de flash directa y cegadora. A Warhol no le preocupaba su falta de experiencia –le encantaba el estilo que la cámara y la película producían cuando se usaban de esta forma.

William Eggleston fue el primer fotógrafo aclamado por su enfoque directo y casual. Fotografiaba casi todo lo que veía –moteles de carretera, el interior de su nevera, tabernas, el cielo, perros perdidos y personas perdidas–. En sus fotografías, ningún encuentro casual o lugar recibe más atención que otro.

Wolfgang Tillmans fotografía todo lo que ve –sus amigos, el caos de su apartamento, discotecas, reflejos, ventanas, aviones–. Su libro *If one Thing Matters Everything Matters* (Si algo importa, todo importa) constituye todo un manifiesto para el aficionado a las instantáneas, pues incluye 2.400 fotografías que en conjunto ofrecen un fluido diario visual de toda su vida, creado con todos los rollos de película que ha hecho desde que tenía 10 años. El escritor americano Hunter S. Thompson fue el primero en explorar un estilo de escritura conocido como «periodismo gonzo», mediante el que registra sus aventuras de forma consciente; también Tillmans es un fotógrafo «gonzo», ya que trabaja registrando todo lo que ve en forma de un flujo ininterrumpido de imágenes sin editar.

El fotógrafo japonés Nobuyoshi Araki es otro prolífico artista que ha creado numerosos libros en los que aparecen fotografiados de forma obsesiva no sólo el cielo y escenas cotidianas de las calles, sino también encuentros sexuales, y siempre con el enfoque casual de alguien que pasa por ahí.

Una para el álbum

Richard Billingham hizo las fotografías que aparecen en su famoso libro *Ray's a Laugh* usando una cámara barata de película, que reveló en un laboratorio de aficionado. Algunas de las imágenes tienen mucho grano y están mal copiadas; en otras la iluminación de flash es muy dura o están borrosas, o bien su composición resulta caótica. Son instantáneas ampliadas y reunidas en un libro diseñado para producir la sensación de que se está mirando el álbum familiar de una persona. (*Véase* «Contar una historia en un libro de fotografías», pág. 87.)

Las fotografías de Nan Goldin son sus instantáneas personales. Como en el álbum de cualquier persona, éstas muestran acontecimientos personales y privados –grupos de amigos, fiestas y bodas, vacaciones y recién nacidos–, momentos en los que la presencia de su cámara se acepta y no resulta entrometida. Además de estas escenas cotidianas, hay otras imágenes casuales que muestran escenas de sexo, consumo de drogas, violencia y travestismo, captadas exactamente del mismo modo. Con ellas, Goldin revela su vida y la de sus amigos: caótica, a menudo breve, violenta, apasionada y trágica. Sus instantáneas se exponen en las paredes de galerías de arte internacionales y en libros lujosamente ilustrados.

Instantáneas elegantes

«La tendencia del estilo "instantánea" de los famosos en las revistas de moda ha devaluado lo que hacen los fotógrafos. Algunas revistas ni siquiera se preocupan de enviar fotógrafos y periodistas para hacer una entrevista, simplemente encargan al periodista que haga unas cuantas instantáneas una vez finalizada la entrevista.»
Alan Latchley, fotógrafo.

Terry Richardson llevó la instantánea «gonzo» a la moda de alto nivel al usar cámaras desechables de 4 dólares para fotografiar supermodelos, que, según dice, adquirió en una tienda de camino al trabajo. El enfoque de Richardson da lugar a imágenes frescas y muy, muy divertidas. Incluso se las arregla para aparecer en muchas de ellas.

El fotógrafo alemán Juergen Teller muestra arrugas, raíces, dientes torcidos y cicatrices de modelos, pues pretende encontrar la belleza pura allí donde otros sólo ven imperfección. Teller hace fotografías para la revista *Vogue* y crea campañas para Jigsaw, Hugo Boss y Calvin Klein. Su libro *Go See* muestra a los cientos de aspirantes a modelo que llamaron a su estudio buscando trabajo. Teller hizo una rápida instantánea de cada chica en la escalera de su estudio y en la calle, y con ellas creó un álbum de una de las representaciones más crueles de la industria de la moda.

Teller nunca planea una sesión; prefiere improvisar lo que va a hacer el día siguiente a la primera toma de contacto con el modelo. Simplemente retrata aquello que ve.

La instantánea profesional se hizo popular en las revistas como reacción ante la era digital, que ha hecho posible suavizar todas las imperfecciones en el ordenador, a menudo provocando que se pierda cualquier sentido de la realidad. La falta de nitidez y los fallos de una instantánea transmiten la impresión de la autenticidad perdida por el uso de la iluminación profesional y la preparación de la escena. Una fotografía de una persona despojada de maquillaje puede parecer refrescantemente honesta.

La instantánea Lomo

La cámara compacta Lomo se ha convertido en la cámara preferida de muchos fotógrafos, que han propagado por todo el mundo una locura por las instantáneas. Se trata de una cámara de tamaño bolsillo y fácil de usar; basta con ajustar una de las tres distancias de enfoque y luego apuntar y disparar. Tiene un apasionado grupo de seguidores que se llaman a sí mismos «lomógrafos»; éstos lo fotografían todo de forma promiscua y toman una gran cantidad de instantáneas. Su manifiesto proclama: «Lleve su Lomo a todas partes» y «la lomografía no es una interferencia en la vida, sino una parte de ella».

«La gente se siente próxima a las instantáneas porque son imágenes que ellos mismos podrían haber tomado. Nos aburren las fotografías de estudio de modelos con dentaduras perfectas y niños perfectos, bajo un cielo perfecto. Las instantáneas son más reales.»

«Cuando uso una Lomo no miro por el visor. En lugar de ello me concentro en lo que sucede enfrente, y cuando todo está bien pulso el disparador, ¡bang! –una imagen real–. Creo que la fotografía trata sobre la vida real. Odio estar en el estudio y disponer bien las cosas. Para obtener una imagen de la vida real tienes que formar parte de ella. No se puede ser fotógrafo si uno se queda quieto con la cámara en la mano. Tan pronto como lo hace, todo el mundo comienza a posar o a comportarse de forma artificial. La Lomo es perfecta para captar fotografías sin interrumpir el flujo de la vida.» Fabian Monheim, lomógrafo.

***Dex creciendo*, 1995-2005**

Fotografías tomadas en el mismo lugar durante el curso de diez años (*pág. opuesta*).

La cámara: la máquina del tiempo

La fotografía no trata solamente de preservar incidentes de los que se haya sido testigo o de registrar composiciones creadas o encontradas por casualidad. Los fotógrafos también pueden ser los «controladores» del tiempo. La cámara posee la capacidad de ver el tiempo en porciones mucho mas finas que los ojos del ser humano. También puede registrar el paso del tiempo de una forma que resulta imposible por otros medios. La fotografía, en resumen, permite contemplar la vida a muchas velocidades diferentes: es una máquina del tiempo.

Las primeras fotografías de guerra, tomadas con exposiciones muy largas, impactaron a los espectadores no sólo porque mostraban la brutalidad de la batalla, sino también porque el muerto inmóvil se registraba claramente, mientras que los soldados que lo rodeaban sólo se veían como borrones; los muertos se registraban con solidez y los vivos como fantasmas. Cuanto más tiempo permanece la cámara frente una escena con el obturador abierto, más etérea parece la vida. Con exposiciones de minutos u horas, la presencia de personas desaparece del todo de las calles más atestadas: simplemente la gente no está presente durante el suficiente tiempo como para ser registrada. Las manecillas de los relojes también se desvanecen. Sólo los edificios permanecen.

Diversos fotógrafos han experimentado con el control del tiempo de distintas maneras. Eadweard Muybridge dominó el tiempo para hacer fotografías que mostraban por primera vez cómo nos movemos. Harold Edgerton dividió los segundos en cienmilésimas y detuvo el tiempo, lo que proporcionó imágenes de balas en el aire y de la belleza de las gotas de líquido en su caída. David Hockney produjo retratos compuestos por múltiples imágenes que trataban de recrear la experiencia de ver a una persona a lo largo del tiempo más que de una vez, en un único momento, tal como hacen los retratos tradicionales.

Ross Cooper & Jussi Ängeslevä: el «Último» reloj

El «Último» reloj, inventado por Ross Cooper y Jussi Ängeslevä, registra una escena simultáneamente con exposiciones de un minuto, una hora y doce horas, lo que permite ver cómo la luz y el movimiento determinan la visión sobre diferentes pasajes de tiempo. Produce imágenes que se hacen eco del movimiento de las manecillas de un reloj alrededor de la esfera, en segundos, minutos y horas, y así crear fotografías en las que el espectador es testigo del viaje del tiempo (*inferior*).

Exposiciones tomadas durante muchos años

Cada año, durante casi treinta años, Nicolas Nixon ha hecho una fotografía de grupo de las cuatro hermanas Brown: Laurie, Heather, Bebe y Mimi. Las toma con la misma cámara de gran formato y su composición es muy similar. Además de percibir cambios de estilos de peinado y de ropa, al contemplar los treinta años de imágenes se ve el lento transcurrir de las vidas de las protagonistas. Las series actúan como una película a cámara rápida: en vez de flores que crecen y se marchitan, se observa a cuatro personas que envejecen.

En su serie *El paso del tiempo*, Barbara Davatz hizo fotografías de seis amigos con sus parejas en 1982, 1988 y 1997. Las primeras imágenes muestran a los amigos como adolescentes preocupados por la moda; en las últimas ya entran en la edad madura. A lo largo del tiempo las parejas de sus amigos han ido cambiando, y los nuevos novios y novias ocupan el lugar de los antiguos. Estas sencillas fotografías son fascinantes. Bianca y Ernesto se retratan como pareja en tres sesiones fotográficas. En las imágenes se van separando un poco a lo largo de los años; con un poco de suerte seguirán estando juntos en la siguiente sesión.

Si un fotógrafo hace medio millón de fotografías a lo largo de su carrera, ¿qué se obtiene cuando se juntan todas esas fracciones de segundo? Quizá sólo un par de días, no mucho para el trabajo de toda una vida.

NIKE

Más allá de la copia

Actualmente, la fotografía se extiende más allá de la creación de imágenes fotográficas planas. Muchos fotógrafos hacen instalaciones con sus imágenes que pueden verse como objetos tridimensionales, además de como copias en papel.

Isobel Brown, *Les objets de désir*, 2004

Isobel Brown creó caricaturas de cuerpos en tela para su instalación *Les objets de désir* (*derecha*). «Tomé prestadas imágenes maquilladas de "revistas de jóvenes" para crear esculturas tridimensionales con las que el espectador tuviera una relación distinta», explica. *Véase* también las instalaciones de Annette Messenger, Barbara Kruger y Christian Boltanski.

Tina Maas, *Sin título*, 2005

Tina Maas crea imágenes sobre cera previamente sensibilizada con emulsión fotográfica líquida (*derecha*). Sus fotografías se exponen flotando en un tanque de agua, iluminado con luces contenidas en la cera.

Makin Ma, *Gazza*, 1998

Makin Ma regaló este enorme tributo comestible al futbolista y gran amante de los *kebab* Paul Gascoigne (*pág. opuesta*).

¿Hacia dónde va la fotografía?

Bredan Walker, *La máquina autorretrato de las sensaciones fuertes*, 2005

Walker diseñó una cámara controlada por la emoción humana. Durante una vuelta en una atracción de feria se activa el disparador en el momento de máxima emoción (*derecha*).

Patrick Meny, *Aislado*, 2005

Meny experimenta con imágenes que contienen mensajes visibles únicamente a distancias concretas (*inferior*).

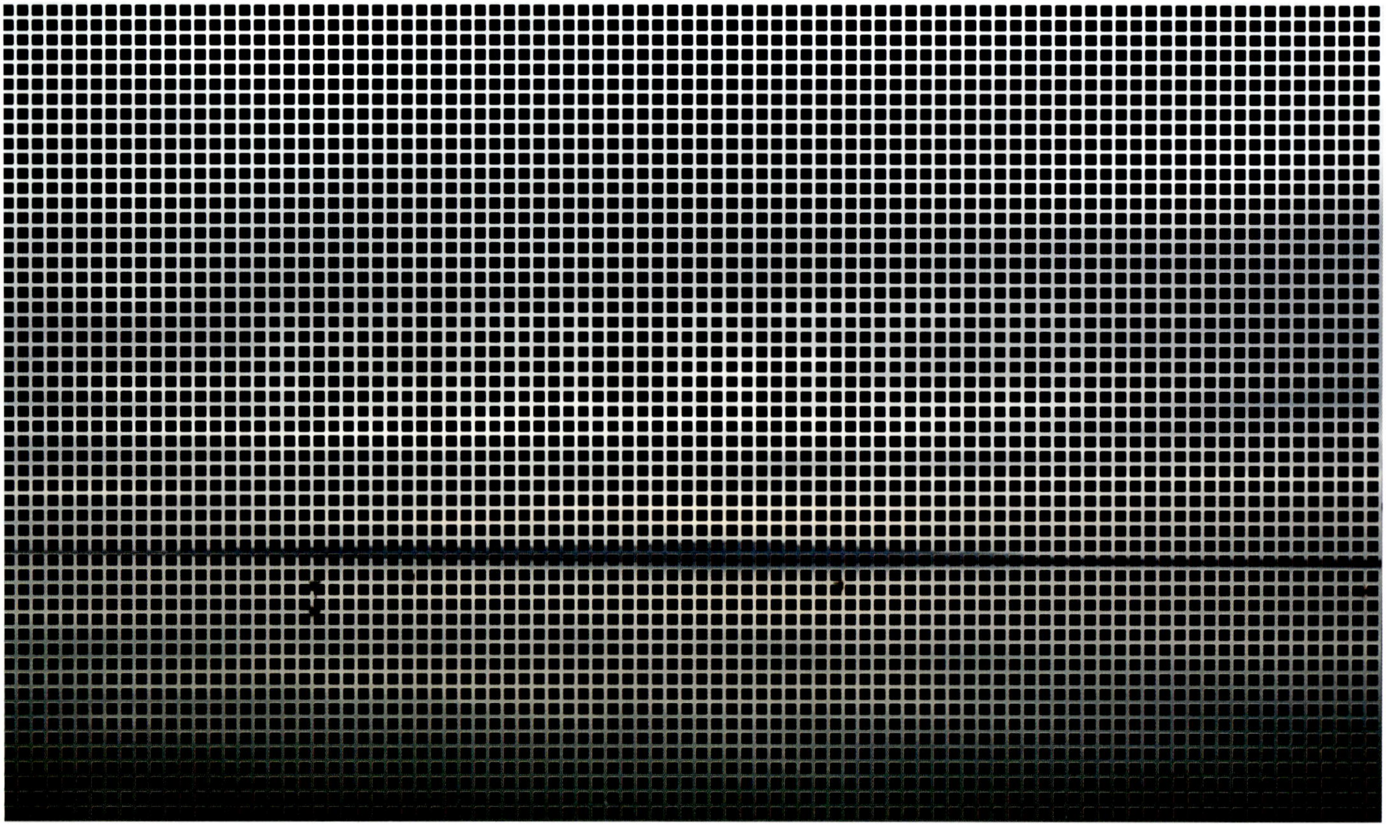

IV

Esto es una cámara; ahora salga y haga unas cuantas fotografías

jazz
flash button

CASIO

Nikon

Morrissey

Nikon

Las herramientas de la fotografía

Las herramientas utilizadas por los fotógrafos incluyen cámaras, iluminación, color, ordenadores, películas, abertura, composición, profundidad de campo, exposición, enfoque, procesado y copiado.

Cada una de estas herramientas influye en la calidad y el aspecto de la imagen. Por tanto, los fotógrafos las eligen cuidadosamente por su capacidad de contribuir al resultado. Cada uno de los fotógrafos que aparece en este libro controla y combina las herramientas de un modo distinto; esto es lo que hace que su trabajo sea único y memorable.

Dar sentido a los números

A veces puede parecer que la fotografía se ha desarrollado para los matemáticos en lugar de como medio creativo. A primera vista, los números involucrados pueden parecer desconcertantes, por ejemplo 20 × 25, 6 × 7 y 10 × 12. Hay números «f», como f16, f64 y f2,8, y diferentes medidas, como 35 mm, 50 mm y 500 mm. Otras cifras hacen referencia al procesado, como +1/2, +1, +2, y luego están los números ISO, como 800, 1.600 y 3.200. También la fotografía digital se expresa en números elevadísimos de píxeles y bytes.

Todos estos números se explicarán en este capítulo y, de nuevo, como referencia rápida, en la sección «Biblia».

Coherencia, universalidad y estandarización

Para que la fotografía funcione con éxito, la coherencia y la estandarización son esenciales. Es necesario asegurarse de que los ajustes de la cámara coincidan con los del fotómetro o el flash de otro fabricante, que la cámara digital hable el mismo idioma que el ordenador y que la película en color pueda procesarse correctamente en cualquier laboratorio.

Para solventar esto, científicos, ingenieros y fabricantes han creado ajustes de cámara y sistemas universales que permiten de forma consistente la toma de fotografías y el procesado de la película, sin importar la marca de cámara, objetivos, película u ordenador que se utilice. Por ejemplo, cualesquiera que sean los objetivos empleados, la misma abertura proporcionará un nivel de brillo igual.

Así, existen sistemas universales que clasifican la sensibilidad de una película a la luz, las cualidades de los objetivos y la intensidad del color de la luz. De igual forma, la fotografía digital tiene medios estandarizados para indicar la calidad de imagen que una cámara puede proporcionar, la cantidad de memoria y los tamaños relativos de las imágenes, junto con sistemas universalmente utilizados para transferir imágenes al ordenador y desde un ordenador a otro. Estos puntos se describen en este capítulo.

La cámara

La cámara es una de las herramientas del fotógrafo. Contar con una cámara cara o sofisticada no garantiza que se vayan a hacer buenas fotografías, y tampoco no existen reglas sobre cómo deben tomarse las imágenes.

Todas las cámaras son fundamentalmente iguales. Consisten en una caja con un agujero en un extremo y una superficie sensible a la luz en el otro. El agujero permite que la luz entre, mientras que el área sensibilizada registra la imagen. Las diferencias entre las cámaras radican en cómo, con qué precisión y con qué facilidad hacen estas dos operaciones.

Los fabricantes se esfuerzan por convencernos de que la cámara que poseemos está pasada de moda. A pesar de todo, la atesoramos y somos bastante reacios a desprendernos de ella, incluso aunque ya no se pueda reparar, probablemente porque nos ha ayudado a conservar nuestros recuerdos. Por el contrario, tiramos ordenadores, faxes, impresoras y teléfonos con mucha mayor regularidad. Aprenda a usar el mayor número de cámaras posible.

«Puedo usar cualquier cosa, desde una cámara de 20 x 25 cm a un fotomatón. Lo más importante es transmitir mi mensaje.»
Nick Knight, entrevistado en *Vogue*, 2003.

De forma regular, uno se desprende de utensilios anticuados tecnológicamente, pero curiosamente parece que cueste más desechar las cámaras.

El aspecto y la anatomía de las cámaras

Las cámaras siempre han sido objetos bellos. Su diseño refleja la época en que fueron creadas. Las de madera antiguas son como preciados muebles. La cámara Lomo incluso posee el aspecto y el olor de la Rusia soviética. Las cada vez más pequeñas cámaras digitales y cámaras del móvil se venden como objetos de moda con un estilo ultra moderno o retro; están diseñadas como objetos estilizados de tamaño bolsillo o como piezas de joyería.

Cuanto más sepa sobre su cámara y cómo y por qué funciona, mejor podrá controlar las fotografías que haga. Sin embargo, los fabricantes de cámaras parecen obsesionados con querer reducir el control del fotógrafo aumentando cada vez más el automatismo del proceso. Así, las cámaras actuales ofrecen programas concebidos para producir resultados correctos en condiciones promedio, en lugar de dejar al usuario el control del enfoque, el encuadre, la exposición, el flash, etc. Pero si usa la cámara manualmente podrá aprender a controlar estos parámetros y a aplicarlos de forma creativa.

Una cámara necesita un objetivo para proyectar la luz reflejada en el sujeto y un mecanismo de enfoque para desplazar el objetivo hacia delante y hacia atrás a fin de enfocar objetos próximos o lejanos. También precisa un obturador para evitar que la luz llegue al material sensible antes de hacer la fotografía, y una abertura ajustable para controlar la cantidad de luz que incide sobre el captador que registrará la imagen. Asimismo, se requiere un sistema de visión que permita apuntar la cámara con precisión, y si la cámara es de película, también debería incorporar un sistema para desplazar los fotogramas una vez expuestos.

Expresiones sobre la cámara

Miedo a la cámara, me gustaría tener una cámara, la cámara de trabajo, mira directo a la cámara, trepidación de la cámara, cámara instantánea.

Las fotografías digitales se pueden guardar en una amplia variedad de tarjetas de memoria, lo que depende del tipo de cámara digital. Algunos ejemplos son SmartMedia, SD y Memory Stick.

Diferencias entre cámaras de película y cámaras digitales

Las cámaras analógicas enfocan la imagen que se ve a través del objetivo sobre película sensible a la luz, que luego debe procesarse para revelar la imagen. Están formadas por dispositivos mecánicos con algunas partes electrónicas, como el fotómetro y el motor de arrastre.

Las cámaras digitales son totalmente electrónicas. En una cámara digital, la superficie sensible sobre la que incide la luz es un chip, en lugar de un fotograma de película. El chip, conocido como CCD (dispositivo de carga acoplada), registra la luz, el color y la intensidad de la imagen sobre una tarjeta de memoria que almacena las fotografías hasta que se transfieren a un ordenador o a una impresora.

El trabajo con cámaras digitales

La mayoría de las cámaras digitales no presentan el mismo aspecto que las de película. Muestran la imagen sobre una pantalla LCD, parecida a una pequeña pantalla de televisión, dispuesta en el respaldo de la cámara. Una vez captada la imagen, se puede ver inmediatamente en la pantalla, y las fotografías malas se pueden borrar.

Con una cámara de película, las fotografías se tienen que procesar y copiar en un laboratorio fotográfico. En cambio, con una cámara digital es posible transferir enseguida las imágenes a un ordenador, ampliarlas, modificar sus características, imprimirlas o enviarlas por correo electrónico o publicarlas en sitios web. Para transferir imágenes de una cámara digital a un ordenador basta con retirar la tarjeta de memoria e insertarla en la ranura de un lector de tarjetas conectado al ordenador. También pueden transferirse directamente desde la cámara mediante un cable USB.

Una vez transferidas, las imágenes se pueden guardar en el ordenador y borrar de la tarjeta de memoria, para así reutilizarla; este proceso se conoce como reformatear, y constituye una de las ventajas de la fotografía digital. En vez de comprar muchos rollos de película se puede volver a emplear la misma tarjeta de memoria una y otra vez.

Otra gran ventaja de las cámaras digitales es que permiten cambiar la sensibilidad a la luz fotograma a fotograma, lo que significa que es posible hacer una fotografía con mucha luz y otra con muy poca. En cambio, con una cámara de película es necesario cambiar de rollo para obtener resultados óptimos. También es posible cambiar la sensibilidad de la cámara digital para fotografiar distintos colores de luz. Por ejemplo, al pulsar un botón se puede adaptar la cámara a luz fluorescente o a luz de tungsteno. Con una cámara analógica, en las mismas circunstancias sería necesario cambiar de película o colocar filtros correctores a fin de evitar dominantes de color.

Las cámaras digitales reaccionan a la luz de forma distinta a las de película. Las imágenes directas parecen bastante «planas», con falta de contraste y brillo, aunque al manipularlas en el ordenador se puede igualar la apariencia de las imágenes sobre película.

¿Qué cámara debe elegir?

La extensa variedad de cámaras que hay en el mercado permite elegir entre distintos tamaños de imagen, calidades y resoluciones. Además de las cámaras convencionales de película y digitales, existen muchos otros tipos que ofrecen una amplia variedad de posibilidades creativas: hay cámaras panorámicas, de seguimiento, subacuáticas, desechables y Polaroid, que produce fotografías instantáneas. Asimismo, resulta bastante fácil fabricar una cámara estenopeica o con múltiples estenopos. En cualquier caso, elija la cámara para el tipo de imagen que quiera crear. Antes de escogerla, considere el tipo de fotografías que desea hacer y cómo van a verse –como copias pequeñas, de tamaño medio o póster, proyectadas o reproducidas en libros, revistas o periódicos–. A fin de asegurarse de que la cámara puede hacer lo que quiere, lea el manual y hable con personas que usen y conozcan esa misma cámara. Aprenda de su experiencia para descubrir sus ventajas y desventajas –todas las cámaras las tienen.

El tipo de cámara determina la forma en que la gente reacciona

Algunas cámaras parecen equipos científicos. La cámara de banco Sinar 10 × 12 cm resulta adecuada en casa, en un laboratorio científico o en la consulta de un dentista. La Gandolfi 20 × 25 cm, con su cuerpo de madera pulida, apliques de bronce y su aspecto retro, parece adecuarse a un salón victoriano.

La elección de la cámara condiciona la forma en que la gente reacciona. La Gandolfi puede resultar agradable a la vista, mientras que la Sinar es una máquina que impone, de metal frío y brillante. El fotógrafo Johnnie Shand Kydd fotografió Nápoles con una vieja Mamiya de cincuenta años –no porque fuera su única cámara, sino porque pensó que como carecía de valor nadie trataría de robarla–. De hecho, durante los tres meses que pasó en las calles de Nápoles nadie lo intentó.

«Soy un fotógrafo que usa varias cámaras profesionales y formatos de película para expresar el modo en que veo y exploro la realidad. Las cámaras se convierten en una extensión de mi vista. Cada herramienta tiene su función y depende de mí elegir la más adecuada para un proyecto fotográfico concreto.»
Bruce Davidson, fotógrafo.

«Usar una cámara TLR para fotografiar gente permite pasar más desapercibido. El fotógrafo mira hacia abajo en vez de directamente a los ojos del sujeto.»
Alan Latchey, fotógrafo.

«Con una cámara digital se puede enseñar instantáneamente la fotografía en la pantalla LCD. Al mostrar lo que uno intenta conseguir, es posible lograr la participación de la gente.»
Adam West, fotógrafo.

La elección de una cámara influye en la reacción de la gente y en la forma de trabajar. Algunos fotógrafos eligen la pequeña cámara Lomo (*superior*). Como Fabian Monheim explica: «La Lomo es excelente para hacer retratos; no hay cámara entre el fotógrafo y el sujeto, puedes acercarte o alejarte instantáneamente». Por el contrario, Alastair Thain prefiere usar una gigantesca cámara de gran formato que se construyó él mismo (*inferior*). Se desplaza sobre raíles diseñados para cámaras de cine.

Cámaras de película

Las distintas cámaras de película ofrecen diferentes opciones creativas. El tamaño de la película determina la calidad de la imagen. Las películas de formato 10 × 12 cm proporcionan un detalle más fino que las de 35 mm. Todas ellas pueden usar cualquier tipo de película dentro del formato establecido: diapositiva de color, negativo de color o de blanco y negro.

Cámaras SLR de 35 mm (1)

Estas cámaras usan película en chasis opacos a la luz, con 24 o 36 exposiciones. La película se extrae del chasis para su exposición y luego se rebobina en su interior. La palanca de avance también sirve para armar el obturador. El nombre con las que se las conoce, réflex, hace referencia al espejo situado en la parte posterior del objetivo, que refleja la escena sobre la pantalla de enfoque. Cuando se pulsa el disparador, el espejo se eleva para permitir que la imagen se proyecte sobre la película. Los objetivos son intercambiables y las cámaras tienen un fotómetro incorporado. Gracias a su diseño, estas cámaras permiten ver la escena que se fotografía a través del objetivo. El diafragma del objetivo sólo se cierra cuando se capta la imagen. Existen muchos tipos de cámaras de 35 mm, con diversos diseños en función de la marca, como Nikon y Pentax. Los precios varían de acuerdo con las características ofrecidas y la calidad de los objetivos.

Son cámaras ligeras, rápidas y fáciles de usar, pero las fotografías de 35 mm muestran una estructura granulosa cuando se amplían mucho, aunque el grano también puede resultar atractivo.

Cámaras SLR de formato medio (2)

Estas cámaras usan película de 120 enrollada sobre un eje de plástico y protegida de la luz por un papel opaco. Esta película está pegada al papel y comienza unos centímetros más allá del inicio, lo que permite cargar el rollo con luz hasta que la película queda alineada con el objetivo, lista para su exposición.

Un espejo refleja la imagen sobre una pantalla de enfoque dispuesta horizontalmente. Las fotografías que se obtienen son de 6 × 6 cm, con un área cuatro veces superior a la del formato 35 mm. Los objetivos son intercambiables y la película se alberga en un chasis externo, que puede cambiarse en cualquier momento para utilizar otro tipo de película.

Existen diferentes tipos de cámaras de formato medio que ofrecen tamaños de imagen ligeramente distintos, por ejemplo 6 × 7 cm y 4,5 × 6 cm. Unas son para usar sobre trípode; otras se manejan bien a pulso. Entre las marcas se cuentan las siguientes: Hasselblad, Bronica y Pentax. Los respaldos digitales se pueden acoplar a muchas cámaras de formato medio, lo que produce imágenes de alta definición.

Estas cámaras proporcionan negativos y diapositivas de calidad muy elevada, si bien resultan más caras que las de 35 mm. En algunos modelos la imagen se ve invertida en el visor.

Cámaras de 10 x 12 (3)

Estas cámaras de gran formato se utilizan principalmente montadas sobre trípode. También se conocen como cámaras de placas o de campo. Las cifras 10 × 12 hacen referencia al tamaño de la película utilizada (10 cm de altura por 12 cm de longitud). La imagen que se ve es exactamente la que proyecta el objetivo sobre la pantalla de enfoque. Una vez compuesta la fotografía, se cierra el objetivo y se coloca un chasis con una hoja de película en el lugar donde se encontraba la pantalla de enfoque. Para tomar una fotografía se retira la cubierta protectora del chasis (llamada guillotina) y se activa el obturador. Después se remplaza la guillotina para proteger la película hasta su procesado. Hay varios tipos de cámaras de gran formato.

Estas cámaras proporcionan una calidad muy alta de la imagen, en las que se puede apreciar hasta el más mínimo detalle. La imagen se registra invertida lateral y verticalmente sobre la pantalla de vidrio esmerilado, lo que puede dificultar la composición.

Existen respaldos digitales específicos para cámaras de gran formato, que proporcionan imágenes de gran calidad.

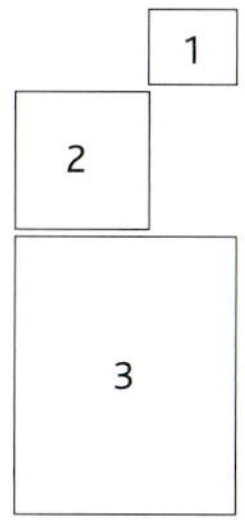

Mejor detalle y calidad de imagen cuando se hacen copias sobre papel

Cámaras digitales

Antes de elegir una cámara digital, piense en el tipo de fotografías que quiere hacer y en cómo las va a visualizar. ¿Quiere exponer imágenes ampliadas a gran tamaño en una galería o manipularlas de forma significativa? ¿Quiere hacer copias pequeñas, verlas en pantalla o usar la cámara como agenda de notas para hacer un registro de las cosas que se vaya encontrando?

La calidad de imagen de una cámara digital depende de varios factores: calidad y resolución del objetivo, calidad y número de megapíxeles del sensor de la cámara y modo en el que se guarda la información registrada. Los distintos tipos de cámaras digitales se pueden agrupar según estos factores.

Megapíxeles y calidad

Cada uno de los píxeles en una imagen digital es un bloque de color uniforme. Cuantos más bloques se utilicen para crear una imagen, mejor será el detalle y la nitidez. El número máximo de píxeles que puede utilizar una cámara para registrar la imagen permite determinar la calidad máxima que puede obtener. Como los píxeles son tan pequeños, se cuentan en millones. Un millón de píxeles equivale a un megapíxel. Por tanto, una cámara de un megapíxel puede crear imágenes de un millón de píxeles como máximo, una cámara de dos megapíxeles podrá usar dos millones, y así sucesivamente. Aunque las cámaras se pueden agrupar según la máxima calidad que ofrecen, todas permiten seleccionar diferentes valores de resolución (la imagen se registra con menos píxeles).

Todos los fabricantes expresan la resolución de las cámaras en megapíxeles. No obstante, todavía no existe una estandarización total sobre el tamaño exacto de un píxel. Algunas cámaras registran píxeles ligeramente más pequeños que otras.

Archivo digital

JPEG y RAW son los dos tipos principales de archivo para guardar imágenes digitales. JPEG se diseñó como sistema estándar universal para guardar, ver y enviar imágenes. Cualquier programa de edición puede abrir imágenes en formato JPEG. Cuando una imagen se registra en JPEG, la cámara procesa y comprime la información –esta compresión se desarrolló para ahorrar «espacio» en una época en la que las tarjetas de memoria eran muy caras. Como resultado de este proceso, los archivos JPEG pierden algo de calidad. Un archivo RAW es la información «en bruto» del sensor de la cámara. No está comprimida y requiere un procesado informático posterior. Los archivos RAW ofrecen alta calidad, versatilidad y control, pero requieren un programa específico para ver y procesar su contenido y ocupan bastante más espacio en la tarjeta de memoria. No todas las cámaras digitales ofrecen la posibilidad de disparar en JPEG y RAW.

Cámaras digitales baratas

Las cámaras de «apuntar y disparar» y la mayoría de las cámaras de móvil a menudo experimentan una ligera demora entre el momento en que se pulsa el disparador y el momento en que se capta la imagen (retardo de obturación), ya que la cámara tarda un tiempo en enfocar y determinar la exposición. Para acercar más el sujeto, estas cámaras usan, en general, un «zoom digital», es decir, un sistema que amplía los píxeles del área central aproximadamente al doble de su tamaño. Este tipo de zoom proporciona una calidad inferior al «zoom óptico», que consiste en ampliar la imagen a través de un cambio en la posición de los elementos del objetivo.

Las cámaras con pocos megapíxeles sólo pueden registrar imágenes en formato JPEG. Proporcionan una calidad buena en pantalla, pero apenas adecuada para hacer copias de pequeño tamaño. Estas cámaras digitales son excelentes para tomar instantáneas y enviar fotos por correo electrónico.

Cámaras digitales compactas

Incorporan objetivos con zoom óptico y por lo general ofrecen prioridad de obturación, de abertura y varios modos de disparo. La mayoría sólo permite registrar imágenes en formato JPEG, aunque algunas registran breves secuencias de vídeo. Las imágenes tienen la calidad suficiente para hacer copias en papel.

Cámaras digitales SLR

Utilizan objetivos intercambiables y ofrecen diferentes modos de disparo. Permiten disparar en formatos JPEG y RAW y proporcionan una calidad de imagen óptima para hacer copias en papel de gran tamaño. Ofrecen la posibilidad de registrar secuencias de vídeo de alta calidad (HD o Full HD). El precio de estas cámaras es proporcional al número de megapíxeles del sensor.

«Mega megapíxeles»

Los respaldos digitales para cámaras de formato medio ofrecen una calidad muy alta. Las cámaras de gran formato utilizan respaldos con todavía más megapíxeles. Ambos tipos de respaldos pueden registrar archivos RAW y JPEG. El número máximo de megapíxeles aumenta con rapidez debido a la gran competencia entre fabricantes. Estos respaldos ofrecen una calidad de imagen extraordinaria.

Megabytes y memoria

La tarjeta de memoria que se introduce en una cámara digital sólo puede almacenar una cantidad limitada de información. Cuando una tarjeta está llena es necesario transferir las fotografías a un ordenador. La tarjeta se puede reformatear y usar de nuevo.

Una tarjeta con una gran capacidad de almacenamiento se dice que tiene más «memoria». La información máxima que puede almacenar una tarjeta se expresa en megabytes o MB. Un megabyte es, simplemente, una cantidad de información digital.

Las tarjetas de memoria de gran capacidad son más caras. El tamaño de las imágenes registradas también se expresa por el número de megabytes que contienen. Un ajuste de calidad bajo proporciona imágenes con pocos megapíxeles; un ajuste de calidad alto proporciona imágenes con muchos megapíxeles. En todas las cámaras digitales es posible cambiar el valor de calidad de una fotografía a la siguiente.

El número de imágenes que se puede grabar en una tarjeta de memoria varía en función del valor de resolución elegido para cada una. Las fotografías captadas a la máxima resolución del sensor llenan la tarjeta en poco tiempo. Borrar imágenes libera espacio en la memoria, lo que permite tomar más fotografías.

Pruebe estas cámaras

Leica

Después de su lanzamiento en 1925, las Leica se bautizaron como cámaras de película en miniatura. El encuadre se hace mediante un sistema de visión montado en la parte superior de la cámara, que se conoce con el nombre de telémetro. La rapidez de la cámara, su ligereza y su obturador casi silencioso ejercieron un efecto radical en la concepción que existía acerca de cómo y cuándo se podían hacer fotografías. Fue especialmente significativa en la evolución del fotoperiodismo gracias a Henri Cartier-Bresson y Martin Munkacsi. (*Véanse* «Moda», pág. 66, y «Contar una historia con fotografías», pág. 72.)

Fotografía tomada con una cámara Colorsplash (*inferior*).

«Para algunas personas, la fotografía es algo especial; planean viajes para hacer fotografías. Otros miman tanto su equipo y les preocupa tanto su cámara que hacen una fotografía cada Navidad. Los lomógrafos son exactamente lo opuesto.»

«Si usa una cámara de forma convencional podrá anticipar el resultado. Con una Lomo, cuando dispara, dispara, dispara, puede obtener resultados fantásticos, divertidos. La "lomografía" se basa en la premisa de no ser conservador a la hora de hacer fotografías.» Fabian Monheim, embajador Lomo en Gran Bretaña.

Minox

Es la cámara de película que usan los espías en los films antiguos de James Bond. De formato 8 × 11 mm y construida con la precisión de un reloj y con un buen objetivo, hace fotografías de calidad sorprendente para el diminuto tamaño de la cámara.

Lomo: fotografías desde la cintura

La Lomo Compact es una cámara de bolsillo robusta, barata y ligera fabricada en San Petersburgo, Rusia, que usa película de 35 mm. Es la preferida de muchos fotógrafos por su facilidad de uso y control automático de la exposición. Además proporciona exposiciones largas precisas, incluso con muy poca luz. A diferencia de la mayoría de las compactas, el obturador puede permanecer abierto durante varios segundos o incluso minutos, con lo que proporciona exposiciones correctas.

El objetivo de la Lomo está diseñado para mejorar el color; además tiene un efecto túnel que oscurece y desenfoca los bordes de las fotografías, lo que crea un estilo característico que hace que haya un numeroso grupo de apasionados seguidores (se autodenominan «lomógrafos») que organizan exposiciones regulares y publican libros de fotografías Lomo.

También existe un archivo mundial Lomo, un ambicioso intento de fotografiar todo el planeta. Cuando Lomo anunció que se iba a dejar de fabricar la cámara Compact, los lomógrafos presionaron al fabricante y a políticos rusos, entre ellos Vladimir Putin, a quien hicieron lomógrafo honorario.

Otros tipo de cámara Lomo es la Colorsplash, que incorpora un dial con filtros de colores.

Las exclusivas postales estenopeicas de Guy Patterson (*superior*) se positivan con luz diurna.

Fotografía estenopeica: fabricación de una cámara

Todos los fotógrafos deberían intentar fabricar una cámara estenopeica. Se puede hacer con una caja de cerillas o de zapatos, un cubilete para película de 35 mm o incluso un cubo de basura. También existen versiones comerciales, pero el enfoque artesanal es más creativo. El tiempo de exposición necesario para captar imágenes depende del tamaño del agujero y del área del material sensible sobre el que se proyecta la imagen. Muchos fotógrafos estenopeicos utilizan papel fotográfico como película. Cuando se revela forma un negativo, que se copia por

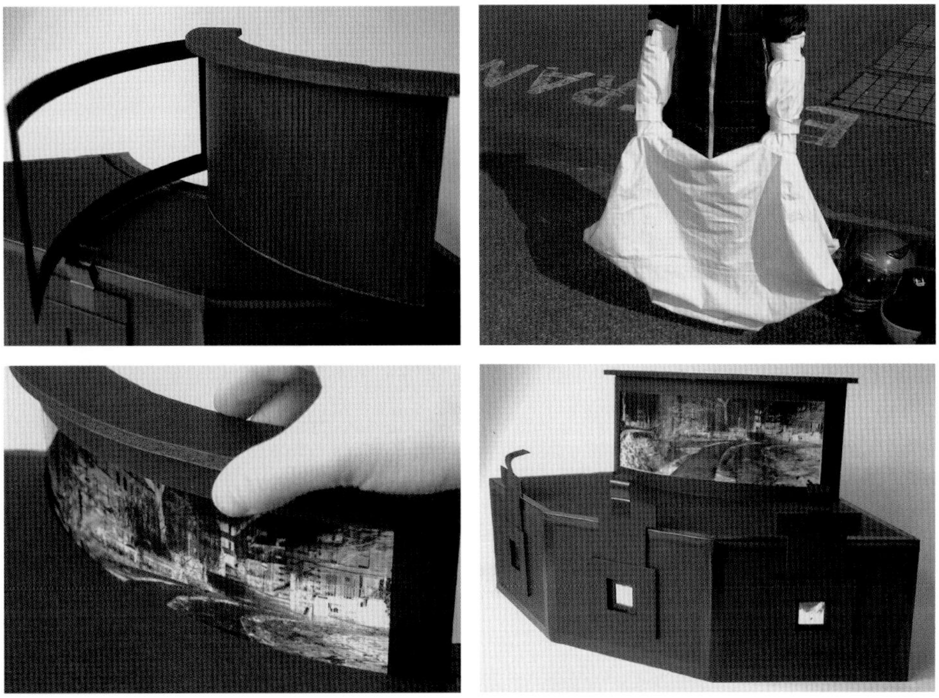

La cámara estenopeica triple de Paula Indrontino posee una superficie curvada en la que se forma la imagen. En estas fotografías también puede verse su chaqueta opaca para cargar película, utilizada para cambiar los negativos de papel sobre el terreno.

contacto para formar una imagen positiva. También es posible convertir cualquier cámara convencional –de película o digital– en estenopeica: basta con retirar el objetivo y remplazarlo por un trozo de cartulina negra sujeta a la montura del objetivo, sobre el que se practica un agujero de pequeño diámetro.

La fotografía estenopeica ofrece grandes posibilidades creativas. El fotógrafo Steven Pippin creaba cámaras estenopeicas con lavadoras. Colocaba el papel que se exponía en el interior del tambor y adaptaba el ciclo de lavado para poder usar soluciones químicas fotográficas. Se puede experimentar todavía más practicando agujeros adicionales en la misma cámara y doblando el papel dentro de ella.

El artista Guy Patterson crea bellas y únicas postales estenopeicas para enviarlas a sus amigos cuando está de vacaciones. Con un viejo bote de café, película lith y el proceso cianotipo, lleva consigo todos los productos químicos necesarios y positiva las imágenes con la luz del sol.

«La cámara estenopeica es la esencia de la fotografía. Es todo lo que se necesita. La caja negra mágica. Basta con salir y mirar con los ojos. No se puede ver a través de una cámara estenopeica, por lo que se coloca allí donde uno cree que captará una buena imagen. Fui a la Piazza en Covent Garden (Londres) con mi cámara estenopeica construida con una lata de galletas para hacer unas cuantas fotografías, y la gente me decía: "¿Qué está haciendo? ¿Va a sacar un conejo de la lata?". Cuando decía que estaba haciendo fotografías, miraban por el agujero y preguntaban si había una cámara dentro. Yo decía, no, esto es la cámara.»
Neil Onslow, fotógrafo y profesor.

Diana

La Diana es una cámara de plástico de formato medio fabricada en Hong Kong por la empresa Great Wall Plastic Company. Utiliza película de formato 120 y su diseño hace que uno se lleve alguna que otra sorpresa cuando se ven las copias, dado que la luz se cuela en la película, y el visor no muestra con precisión la imagen captada por el objetivo. Al igual que la Lomo, también produce imágenes nítidas en el centro y borrosas en los bordes. El obturador se puede abrir una y otra vez para crear exposiciones múltiples, lo que ofrece atractivas opciones creativas. No hay dos cámaras Diana que funcionen igual. La Great Wall Plastic Company fabrica varias versiones de Diana con nombres extravagantes, como Harrow Delux y Leader.

Cámaras Polaroid

Mary Ellen Mark utilizó la gigantesca Polaroid 20 x 24 (50 x 60 cm) para crear su serie *Twins*. También la usaron Andy Warhol y Arnold Newman.

La Polaroid revive el principio del daguerrotipo al producir un objeto único. Fue inventada por Edwin Land en la década de 1940, después de que su hija de tres años le preguntara por qué no podía ver las fotografías justo después de haberlas hecho. Su ingenioso diseño utiliza paquetes de película con bolsas de soluciones químicas de revelado que se abren y procesan la película cuando se extrae de la cámara –lo que da lugar a una imagen positiva en más o menos un minuto.

Las cámaras y las películas Polaroid adquirieron popularidad a principios de la década de 1970 con el lanzamiento de la SX70. El artista Lucas Samaras fue el primero en manipular las copias Polaroid poco después de su aparición.

El fotógrafo inglés David Bailey se llevó a Papua Nueva Guinea una SX70, en ese entonces la cámara más avanzada del mundo, y fotografió a una gente que vivía de la forma más simple. Al parecer pensaron que una fotografía Polaroid era como «un espejo inútil, la miraron y le dieron la vuelta para comprobar que no había cambios en la imagen».

Se dice que la cámara gigante Polaroid 20 × 24 se creó modificando una antigua cámara de proceso, sujeta sobre una silla de barbero, a la que se adaptó un respaldo Polaroid para hacer un retrato de aniversario de Howie Rogers, el inventor de la película Polaroid Polacolour. A Edwin Land le gustó tanto el resultado que su empresa fabricó las cinco cámaras actualmente en uso: tienen una altura de 1,6 m y pesan 53 kg.

Conviértase en un mini-Muybridge con la cámara Action Sampler.

Holga, Lubitol y cámaras de objetivos múltiples

La Holga es una cámara analógica de formato medio, ligera y fabricada en plástico, con un objetivo de plástico y una sola velocidad de obturación. Es fácil convertirla para fotografía estenopeica. La Lubitol es una cámara de formato medio fabricada por la compañía Lomo. Otras cámaras que vale la pena probar son la Action Sampler; la Super Sampler, exquisitamente simple, con un mecanismo de cuerda para armar el obturador del objetivo; la Oktomat, con sus ocho objetivos; la Pop 9, con un cuerpo de plástico dorado; y la Action Shot 16. Estas cámaras crean bellas e impredecibles secuencias de imágenes sobre película de 35 mm.

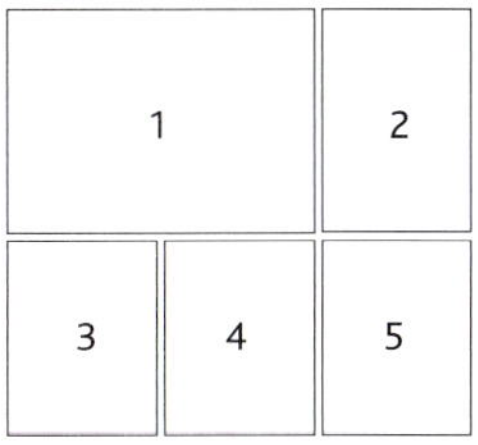

1. El fotógrafo Fabian Monheim con una cámara Action Tracker. **2.** Cámara estenopeica en color con varios estenopos, fabricada por el fotógrafo y profesor Tim Marshal con una lata de película de cine. Toma varias exposiciones sobre hojas de papel de color recortado en círculos. Las fotografías se hacen apartando brevemente la cinta que cubre cada estenopo. **3.** La cámara Gameboy fabricada por Nintendo. **4.** La cámara Snap, que se enchufa directamente en el puerto USB del ordenador. **5.** El estudio fotográfico –un nuevo modelo de fotomatón.

FREE POT
D IS FOR DADDY
TOWN SNAKE ALERT
Bowling
Meals
FILM
ANTIBACTERIAL
Easy
tasty
£361.52

Móviles con cámara y telefonografía

Los móviles con cámara ofrecen una nueva e interesante forma de hacer y usar las fotografías (*véase* pág. opuesta). Además, cada vez cuentan con más megapíxeles y presentan nuevas características, como objetivos zoom y flash. Algunas incluso son capaces de producir copias en papel de calidad correcta. También se están empezando a usar para captar fotografías de prensa, una especialidad en la que la calidad no es importante.

Cámaras de un solo uso

Las cámaras de un solo uso ofrecen la posibilidad de hacer fotografías de formas que resultan imposibles con cámaras convencionales y en lugares donde puede que no quiera llevar sus otras cámaras. Hay cámaras de un solo uso panorámicas, subacuáticas y con flash incorporado. Hace un tiempo se conocían como cámaras desechables, pero se rebautizaron como cámaras de un solo uso para reflejar el hecho de que algunas se pueden reciclar.

La infame fotografía del futbolista inglés Paul Gascoigne mientras come un *kebab* en la víspera del partido de la Copa del Mundo se tomó con una cámara desechable. Un periodista lo vio en el Soho londinense, y como conocía el valor que podía tener la imagen en los tabloides, compró una cámara en una tienda de la esquina por unas pocas libras. Gracias a esa fotografía ganó varios miles de libras.

Fotomatón: detrás de la cortina mágica

Desde 1914 todos los pasaportes estadounidenses incluyen una fotografía como prueba de identidad. La cabina fotográfica se concibió para proporcionar al público una alternativa barata al estudio del fotógrafo profesional. Los primeros fotomatones, que hacían ocho imágenes en ocho minutos, se colocaron en estaciones de autobús y de tren. En 1926 el artista André Breton utilizó la primera cámara fotomatón en París para hacer fotografías «surrealistas» de sí mismo y sus amigos, entre ellos Salvador Dalí, que posa como si estuviera en trance. (*Véase* «El modelo ideal», pág. 35.)

El artista Dick Jewell creó un «Álbum fotográfico de pasaporte aprobado», cuyo nombre proviene del sello «Passport Approved» en el fotomatón, que garantizaba que el juego de fotografías que producía tenía el tamaño y la calidad adecuados para uso oficial. Jewell desafió el uso convencional del fotomatón al crear miles de juegos de fotografías, ninguna de las cuales se hubiese podido usar en un pasaporte. Comprobó que podía ajustar la iluminación al tapar alguno de los flashes del fotomatón, creando luz lateral. Al cubrir todas las luces incluso podía usar su propia fuente de iluminación, como velas y linternas. Estudió el intervalo de tiempo entre tomas, lo que dio lugar a secuencias en las que las imágenes no se correspondían con el breve intervalo entre los destellos de flash. Utilizaba accesorios y espejos, y produjo elaborados retratos inspirados en Busby Berkeley, bodegones clásicos y retratos de fotomatón del cuadro *Mona Lisa*, de Leonardo da Vinci. Incluso hizo retratos de estilo espontáneo en los que la gente de la cabina no parecía darse cuenta de que la estaban fotografiando.

Fonografia

Imágenes tomadas por Jo Jackson, Tom Vek, Harriet Banks y Rory Brady con cámaras de móvil Nokia (*pág. opuesta*).

«Se convertirá en algo parecido a un lenguaje. En algún momento la gente empezará a usar las fotografías como si fueran mensajes de texto.»
Tom Hunter, fotógrafo, entrevistado para el diario *Guardian*, 2004.

Trabajadores de Tokio en una cámara Print Club –una versión contemporánea del fotomatón que produce foto-etiquetas instantáneas.

El fotomatón también fue utilizado por Andy Warhol, a quien le encantaba la idea de producir imágenes hechas totalmente por una máquina, que luego utilizaba como fuente para sus proyecciones. La artista Babette Hines ha reunido una colección de miles de fotografías de fotomatón tomadas a lo largo de los últimos ocho años. El director de cine Brett Ratner instaló un fotomatón de tercera mano en su casa de Hollywood, que utilizaba para retratar a sus invitados.

La cámara Print Club es la versión del siglo XX del fotomatón. Crea bellas hojas de etiquetas en color.

Fotografía estereoscópica

Un par de imágenes estereoscópicas tomadas por Gary Welch (*centro*) con un equipo diseñado por él mismo (*superior*). Cuando las dos fotografías estéreo se miran a través del visor estereoscópico (*superior*) se mezclan en una imagen de gran intensidad. Esto se debe a que la persona que mira las imágenes ve la información «multiplicada por dos».

Cámaras estereoscópicas

Las fotografías estéreo proporcionan la increíble y dinámica ilusión de una visión en tres dimensiones. Se crean usando dos cámaras separadas más o menos por la distancia entre los ojos, que fotografían dos vistas de una misma escena. Las imágenes se ven en tres dimensiones cuando se observan a través de una lupa binocular, llamada estereoscopio.

Las primeras fotografías estereoscópicas se hicieron en la década de 1850. Entonces se vendían bellos y ornamentados visores estereoscópicos con soportes ajustables y patas labradas diseñadas para que combinaran con otras piezas del mobiliario. Era la televisión de la época. La fotografía estereoscópica también fue utilizada por el prolífico Jacques-Henri Lartigue.

El equipo formado por Gary Welch y Doug Southhall crea impresionantes fotografías estereoscópicas. «La reacción de la gente ante las imágenes estereoscópicas es muy gratificante; todo el mundo se sorprende al verlas. Miran toda la escena y en cada esquina. Los ojos van hacia el fondo, es mucho más real que una fotografía plana», dice el artista. «Hacen que las galerías sean superfluas. Uno puede vivir una gran experiencia en cualquier lugar.»

Fotocopiadora y escáner como cámara

Dick Jewell describe sus experimentos: «Empecé probando la fotocopiadora en color y en blanco y negro para retrato; quería comprobar si era posible convertir la superficie de la fotocopiadora en un estudio improvisado colocando algunas cosas sobre la superficie de vidrio. Un día recibí un encargo para hacer algunos carteles para un grupo musical, pero me avisaron con poco tiempo para hacer las fotografías. No tenía una cámara a mano en ese momento, así que puse sus cabezas bajo la fotocopiadora.»

La fotocopiadora es una herramienta barata y divertida. Se pueden calcar imágenes sobre acetato y papel vegetal para hacer copias de contacto, y también es posible experimentar moviendo las imágenes durante el escaneado.

El escáner fotográfico, el escáner médico y el escáner de seguridad ofrecen fantásticas posibilidades creativas. El médico incluso puede proporcionar una imagen de 360 grados del interior del cuerpo.

La calidad pura y granulosa de la imagen captada por una cámara de seguridad se ha aprovechado en fotografía de moda, retrato y publicidad.

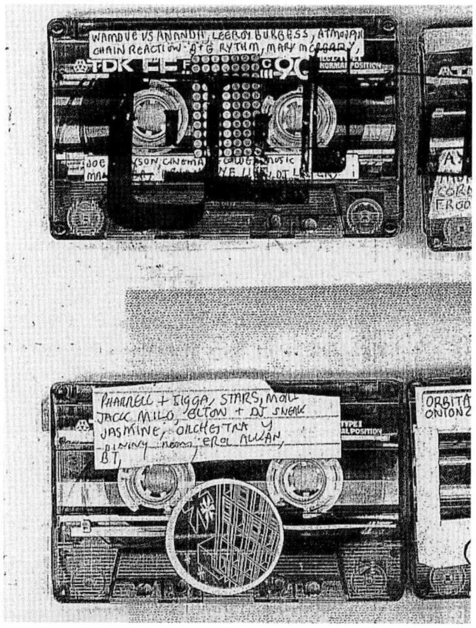

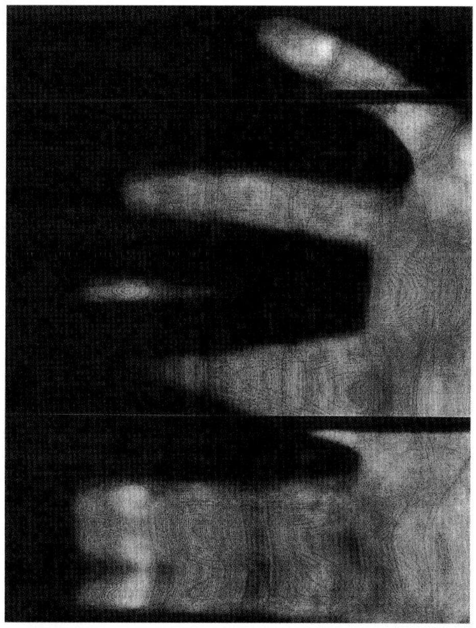

La fotocopiadora puede actuar como un estudio fotográfico inmediato.

Escáner como cámara

Michael Golembewski construyó una cámara escáner uniendo un escáner de película, cajas de madera y un objetivo (*inferior*). La cámara registra objetos en movimiento de una forma única, pues condensa su dinamismo. Las fotografías (*derecha*) muestran coches en movimiento comprimidos por la cámara y una figura distorsionada por su desplazamiento durante el escaneado. Esta cámara puede crear copias en papel de tamaño póster.

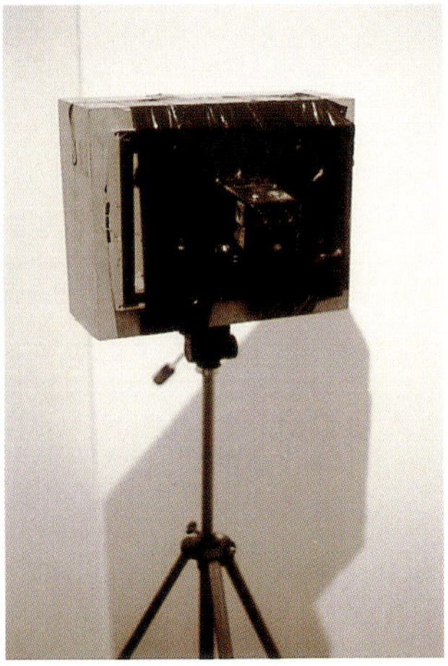

Cámaras de imagen térmica y de visión nocturna

Las cámaras de infrarrojo y de visión nocturna, creadas para uso médico, de seguridad, militar y para prevenir y detectar incendios, ofrecen un amplio abanico de posibilidades creativas cuando se emplean para fotografiar personas, paisajes, bodegones y moda. El control de la visión nocturna de las cámaras de vídeo se utilizó con gran creatividad en la película *El proyecto de la bruja de Blair*.

Cámaras panorámicas

La palabra «panorámica» tiene su origen en el término griego *pan*, que significa «todo», y *horama*, que significa «vista». En una panorámica se ve toda la escena desde un único punto de vista. La primera cámara panorámica fue construida por Friedrich von Martens, en París, en 1845. Creó impresionantes fotografías desde el techo del Louvre con una cámara giratoria especial llamada Megaskop, que utilizaba placas delgadas y flexibles de daguerrotipo.

Además, se pueden llevar a cabo otros experimentos con cámaras de seguridad, fotografía a cámara rápida, escáneres CAT, escáneres MIR, cámaras subacuáticas, cámaras de sincronización balística, imagen por sónar y satélite, y cámaras de cine para captar fotogramas individuales.

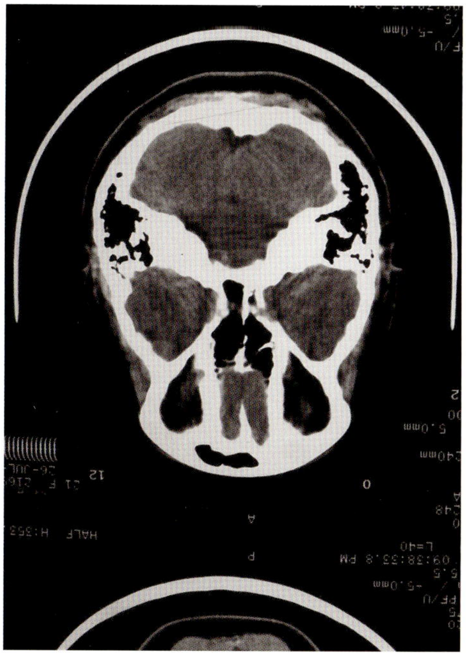

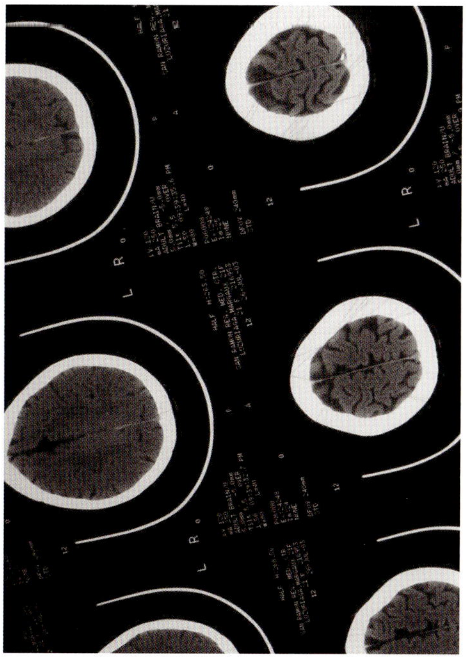

Los controles de la cámara

Si un grupo de fotógrafos hicieran fotografías de la misma escena simultáneamente, las imágenes resultantes serían todas muy diferentes. Cada uno de ellos vería cosas distintas y controlaría la cámara a su manera. La elección del instante para pulsar el disparador no es el único factor que hace del trabajo de un fotógrafo algo único, sino que éstos además seleccionan objetivos por la vista que ofrecen, y cuidadosamente controlan el enfoque, la abertura y la velocidad de obturación. Estos parámetros ofrecen una amplia gama de opciones, y su combinación ejerce un efecto importante sobre las imágenes.

Objetivos

El objetivo es el ojo de la cámara. Cuando la luz incide sobre un objeto se refleja en su superficie. El ojo, como la cámara, ve el objeto cuando la luz, que se propaga en línea recta, converge a través del objetivo para formar una imagen. En el caso de los ojos, esta imagen se envía al cerebro para que la podamos ver; en el de la cámara, llega a la película o al chip digital y crea una fotografía. El alcance de la visión humana es fijo, pero la cámara, con sus objetivos intercambiables, proporciona la capacidad de ver de muchas formas distintas. Los objetivos nos permiten percibir más de cerca, con mayor amplitud y profundidad que a simple vista.

Los objetivos fotográficos están constituidos por capas de vidrio dispuestas en un barrilete. Su forma y colocación está estudiada para que se eliminen los fallos ópticos y la distorsión. La curvatura de un objetivo afecta a lo que se contempla a través suyo. La mayoría de los objetivos son convexos, lo que significa que son más gruesos en el centro que en los bordes. Un objetivo muy grueso en el centro y, por tanto muy curvado, hace que la luz de un objeto converja mucho más que otro objetivo con lentes más finas y menos curvadas. La medida de la distancia en milímetros, desde el elemento frontal al punto en que la luz converge, se utiliza para indicar el grado con que un objetivo puede estrechar o ampliar el ángulo de visión de una escena. Esta distancia se llama longitud focal, y se indica en el barrilete o en el anillo frontal del objetivo. Los objetivos se clasifican por su longitud focal: corta, media, larga. Los objetivos de diferente longitud focal producen imágenes radicalmente distintas de una misma escena. El fotógrafo elige cuál usar en cada momento.

Objetivos granangular (longitud focal corta)

Un objetivo que provoca la convergencia de la luz en una distancia corta se dice que tiene una longitud focal corta. Estos objetivos captan un ángulo de visión amplio. Los objetivos granangular para cámaras de 35 mm tienen longitudes focales de 24 mm y 28 mm y se identifican por esta medida; así, un objetivo con una focal de 24 mm se llama «un objetivo de 24 mm».

Véase www.billbrandt.com.

El granangular era el objetivo del fotógrafo de paisaje hasta que los fotógrafos creativos empezaron a explorar su potencial. Bill Brandt utilizó un granangular para crear una serie radical de desnudos a finales de la década de 1940 y en la década de 1950. Inspirado por la película de Orson Wells *Ciudadano Kane* y su uso de las habitaciones como escenarios, Brandt dispuso a sus modelos para conseguir una distorsión máxima.

William Klein llevó el granangular a las calles en la década de 1950. Con el encargo de fotografiar Nueva York, enfocó el proyecto como un «antropólogo impostor» al emplear una «técnica sin tabúes». Acercaba la cámara a la cara de la gente, lo que provocaba reacciones variadas, desde alegría a agresión, y daba lugar a un caos dinámico. La ciudad parece luchar a través de su cámara.

Bill Brandt, *Belgravia*, 1951

Bill Brand utilizaba objetivos granangular para aportar intensidad a sus fotografías.

Objetivos estándar (longitud focal normal)

Con las cámaras de formato 35 mm, un objetivo de 50 mm capta la imagen con una perspectiva similar a la visión humana. Este objetivo se conoce como estándar o normal, ya que su ángulo de visión está comprendido entre el de un granangular y el de un teleobjetivo.

Henri Cartier-Bresson utilizaba un objetivo estándar por su proximidad a la visión humana. Se dice que casi hizo un millón de fotografías sin recurrir nunca a un granangular. Esto formaba parte de su filosofía fotográfica: captar la escena que veía sin distorsión. También consideraba que el fotógrafo debería pasar desapercibido, sin interferir o modificar una escena; un enfoque opuesto al de William Klein.

Teleobjetivos (longitud focal larga)

Los objetivos con una curvatura reducida (la luz del objeto se enfoca lejos del punto nodal) se conocen como teleobjetivos. Los más utilizados para el formato de 35 mm son 135 mm, 300 mm y 500 mm. En sus inicios, los teleobjetivos se desarrollaron para acercar al fotógrafo a la acción en situaciones

El visor muestra la escena a través del objetivo reflejada en una pantalla esmerilada de enfoque. Algunos visores muestran algo menos de lo que registra la película o CCD.

en que la proximidad física era peligrosa o estaba prohibida. De nuevo, el inconformista William Klein hizo un uso más creativo y original al emplearlos para hacer fotografías de moda. Mientras trabajaba para *Vogue* se le encargó que fotografiara algunos vestidos con franjas. Para ello, indicó a las modelos que se situaran a lo largo de un paso de cebra en el centro de Roma a la hora punta. A continuación, se colocó a 500 m de distancia y tomó las fotografías mientras las modelos esquivaban con dificultad a la gente. El teleobjetivo produjo fotografías con mucha fuerza y un intenso grafismo. «Nada como Klein había sucedido antes. Adoptaba enfoques extremos», dice el legendario director artístico de *Vogue* Alexander Liberman. «Fue el primero en usar teleobjetivos y granangulares, por lo que proporcionó una nueva perspectiva.» (*Véase* «Elegancia y elefantes», pág. 69, y «Un tabloide desquiciado», página 88.)

Objetivos zoom

Los objetivos zoom permiten variar la longitud focal. Su construcción hace que sea posible escoger entre focales cortas, medias y largas girando un anillo o desplazando el barrilete del objetivo hacia delante o hacia atrás. Gracias a esto se puede aumentar o reducir el ángulo de visión sin cambiar de posición. Además, con estos objetivos no es necesario volver a ajustar el enfoque cuando se modifica la longitud focal: la imagen aumenta o se reduce manteniendo el enfoque.

Objetivos macro

La distancia más próxima a la que puede enfocar la vista es de unos 20 cm. La gama de enfoque de un objetivo fotográfico no tiene límite inferior, y como resultado la fotografía puede mostrar cosas que el ojo no puede percibir. Los objetivos macro permiten fotografiar objetos a un tamaño superior al real.

Esto se puede lograr usando tubos de extensión, que se colocan entre el cuerpo de la cámara y el objetivo, o bien con lentes de aproximación, que se disponen sobre el elemento frontal del objetivo. Algunos objetivos zoom incorporan función macro.

Objetivos ojo de pez

Estos objetivos tienen un elemento frontal de gran diámetro y muy convexo. El ángulo de visión que proporcionan es muy amplio y la perspectiva exagerada. Producen una imagen circular en la que los objetos próximos a la parte superior del objetivo resultan muy ampliados, mientras que los que están lejos se reproducen a un tamaño muy pequeño.

La experimentación con estos objetivos se hizo muy popular en la década de 1960, cuando aparecieron en el mercado. El fotógrafo David McCabe utilizó a menudo un ojo de pez para fotografiar a Andy Warhol durante el año en que permaneció en la Factory. Su distorsión se adecuaba perfectamente al extraordinario estudio de Warhol.

Enfoque: hasta el infinito y más allá

El ojo humano está siempre enfocado. En cambio, el fotógrafo puede elegir entre enfocar algunas partes de una imagen o ninguna.

La mayoría de los objetivos se enfocan girando un anillo específico mientras se mira a través del visor. El anillo de enfoque tiene un movimiento suave, mientras que el del diafragma se desplaza por clics. Al girar dicho anillo se desplazan los elementos de vidrio del objetivo hacia delante y hacia atrás. Este movimiento varía la posición del punto en que los rayos de luz convergen en el interior de la cámara y enfoca y desenfoca la imagen.

El indicador de distancias, en la parte superior del objetivo, muestra el ajuste elegido. Generalmente está marcado en metros.

Cuando se mira a través del visor y se gira el anillo de enfoque en sentido horario se ve cómo los objetos distantes se enfocan. Al girar al máximo el anillo de enfoque en esta dirección se llega a la posición de «infinito». Esto significa que el objetivo está ajustado a la distancia más lejana posible, indicada en el barrilete con el símbolo de infinito. Si se gira el anillo de enfoque en la dirección opuesta alcanza la distancia más próxima de enfoque.

«¿Qué es enfoque y quién tiene el derecho de decir qué enfoque es el adecuado?»
Julia Margaret Cameron, fotógrafa

¿Enfocado o desenfocado?

El enfoque es una herramienta del fotógrafo. Cuando un objeto se ve claramente definido en el visor se dice que está enfocado o que es nítido. Si un objeto no está enfocado se dice que está borroso o desenfocado. La elección de nitidez o borrosidad puede modificar totalmente una fotografía. El usuario puede seleccionar el tipo de registro controlando el anillo de enfoque.

La fotógrafa del siglo XIX Julia Margaret Cameron desenfocaba intencionadamente muchos de sus retratos. «Cuando enfoco y veo algo que me resulta muy bello me detengo en lugar de afinar todavía más el enfoque, al contrario de lo que haría el resto de los fotógrafos.»

Norman Parkinson,
***Retrato de Kees Van Dongen*, 1959**
En esta fotografía, Parkinson prefirió enfocar el fondo en lugar de la modelo.

Con el objetivo desmontado, pruebe los diferentes diafragmas para ver cómo cambia la abertura en función del ajuste.

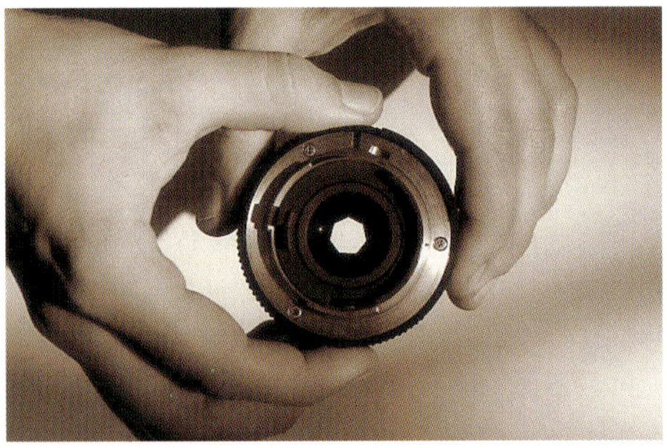

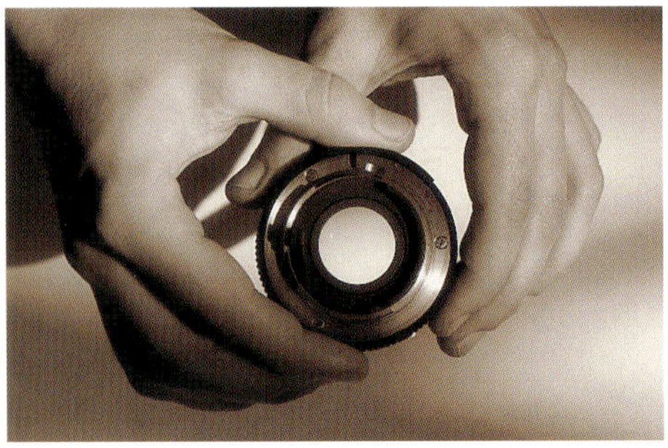

Abertura: el iris del ojo de la cámara

Los ojos del ser humano reaccionan instintivamente al brillo de la luz. Con muy poca luz, por ejemplo por la noche, el iris se dilata para captar la mayor cantidad de luz posible. En cambio, cuando hay mucha luz, las pupilas se reducen a pequeños puntos negros debido a la contracción del iris en respuesta a la intensidad luminosa.

La abertura del objetivo permite al fotógrafo controlar la cantidad de luz que entra en la cámara. Al variar el diámetro de la abertura se puede modificar el brillo de una imagen o controlar la luz en función de las condiciones.

Los primeros objetivos fotográficos incorporaban una serie de placas de metal con agujeros de diferentes diámetros. Estas placas se podían insertar detrás del objetivo después de seleccionar una placa concreta en función de la intensidad de luz. En los objetivos modernos, la abertura se controla mediante un diafragma constituido por una serie de finas láminas metálicas. La abertura se ajusta girando el anillo de diafragmas. Cada clic modifica el diámetro del diafragma.

Números f y puntos de diafragma

El anillo de aberturas está calibrado en «números f». Los objetivos para cámaras de formato 35 mm tienen números f22, 16, 11, 8, 5,6, 4 y 2,8. Cuanto más elevado es el número f, menor es la abertura; f22 corresponde al diámetro menor, y f2,8 al diámetro mayor. La diferencia entre cualquier número f y el siguiente se conoce como un punto de diafragma.

La «f» de «punto f» viene de «factor». El número dado a cada punto representa el número de veces que el diámetro de la abertura se puede multiplicar para igualar la longitud focal del objetivo. El número f es el factor de multiplicación.

Cerrar y abrir

Cuando se gira el anillo de diafragmas hacia un valor más alto, con lo que se reduce la abertura, se dice que «se cierra el objetivo». Un objetivo ajustado a su abertura más pequeña se dice que «está cerrado». Cuando se gira el anillo de diafragma en sentido contrario, lo que permite que entre más luz, se dice que «se abre el objetivo». Estos términos se pueden comprender fácilmente si se retira el objetivo de la cámara y se mira a través de la abertura mientras se gira el anillo de diafragmas en cualquier dirección.

Lo que se ve a través del visor y la imagen que capta el objetivo

Cuando se mira a través del visor de la cámara y se modifica la abertura girando el anillo de diafragmas no se aprecia ningún efecto. Esto se debe a que cuando el objetivo está montado en la cámara siempre muestra la imagen a su máxima abertura. El objetivo sólo se ajusta al diafragma seleccionado en el momento en que se pulsa el disparador para hacer la fotografía. Incluso si se ajusta el objetivo al diafragma más cerrado (f22),

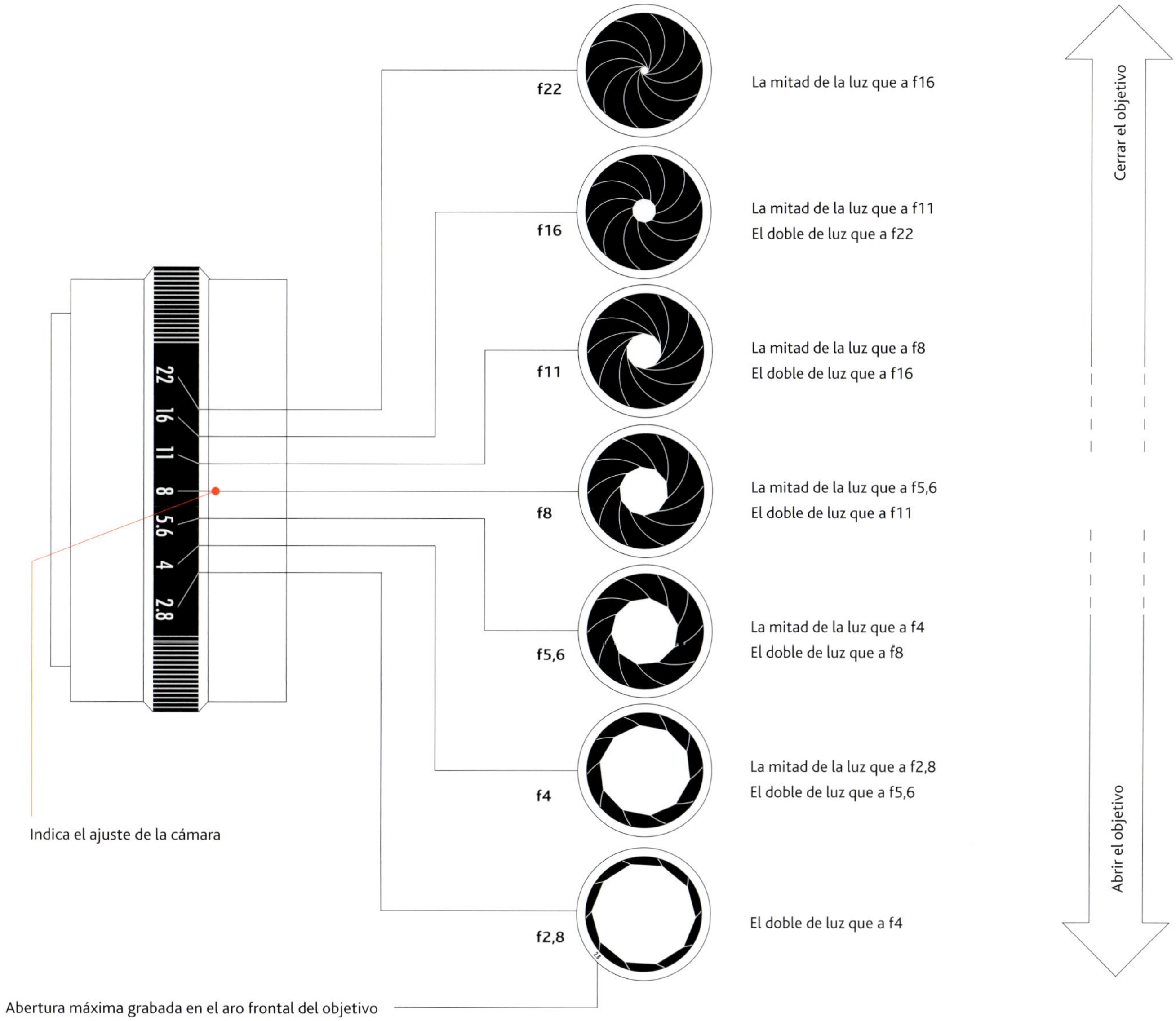

la imagen que se ve a través del visor corresponde a la máxima abertura. Los objetivos están diseñados de esta forma para que el usuario pueda ver la escena con el máximo brillo posible, y así facilitar la composición.

Como el ajuste de la abertura puede producir un efecto importante sobre el aspecto de la fotografía, la imagen que se ve a través del visor no siempre coincide con la que registra la película.

Objetivos rápidos

Los objetivos con aberturas máximas amplias se conocen con el nombre de «objetivos rápidos». Debido a la amplitud de su abertura, un objetivo rápido se puede usar con poca luz, lo que permite al fotógrafo prescindir del flash y de otras luces adicionales. No obstante, estos objetivos son más caros que el resto. Los fabricantes inscriben la máxima abertura del objetivo y su longitud focal en el aro frontal del barrilete para poder ver de una vez su abertura máxima y su ángulo de visión.

Ajustes de abertura en diferentes cámaras

Los ajustes estandarizados permiten un cálculo consistente de la exposición, con independencia de la cámara, el objetivo o la marca de la película. En algunas cámaras, los ajustes de abertura se muestran en el visor o en la pantalla LCD exterior.

«Soy una cámara con el obturador abierto.»
Christopher Isherwood, escritor.

Velocidad de obturación: cuestión de tiempo

Para controlar la cantidad de luz que entra en la cámara se usa el obturador y la abertura. Antes de la invención del obturador, el fotógrafo controlaba el tiempo de exposición retirando la tapa del objetivo; a continuación contaba los segundos o minutos necesarios y volvía a colocar la tapa. Hasta que Eadweard Muybridge hizo sus descubrimientos, los tiempos de obturación no resultaban lo suficientemente breves para congelar la acción. (*Véase* «El extraño mundo de Eadweard Muybridge», pág. 89.)

Las velocidades que una cámara puede ajustar vienen marcadas en un dial colocado en la parte superior del cuerpo, en el visor o en la pantalla LCD. La mayoría de las cámaras permiten ajustar tiempos de obturación de 1, 2, 4, 8, 15, 30, 60, 125, 250, 500 y 1.000; 1 indica 1 segundo, la velocidad más lenta; 2 indica medio segundo; 4 un cuarto de segundo; 8 un octavo de segundo; y así sucesivamente hasta 1.000, que marca la velocidad más alta (una milésima de segundo).

Para hacer una fotografía hay que pulsar el disparador de la cámara. Las velocidades (o tiempos) de obturación comparten exactamente la misma relación entre ajustes adyacentes que el anillo de aberturas. Cada velocidad de obturación deja pasar el doble de luz que la siguiente más rápida y la mitad que la siguiente más lenta.

El ajuste «B» también está marcado en el dial de tiempos. Cuando el obturador se ajusta en B, éste permanece abierto hasta que se suelta el disparador. Esta posición se utiliza para hacer exposiciones muy largas, por ejemplo por la noche, o para registrar múltiples destellos de flash en un entorno oscuro.

Velocidad de obturación y movimiento

La velocidad de obturación afecta a la nitidez de los objetos en movimiento. Una velocidad elevada puede congelar el sujeto, mientras que una lenta lo puede emborronar. Cuanto más lenta es la velocidad de obturación, mayor es el grado de emborronamiento. Así, el fotógrafo puede elegir entre congelar un objeto en movimiento, emborronarlo ligeramente o del todo. Con una velocidad lenta también es posible hacer un barrido –o sea, mover la cámara durante la exposición para seguir el movimiento del sujeto–. El barrido aumenta la sensación de dinamismo de la imagen. El movimiento y el emborronamiento pueden transmitir sensaciones de alegría, amenaza, vitalidad o inmediatez.

Siempre hay suficiente luz

Puede parece extraño que las velocidades de obturación de medio segundo y un segundo se describan siempre como «largas», ya que sólo representan momentos muy breves en la vida cotidiana. También se pueden hacer fotografías con varios segundos e incluso con horas de exposición para crear efectos radicalmente distintos a los de las imágenes tomadas con exposiciones de fracciones de segundo.

Al controlar la velocidad de obturación, es posible hacer fotografías incluso cuando parece que no hay luz –de hecho, siempre hay suficiente luz para tomar fotografías, no importa lo oscuro que parezca estar–. Simplemente hay que tener el obturador abierto el tiempo suficiente. Para que la imagen quede nítida se debe mantener la cámara bien quieta. (*Véase* «La cámara: la máquina del tiempo», pág. 144.)

Más lento

Fotografía de Hiroshi Sugimoto, captada con una exposición de 1,5 horas, *véase* pág. 20.

Para crear esta fotografía fueron necesarios varios minutos de exposición.

1 segundo	El doble del tiempo de exposición de 1/2 segundo
1/2	La mitad del tiempo de exposición de 1 segundo El doble del tiempo de exposición de 1/4 segundo
1/4	La mitad del tiempo de exposición de 1/2 segundo El doble del tiempo de exposición de 1/8 segundo
1/8	La mitad del tiempo de exposición de 1/4 segundo El doble del tiempo de exposición de 1/15 segundo
1/15	La mitad del tiempo de exposición de 1/8 segundo El doble del tiempo de exposición de 1/30 segundo
1/30	La mitad del tiempo de exposición de 1/15 segundo El doble del tiempo de exposición de 1/60 segundo
1/60	La mitad del tiempo de exposición de 1/30 segundo El doble del tiempo de exposición de 1/125 segundo

Los objetos en movimiento se emborronan cuando se fotografían a velocidades lentas de obturación. En esta toma, durante la exposición, se hizo un barrido siguiendo al sujeto.

Movimiento visible a velocidades de obturación más lentas que 1/60 segundo

Movimiento detenido a velocidades de obturación más rápidas que 1/60 segundo

1/125	La mitad del tiempo de exposición de 1/60 segundo El doble del tiempo de exposición de 1/250 segundo
1/250	La mitad del tiempo de exposición de 1/125 segundo El doble del tiempo de exposición de 1/500 segundo
1/500	La mitad del tiempo de exposición de 1/250 segundo El doble del tiempo de exposición de 1/1.000 segundo
1/1.000	La mitad del tiempo de exposición de 1/500 segundo

El movimiento se «congela» usando velocidades rápidas de obturación.

Exposición ultra breve de 1/100.000 de segundo, utilizada por Harold Edgerton para fotografiar gotas de líquido; *véase* pág. 130.

Más rápido

Exposición: abertura, velocidad de obturación y enfoque

La abertura controla la cantidad de luz que entra en la cámara, y el obturador el tiempo durante el cual la luz incide sobre el material sensible. En conjunto, ambos parámetros controlan la exposición, es decir, la cantidad de luz que incide sobre el captador digital o la película. A fin de obtener una exposición correcta, la cantidad de luz debe ser la precisa para registrar apropiadamente todos los tonos de la imagen, desde las sombras hasta las partes más brillantes. Esto no sucede si se deja pasar más o menos luz de la necesaria.

Para asegurar que la exposición es correcta, hay que ajustar el control ISO de la cámara según la sensibilidad de la película o el nivel de sensibilidad elegido para el captador digital.

Medición correcta de la exposición

Para medir la exposición adecuada se necesita un fotómetro. La mayoría de las cámaras tienen uno incorporado. Un fotómetro contiene un sensor que mide la cantidad de luz reflejada por la escena, registra la gama de brillo comprendida entre las zonas más brillantes y las más oscuras, y convierte esta información en una lectura promedio.

La exposición correcta se indica mediante una aguja o una luz en el panel de datos. Esta lectura proporciona al fotógrafo un punto de partida que abre la puerta a un amplio abanico de posibilidades creativas.

Ajustar la exposición correcta

Para hallar la exposición correcta se deben ajustar los controles de abertura y velocidad. Como se ha visto, la abertura y la velocidad comparten la misma relación entre ajustes adyacentes. Esto crea un vínculo entre ambas, lo que comporta que pueden ajustarse en combinación para proporcionar varias posibilidades de exposición correcta.

Por ejemplo, puede incidir la misma cantidad de luz sobre el CCD o la película con una abertura pequeña y un tiempo de obturación largo que con una abertura grande y un tiempo de obturación breve.

Exposiciones correctas, efectos diferentes

Una vez tomada una lectura de la luz puede ajustarse la exposición de varias maneras, con diferentes combinaciones de abertura y velocidad que creen exposiciones equivalentes. Todas estas combinaciones proporcionan exposiciones idénticas, pero cada ajuste produce efectos distintos.

Los diferentes modos de ajustar una exposición correcta ofrecen al fotógrafo la posibilidad creativa de usar las propiedades de las distintas aberturas y velocidades de obturación. Se puede seleccionar primero la abertura y luego modificar la velocidad para obtener una exposición correcta. Esto permite controlar lo que se conoce como «profundidad de campo». O también se puede seleccionar primero la velocidad de obturación y luego ajustar la abertura, con lo que se controla el movimiento de la imagen en la fotografía.

Sobreexposición

Significa que ha entrado demasiada luz en la cámara por el obturador y la abertura, y ha quemado el detalle en las altas luces y ha diluido el color.

Subexposición

Significa que ha entrado insuficiente luz en la cámara por el obturador y la abertura, lo que ha provocado que las imágenes queden demasiado oscuras.

ASA e ISO

ASA e ISO son sistemas alternativos para clasificar la sensibilidad de una película a la luz. En este libro se usa el término ISO.

Las cámaras digitales también usan ajustes ISO para indicar niveles variables de sensibilidad a la luz.

Muchas cámaras ofrecen programas de exposición:

1) Prioridad de abertura: el usuario selecciona el diafragma y la cámara ajusta automáticamente la velocidad de obturación para proporcionar una exposición correcta.
2) Prioridad de obturación: el usuario selecciona la velocidad de obturación y la cámara ajusta automáticamente la abertura de diafragma para proporcionar una exposición correcta.

Problemas de medición de la luz, *bracketing* y pruebas de revelado

Los fotómetros están diseñados para calcular una exposición correcta cuando hay una gama completa de tonos desde las sombras a las altas luces. No obstante, pueden dar mediciones erróneas cuando la escena ofrece poca variación tonal o tiene un contraste excesivo. La experiencia, un fotómetro de mano y hacer *bracketing* y pruebas de revelado pueden asegurar resultados correctos en estas circunstancias.

El *bracketing* consiste en tomar varias fotografías, unas aumentando la exposición y otras reduciéndola respecto a la lectura del fotómetro. De esta forma se asegura que al menos una proporcione un resultado correcto.

Como alternativa, los usuarios de película pueden hacer una prueba de revelado (clip). Este sistema permite asegurar exposiciones correctas cuando se revela un rollo de película positiva o negativa. A oscuras, con unas tijeras se corta uno o más fotogramas de un rollo de película expuesto. Este «clip» se procesa y luego el fotógrafo lo estudia. A continuación, el resto de la película se puede procesar durante más, menos o el mismo tiempo, de acuerdo con el resultado del clip. (Esta técnica se explica detalladamente en la página 191.)

Ajuste de la misma exposición de diferentes maneras

Una vez medida una exposición correcta, el fotógrafo puede seleccionar cualquier combinación de velocidad de obturación y abertura que proporcione la cantidad de luz adecuada. En este ejemplo, el fotómetro indica una exposición correcta a f8 y 1/125 s. Las otras combinaciones posibles son f22 a 1/15 s, f/16 a 1/30 s, f11 a 1/60 s, f8 a 1/125 s, f5,6 a 1/250 s, f4 a 1/500 s y f2,8 a 1.000 s.

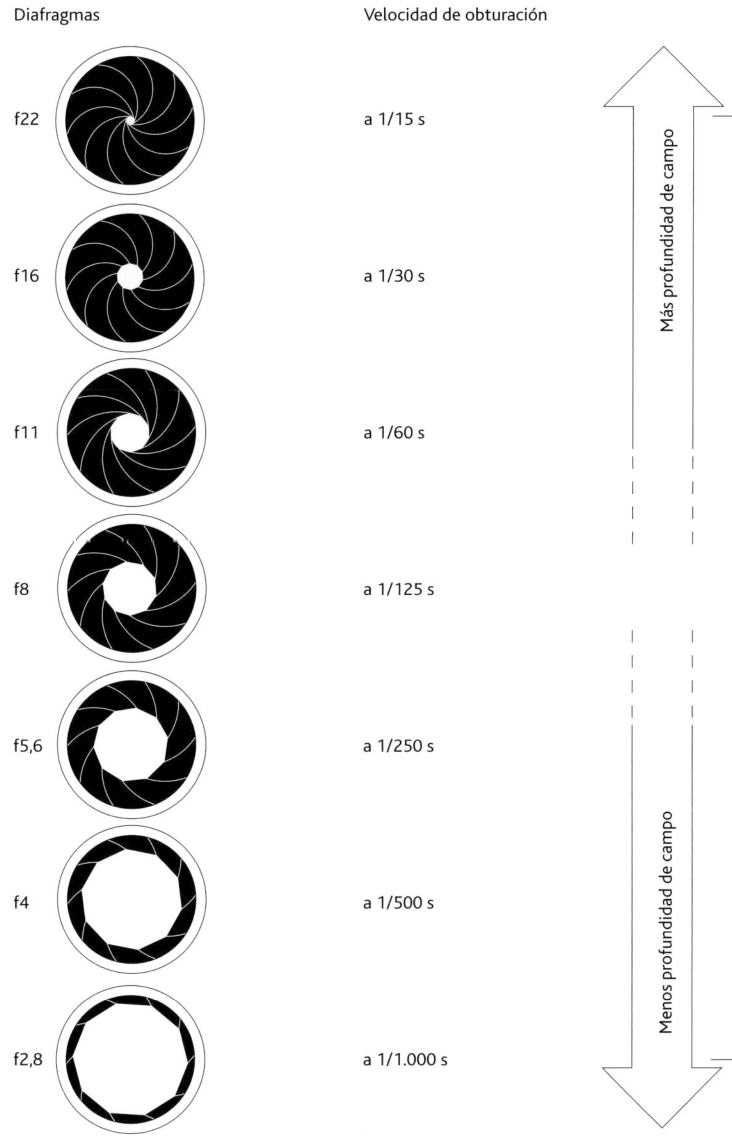

Todas estas combinaciones de abertura de diafragma y velocidad de obturación proporcionan la misma exposición, pero cada una de ellas crea una fotografía distinta; esto resulta particularmente evidente cuando se usa el diafragma más abierto (f2,8) y el más cerrado (f22).

f22: la abertura más pequeña, la mayor profundidad de campo

A f22 todas las personas aparecen nítidas, ya que la fotografía tienen mucha profundidad de campo. La cámara con la que se hizo esta fotografía estaba sobre un trípode.

Cambiar la abertura, cambiar la profundidad de campo

Cambiar el tamaño de la abertura no sólo afecta a la cantidad de luz que entra en la cámara; también tiene un efecto radical sobre la imagen. Cuanto más se cierra el diafragma, mayor es la extensión de la nitidez entre el primer plano y el fondo. La zona de enfoque nítido en una fotografía se conoce como «profundidad de campo». El control de la profundidad de campo es una de las herramientas del fotógrafo.

f2,8: la abertura más grande, la menor profundidad de campo

A f2,8 sólo la zona de la imagen enfocada por el fotógrafo se ve nítidamente enfocada, ya que la profundidad de campo es muy reducida.

Estas cuatro fotografías se hicieron a f2,8. En cada una el objetivo enfocó diferentes partes de la escena, con lo que se muestra los efectos de una profundidad de campo reducida.

Ansel Adams, Edward Weston e Imogen Cunningham bautizaron su grupo de fotógrafos como grupo f64. El nombre refleja la preferencia por la elevada nitidez de las fotografías tomadas a f64, la abertura que les proporcionaba la máxima profundidad de campo posible con sus cámaras de gran formato. Las fotografías presentaban una nitidez absoluta desde el primer plano hasta el fondo. (*Véase* «La cámara en las manos del artista», pág. 120.)

Control de la profundidad de campo

Las fotografías captadas con diafragmas cerrados, como f22 y f16, tienen mucha profundidad de campo; es decir, la mayor parte de la imagen se registra nítida. Las fotografías captadas con diafragmas abiertos, como f2,8, presentan poca profundidad de campo; por tanto, sólo una pequeña parte de la imagen se registra con nitidez.

La profundidad de campo varía con diferentes objetivos

La profundidad de campo con diferentes diafragmas varía dependiendo de la longitud focal del objetivo. Los teleobjetivos muestran menos profundidad de campo a cualquier abertura que los objetivos estándar; así, un 300 mm proporcionará mucha menos profundidad de campo que un 50 mm, ambos ajustados a f8. Los granangulares producen la mayor profundidad de campo a todas las aberturas: por ejemplo, con un ojo de pez, los objetos muy próximos al objetivo y los más distantes se verán nítidos incluso con un diafragma relativamente abierto. Esta variación ofrece al fotógrafo mayores posibilidades creativas cuando elige sus herramientas.

Thomas Hoepker, *El campeón del mundo de los pesos pesados Muhammad Ali muestra su puño derecho, Chicago, Illinois*, 1996

Hoepker enfatiza el puño de Ali usando un diafragma muy abierto para crear una profundidad de campo reducida. Como resultado, sólo la enorme mano del púgil se ve con nitidez.

La profundidad de campo se puede controlar con gran creatividad. Cuando un fotógrafo elige hacer fotografías con poca profundidad de campo –por ejemplo, f2,8–, sólo el objeto que está enfocado queda nítido, y todo lo demás desenfocado. Esto puede ser muy efectivo: el enfoque en un objeto cercano hace que el resto de la escena se funda en áreas desenfocadas. Una profundidad de campo reducida se puede usar, por tanto, para enfatizar y aislar un objeto en una escena confusa.

Control del movimiento

Si se ajusta primero la velocidad de obturación y luego la abertura es posible controlar el movimiento de la imagen. La acción se puede detener con una velocidad elevada, mientras que con una velocidad lenta y con la cámara sobre un trípode se pueden mezclar objetos estáticos y en movimiento. También se puede mover la cámara durante una exposición larga para acentuar la atmósfera o dar fuerza a la imagen.

Weegee, *Multitud en Coney Island, temperatura 32 grados… Vinieron a primera hora de la mañana y se quedaron hasta tarde, 22 de julio de 1940*

Esta fotografía de Weegee presenta una gran profundidad de campo. Al ajustar un diafragma cerrado consiguió nitidez desde el primer plano hasta el fondo. Se puede ver el detalle en la chica que lleva un traje de baño negro y un sombrero de paja, situada en primer plano, el hombre que mira a través de un flotador de goma en medio de la multitud, y hasta el letrero donde se lee «Cyclone», unos 400 m más alejado.

Formato de retrato.

Formato de paisaje.

El trípode puede ser de gran ayuda para componer una imagen, sobre todo cuando se trata de crear armonía.

Composición: orden o desorden

La composición es el medio del que se sirve el fotógrafo para ordenar o reordenar el mundo y se basa en la elección que hace éste para disponer los elementos dentro del marco del visor. Algunas fotografías se componen a gran velocidad y otras tras una larga deliberación. Algunos fotógrafos eligen trabajar con cámaras de formato cuadrado, pues prefieren su forma para crear composiciones, mientras que a otros les gusta la flexibilidad de las cámaras de 35 mm, que pueden usarse para hacer fotografías de retrato y de paisaje. Experimente con todas las cámaras que pueda.

La composición puede dar estabilidad a una fotografía al estar los elementos organizados de forma paralela o unificada. Por otro lado, un fotógrafo puede crear imágenes deliberadamente inestables e inquietantes. Aunque al cerebro del ser humano le gusta el orden, la armonía y la simetría, también se puede conseguir un gran impacto con el desorden y la falta de armonía.

Edición de la imagen

La edición es el proceso por el que se escoge la mejor fotografía o fotografías de todas las que se han tomado; las fotografías que son casi tan buenas, o mejores incluso, de lo que se pensaba en el momento de pulsar el disparador. La edición implica también identificar fotografías que en el momento de disparar se consideraron fallidas, pero que luego parecieron funcionar gracias a un elemento oportuno e inesperado. Busque las fotografías que reflejen su modo de ver y de retratar el mundo.

Reencuadrar

El reencuadre puede añadir intensidad a una imagen. De esta manera se puede mejorar, concentrar y a veces transformar una fotografía. Algunos puristas, como Henri Cartier-Bresson, hacían copias de toda el área de la imagen, incluido el borde del negativo, para mostrar que no hacían reencuadres en el positivado y que la composición se creaba en el visor de la cámara, no con posterioridad en el laboratorio. Cartier-Bresson consideraba el reencuadre como algo parecido a «un engaño». Diane Arbus también copiaba todo el marco, con un borde negro desigual correspondiente al negativo; a veces dejaba ver en las copias todos los fallos del procesado. Richard Avedon copiaba toda el área de sus negativos de gran formato, incluidos los bordes negros, que parecían encajonar a sus modelos.

Garry Winogrand, *Los Ángeles, California*, 1964

Algunos fotógrafos componen las tomas con anticipación y esperan a que los elementos ocupen su lugar. Esta imagen, por el contrario, es una «instantánea» –una fotografía sorprendente, malévola, en la que los elementos se encontraron durante una fracción de segundo y el fotógrafo tuvo el instinto y la rapidez necesarios para reaccionar.

¿De qué sirve molestarse por la fotografía en blanco y negro?

La inmensa mayoría de las fotografías actuales se hacen en color. ¿Por qué nos deberíamos seguir preocupando por la fotografía en blanco y negro?

Como se ve el mundo en color, las imágenes en blanco y negro parecen distintas. Ofrecen claridad y pureza. El color puede dispersar la tensión y la intensidad de una imagen, mientras que el blanco y negro evita toda distracción.

Hiroshi Sugimoto fotografía en blanco y negro porque los resultados son «más bellos que el mundo real». Lois Greenfield prefiere el blanco y negro porque ofrecen «no una réplica de la escena, sino una nueva creación».

El blanco y negro aporta a una fotografía importancia, realismo y autenticidad. Las fotografías en blanco y negro suelen tener más peso y más fuerza, además de transmitir mejor la historia que las fotografías en color. Para crear una copia en blanco y negro se precisa una gran habilidad, ya que el fotógrafo acentúa diferentes áreas e incrementa o reduce el contraste de cada zona de la imagen. Esto puede conferir a las imágenes en blanco y negro una sensación más artesanal.

¿Por qué la película va en rollos de 24 o 36 fotogramas?

Por alguna razón, la película se presenta en un número de exposiciones múltiplo de 12. Quizá sea porque 24 y 36 fotogramas correspondían a una longitud adecuada para el procesado. De forma engañosa, algunas películas de 35 mm todavía se etiquetan como «135 film», que era el número de producto de Kodak para este tamaño de película.

¿Por qué algunas películas se etiquetan como *safety* films (películas seguras)?

Hacia 1890 se generalizó el uso de nitrato de celulosa para fabricar la base de las películas de blanco y negro. Era un producto muy inflamable y peligroso. A finales de la década de 1930 se introdujeron nuevas películas «seguras» que incluían una base plástica, menos inflamable. La palabra *safety* sigue figurando en algunas marcas.

Elección de una película de blanco y negro

Los fotógrafos eligen cuidadosamente las películas por su capacidad de influir en la imagen. Seleccionan la película por su grano fino o grueso o por el contraste que producen. Cada película tiene su propio carácter –pruebe todas las películas que pueda en diferentes situaciones para descubrir sus cualidades.

Fotografía en blanco y negro

Películas de blanco y negro

Las películas actuales de blanco y negro todavía contienen plata como ingrediente clave, más de 150 años después de que su sensibilidad a la luz se aprovechara para crear imágenes permanentes. Se hacen revistiendo hojas transparentes de plástico con una mezcla de sales de plata y gelatina que recibe el nombre de emulsión. La gelatina une las sales de plata sensibles a la luz a la base de plástico de la película. Luego la película se recorta en varios formatos y se expone en los bordes el nombre del fabricante y el número de fotogramas. Todo esto tiene lugar en total oscuridad. En cualquier película, el lado mate corresponde a la emulsión y el lado brillante a la base. Cuando se carga la película, la emulsión se coloca frente al objetivo. Cuando se expone la emulsión a la luz a través del objetivo, los cambios en la película no se ven hasta que se revela. Por supuesto, la película tiene que estar a oscuras hasta el revelado para evitar que la imagen se vele. La luz afecta a la emulsión en negativo al convertir las altas luces de la imagen en negro y las sombras en blanco. Para hacer una copia, la imagen se proyecta sobre una hoja de papel cuya emulsión está fabricada de un modo similar, lo que produce una imagen positiva.

ISO y películas de blanco y negro

ISO es un sistema para clasificar la sensibilidad de las películas a la luz. Las películas con una sensibilidad reducida tienen números bajos, como 100 o 200, y reciben

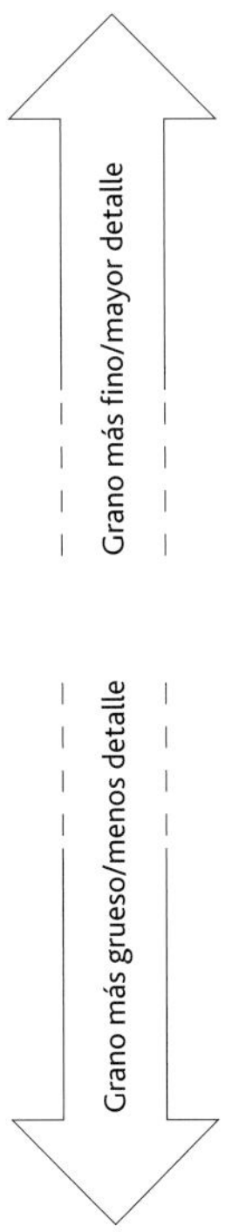

Sensibilidad de la película	Sensibilidad	
50	La mitad que 100 ISO	Películas lentas
100	El doble que 50 ISO La mitad que 200 ISO	
200	El doble que 100 ISO La mitad que 400 ISO	
400	El doble que 200 ISO La mitad que 800 ISO	
800	El doble que 400 ISO La mitad que 1.600 ISO	Películas rápidas
1.600	El doble que 800 ISO La mitad que 3.200 ISO	
3.200	El doble que 1.600 ISO La mitad que 6.400 ISO	
6.400	El doble que 3.200 ISO	

el nombre de «películas lentas». Las películas que son muy sensibles a la luz, y que por tanto pueden usarse en condiciones de iluminación pobre, se describen como «rápidas» y tienen números ISO altos, como 1.600 o 3.200.

Grano en blanco y negro

Los pequeños puntos o grumos visibles en la película después del revelado y que componen la imagen fotográfica se conocen como «grano». Cuando se amplían, los ojos los mezcla en tonos continuos formando una imagen creíble. El tamaño del grano de una película negativa determina la nitidez del detalle cuando se hace una copia. Las películas con un número ISO elevado tienen un grano más grueso que las de baja sensibilidad (número ISO bajo).

Alison Jakson aprovecha el grano grueso de las películas de alta sensibilidad en sus fotografías de tipo *paparazzi* de famosos sorprendidos en situaciones divertidas; el fotógrafo portugués José Luis Neto hizo grandes ampliaciones a partir de negativos antiguos, obtenidos en los archivos de Lisboa, que documentaban el tratamiento a los prisioneros encarcelados hacia 1900. Hizo una serie de copias enormes de pequeños detalles extraídos de fotografías de grupos de presos encapuchados, y otra serie igual pero con las cabezas al descubierto, al ampliar la zona del negativo que mostraba las caras de los hombres a tamaño real. El grano es tan grande como salpicaduras de pintura, pero las caras torturadas de los prisioneros se distinguen con claridad entre la masa de marcas negras. Las imágenes recuerdan a las recientes fotografías que muestran el tratamiento dado a los prisioneros en Iraq.

El origen de las copias en blanco y negro

La fotografía sólo comenzó a verse en blanco y negro después de que empezara a usarse la impresión en semitono para reproducir imágenes. Anteriormente, las imágenes siempre tenían un tinte químico; por ejemplo, las copias de Julia Margaret Cameron muestran un bello color marrón berenjena.

Todas las copias obtenidas a partir de negativo se hacían por contacto hasta la invención de la ampliadora en la década de 1850. Las copias de contacto son la forma inicial en que un fotógrafo ve un fotograma negativo en positivo. Se hacen colocando el negativo en contacto con material sensible antes de exponer el conjunto a la luz, lo que crea una copia del mismo tamaño que el negativo. Cualquier ampliación siempre experimenta una pérdida de calidad. Algunos fotógrafos rechazan la disminución de calidad y prefieren crear únicamente copias de contacto a partir de negativos de gran formato.

Copiado en blanco y negro

Hacer copias en blanco y negro en un laboratorio es una tarea fácil de aprender. Muchos fotógrafos no permiten que otras personas positiven sus fotografías, ya que el laboratorio ofrece un número infinito de posibilidades para interpretar cada negativo y prefieren controlar con exactitud el aspecto final de las imágenes.

Un negativo se puede interpretar de muchas formas distintas: en contraste y tono y acentuando diferentes áreas con la aplicación de «reservas» y «quemados» sobre zonas diferenciadas. No hay sólo un modo correcto de positivar un negativo.

Sensibilidad de la película

Las películas muy sensibles a la luz se identifican como «rápidas» y las poco sensibles como «lentas».

Cuidados de la película

Almacene la película alejada de cualquier fuente de calor; protéjala de la humedad; no exponga el rollo a fuentes de luz intensa.

Grano digital

Las cámaras digitales también usan ajustes ISO para indicar la sensibilidad del captador a la luz. Cuanto más alto es el ajuste, mayor es la visibilidad de los píxeles. Este efecto se conoce como «ruido digital».

¿Cuántas fotografías debería hacer?

«Un fotógrafo aficionado quiere hacer 36 fotografías diferentes en cada rollo de película. Un profesional hace 36 exposiciones para conseguir una buena imagen.»
Alan Latchley, fotógrafo.

«Todas las copias en blanco y negro hechas a mano son únicas. La habilidad del *printer* y su forma de interpretar el negativo, en combinación con la antigüedad y el lote del papel fotográfico, la frescura del revelador e incluso la humedad en el momento de positivar, dan lugar a una imagen irrepetible.»
Pete Guest, maestro en el positivado en blanco y negro.

«Reservar» consiste en aclarar una zona de una copia tapándola durante la exposición. «Quemar» significa oscurecer una zona de una copia aumentando el tiempo de exposición.

Película infrarroja en blanco y negro

La película infrarroja es sensible a la radiación infrarroja, que es invisible a los ojos. La película infrarroja en blanco y negro hace que el follaje parezca estar cubierto de nieve. Los tonos de piel adquieren una gran luminosidad y los ojos se ven muy oscuros.

Bill Brandt describió el negativo como «sólo el punto de partida». Las copias manuales pueden poseer un carácter único, completamente distinto al de los negativos a partir de los que proceden.

Las imágenes digitales en blanco y negro se pueden copiar de tantas formas distintas como las imágenes tradicionales.

Los buenos *printers* prestan una gran atención al detalle. Estudie bien las copias de un fotógrafo, no en pantalla o en libros, ya que éstas sólo son reproducciones. Vaya al original –las copias hechas por el propio fotógrafo–, visite exposiciones y galerías.

Weegee, *Amantes en el Palace Theatre*, 1943

Weegee hizo una serie de fotografías de amantes en el cine y en la playa por la noche. Gracias a la película infrarroja y al flash con un filtro infrarrojo pudo tomar las fotografías sin que los protagonistas percibieran su presencia.

Copiado multigrado

La mayor parte de los trabajos de copiado se hacen con el sistema multigrado. En la ampliadora se usa una serie de filtros que tienen un efecto distinto sobre la emulsión del papel. Los filtros están numerados del 0 al 5: los de grado bajo crean imágenes con poco contraste, el de grado 3 tiene un contraste medio y el de grado 5 proporciona el máximo contraste.

El copiado al selenio, al platino, el virado al cobre, el «prevelado» del papel, el copiado a la albúmina, el fotograbado y el copiado a la goma bicromada son algunas técnicas que vale la pena explorar en el cuarto oscuro.

Contraste

El contraste de una imagen es la diferencia que hay entre los tonos claros y los oscuros. Las imágenes que muestran una gran diferencia son de «alto contraste», y suelen estar compuestas casi de blanco y negro puros. Las imágenes con una amplia gama tonal son de «bajo contraste». Aunque lo habitual es positivar las imágenes con un contraste medio, con una gama de tonos completa desde el negro al blanco, puede ser muy efectivo modificar el contraste de una fotografía en blanco y negro. Algunos fotógrafos que han creado imágenes de alto contraste son Bill Brandt, John Deakin y Daido Moriyama.

Rayos X

Wilhelm Röntgen descubrió los rayos X en 1895, y por ello ganó un premio Nobel de la paz por su trabajo. Un tubo de rayos X produce longitudes de onda que pueden penetrar en la mayoría de las sustancias, formando una sombra por proyección en blanco y negro. Muchos fotógrafos han usado los rayos X creativamente, entre ellos Helmut Newton.

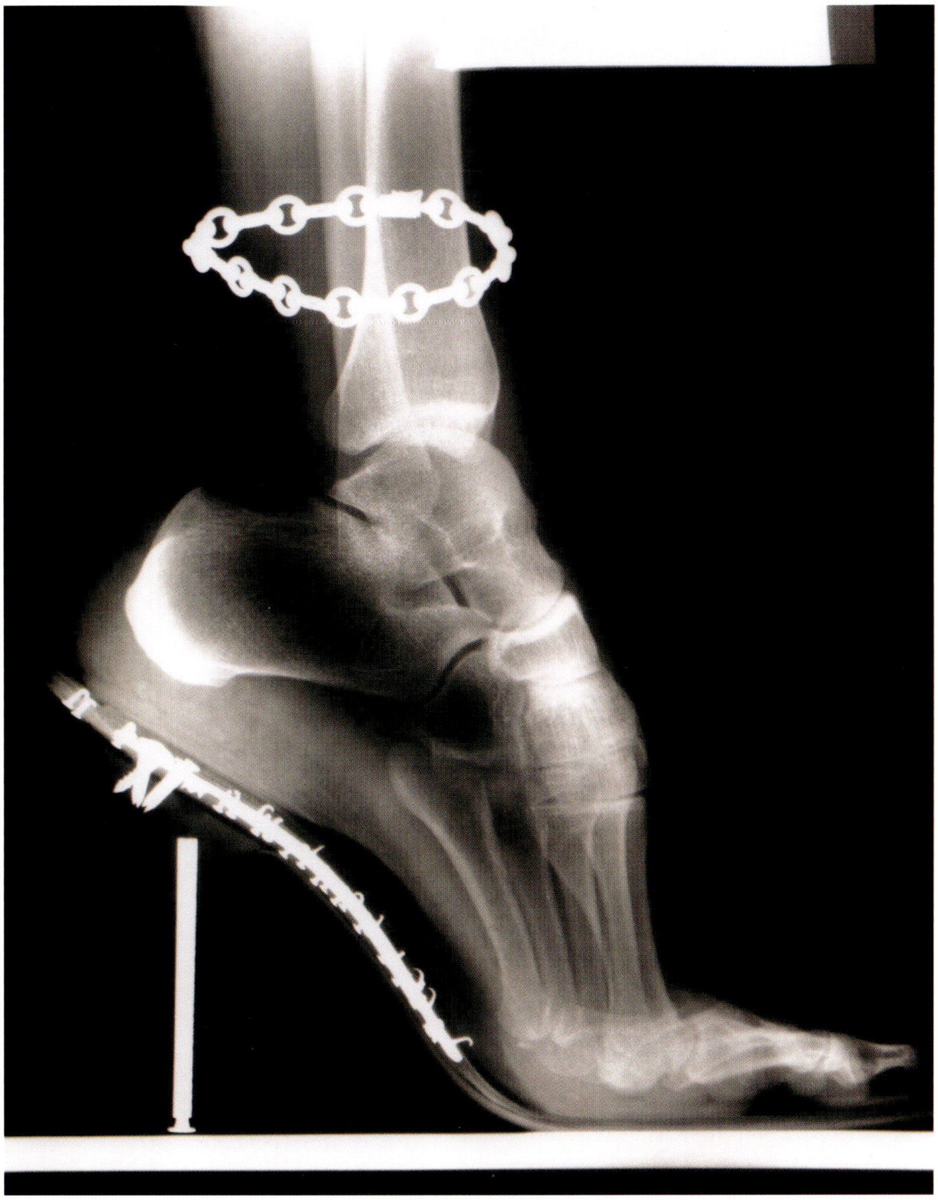

Emulsión fotográfica líquida

La emulsión fotográfica en forma líquida ofrece al fotógrafo la libertad de producir imágenes en blanco y negro sobre casi cualquier material. Pueden hacerse copias sobre vidrio, metal, madera, lienzo, ropa, yeso y objetos tridimensionales como piedras y tejas.

Muchas superficies se pueden sensibilizar a la luz con emulsión líquida. Sobre estas líneas se puede ver una imagen perteneciente a una serie sobre artistas circenses, de Charlotte Baker-Wilbraham, que crea copias sobre láminas de aluminio de gran tamaño.

«Me gusta la fuerte reacción contra la imagen digital, ahora que muchos fotógrafos buscan y redescubren procesos como goma bicromada y copias a la albúmina.»
Eric Daley, fotógrafo.

Helmut Newton, *Tacón alto y brazalete de Cartier en rayos X*, París, 1994

Newton tuvo la gran idea de usar rayos X para hacer una fotografía de moda (*izquierda*).

ISO digital y color

Las cámaras digitales registran el color de forma distinta a cada ajuste ISO. Los valores ISO bajos proporcionan imágenes de mejor calidad y un color más puro e intenso. Las fotografías captadas a valores ISO elevados muestran colores planos y ruido digital.

Algunas fotografías no funcionan en blanco y negro

Los fotógrafos pueden controlar el color a través del tipo de película. En este caso, a fin de fotografiar el recorrido a través de la escultura *Colourscape*, creada por los artistas Peter Jones y Lynne Dickens, se seleccionó una película de baja sensibilidad por su viveza cromática.

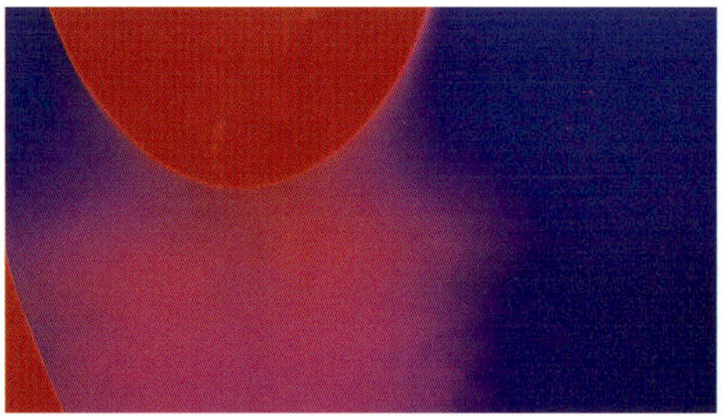

Fotografía en color

Algunas fotografías simplemente no funcionan sin color. Las imágenes de Martin Parr y David LaChapelle presentan colores más brillantes e intensos que los de la vida real. La viveza del color es fundamental para el impacto del trabajo de estos fotógrafos. Wolfgang Tillmans y Juergen Teller usan una paleta completamente distinta, con colores apagados y planos, para transmitir la cotidianidad de un planteamiento instantáneo.

El color es una de las herramientas del fotógrafo. Puede controlarlo eligiendo una u otra película, mediante la iluminación y la manipulación digital. No hay sólo un modo correcto de fotografiar en color; cada uno elige su modo favorito.

Película de color

Los pintores saben desde hace siglos que es posible crear casi cualquier color mezclando unos pocos –rojo, verde y azul–. Las películas de color usan tres capas de emulsión, cada una de ellas sensibles al rojo, al verde y al azul. En el revelado, las diferentes combinaciones de estas tres capas recrean todos los colores que vemos a través de la cámara. (*Véase* «Fotografía analógica; color», pág. 16.)

No hay dos películas de color que funcionen del mismo modo. Cada fabricante usa diferentes colorantes que proporcionan a la emulsión sus propias características. Algunas películas tienen colores suaves, otras colores más brillantes; algunas son «más cálidas» o «más frías» u ofrecen mayor contraste.

Pruebe películas de diferentes fabricantes para descubrir las cualidades de cada una.

Los orígenes de las películas de color

En la década de 1840, los estudios de retrato empezaron a ofrecen daguerrotipos coloreados a mano; el color se añadía con un pincel directamente sobre la superficie de espejo. En 1861, el físico James Clark Maxwell fotografió una cinta de tela a través de filtros rojo, verde y azul, y luego superpuso las transparencias para crear una imagen en color. Este uso de los colores rojo, verde y azul constituye la base de toda la fotografía en color. Casi cincuenta años después se lanzó el primer método práctico para hacer fotografías en color. Inventado por los hermanos franceses Auguste y Louis Lumière, el proceso Autochrome dominó el trabajo en color durante el primer cuarto del siglo XX.

El sistema Autochrome utilizaba placas de vidrio sensibilizadas revestidas con millones de granos de almidón de patata de color naranja, verde y violeta. Con ellas se crearon grandes transparencias de vidrio que podían proyectarse como diapositivas o mirarse a contraluz o en negatoscopios. La red de granos de almidón empleados en este sistema hace que la imagen siempre se vea granulosa, como las pinturas puntillistas. Algunos de los fotógrafos que lo usaron fueron Jacques-Henri Lartigue y Leon Gimpel.

Paralelamente se desarrollaron muchos procesos alternativos de color basados en principios similares, incluido el sistema Vivex, que Madame Yevonde utilizó con brillantes resultados a principios de la década de 1930. Colocaba a sus acomodados clientes –la mayoría, duquesas– en fingidas poses clásicas, y aprovechaba los ricos y suntuosos colores Vivex para acentuar su belleza. (*Véase* «El retrato de estudio», pág. 34.)

La intensa saturación del sistema Vivex era similar a la de Technicolor, también desarrollada en la década de 1930. *Véase* las películas *Lo que el viento se llevó* (1939) y *Blancanieves y los siete enanitos* (1937).

La diapositiva de color Kodachrome apareció en 1936 y se convirtió en la opción preferida de muchos fotógrafos profesionales por su color saturado y sus colorantes de larga duración. La película de negativo color se introdujo a finales de la década de 1940 junto con otras películas para diapositiva.

ISO y el equilibrio de color de la película

Las películas de diapositiva y negativo de color se clasifican por su sensibilidad a la luz, exactamente igual que las películas de blanco y negro. Las que son relativamente insensibles a la luz tienen números más bajos y se llaman «películas lentas». Las que son muy sensibles a la luz se describen como «rápidas» y tienen números altos. Las películas de color más lentas resultan más nítidas y ofrecen colores más intensos. Sin embargo, películas con una misma sensibilidad de fabricantes distintos pueden presentar características muy diferentes.

La mayoría de las películas de negativo y diapositiva de color están equilibradas para «luz diurna»; o sea, están concebidas para usarse en exteriores con luz natural, en interiores con flash o con una mezcla de luz natural y flash.

Más exactamente, se han fabricado para proporcionar precisión cromática bajo la «temperatura» de color conocida como luz diurna. El color de una fuente de iluminación se puede medir con precisión con un termocolorímetro, que calcula su temperatura de color expresada sobre una escala. La lectura se visualiza en grados Kelvin o K. Por ejemplo, la lectura que ofrece un termocolorímetro de la luz de una vela es muy distinta de la de un tubo fluorescente, pues la vela genera una luz cálida y amarillenta, mientras que el tubo fluorescente produce una luz fría, azul-verdosa. El color de la «luz diurna» está fijado a una temperatura de color de 5.500 K. Una fuente de iluminación que iguale con precisión este valor proporcionará un rendimiento cromático preciso con películas equilibradas para luz diurna. El sol de mediodía tiene 5.500 K, aunque a otras horas del día la luz resulta ligeramente más cálida o más fría.

Todas las mesas de luz profesionales están equilibradas para luz diurna, igual que el flash de estudio y el flash de cámara. Una ventaja de hacer fotografías en color con cámaras digitales es que la mayoría de ellas ofrecen controles para corregir el equilibrio de color. También es posible modificar los ajustes entre fotogramas si cambian las condiciones de iluminación.

Película para diapositivas en color

La película para diapositivas también se conoce como «película positiva».

Esta película produce imágenes directas en positivo. No hace muchos años, la mayor parte de la fotografía profesional se captaba con película para diapositivas. Si se hacían fotografías para publicar en revistas, libros o folletos, la única opción consistía en usar diapositivas, pues la tecnología para la reproducción en color estaba concebida para este tipo de película. En la actualidad, la fotografía digital ha cambiado por completo esta práctica. La película para diapositivas en color se procesa con químicos E6. Las diapositivas de baja sensibilidad ofrecen bellos colores y un grano muy fino. Proporcionan imágenes casi permanentes que si se almacenan correctamente no pierden intensidad de color.

Esta película también presenta desventajas. Por ejemplo, no perdona ningún error. Un mínimo grado de sobreexposición o subexposición se ve con claridad. Cualquier variación en el equilibrio de color también se aprecia inmediatamente. A menos que se use con luz intensa, la película de diapositivas puede carecer de contraste. Las emulsiones de alta sensibilidad proporcionan imágenes con mucho grano y poco contraste. De todas formas, es posible que le guste el efecto.

Como cada diapositiva es una imagen única, si se la entrega a un cliente existe el riesgo de perderla para siempre, mientras que si usa una cámara digital, puede retener una copia perfecta de sus imágenes, y con una película negativa puede hacer tantas copias como desee y conservar el original.

Película de negativo color

La película de negativo color produce imágenes con colores opuestos a los de la escena fotografiada. Los negativos color se copian sobre papel negativo para crear un positivo. La película de negativo color se procesa usando químicos C41.

Esta película tiene una gran latitud. Las imágenes sobreexpuestas o subexpuestas se pueden copiar con resultados aceptables, aunque las mejores copias se obtienen a partir de negativos correctamente expuestos. El negativo de color proporciona imágenes de gran calidad incluso con emulsiones de alta sensibilidad.

Es discutible si una copia a partir de un negativo color puede igualar la intensidad, el detalle y el color de una diapositiva bien expuesta. Las copias en color pueden carecer de la permanencia de las diapositivas.

Clips

Hacer un «clip» asegura una exposición correcta cuando se procesa una película negativa o positiva en un laboratorio. A oscuras, con unas tijeras se cortan uno o más fotogramas de un rollo expuesto de película. Este «clip» se procesa y se entrega al fotógrafo para que juzgue su exposición. Si el «equilibrio» de la película es insatisfactorio se puede aumentar o reducir el tiempo de revelado.

Mediante el procesado es posible aclarar u oscurecer la imagen. Esto suele hacerse en unidades de tiempo que incrementan o reducen la exposición de la película en una cantidad equivalente a 0,5 puntos de diafragma. Por ejemplo, si considera que la imagen está sobreexpuesta medio punto, indicará al laboratorio que subexpongan el revelado en medio punto.

Si la imagen está demasiado oscura es posible compensar en + 0,5, +1, +1,5 o +2 puntos para incrementar la exposición. Lo máximo que se recomienda ajustar el revelado es 1,5 o 2 puntos.

Forzado

Forzar significa exponer deliberadamente una película a un valor ISO más alto que su sensibilidad nominal –por ejemplo, exponer una película de ISO 400 a IE 1600–. Una vez expuesta la película, es necesario extender el tiempo de procesado, ya que las imágenes se habrán subexpuesto. Como efecto del forzado se incrementa el grano y el contraste. Normalmente se fuerza una película para poder sujetar a pulso la cámara con poca luz, o simplemente por el efecto que ejerce sobre las imágenes. Se dice que una película de 400 ISO expuesta a IE 800 está forzada en un punto; si se expone a IE 1600 se dice que está forzada dos puntos; y se expone a IE 3200, tres puntos.

Es posible forzar películas en color y en blanco y negro. También se puede subforzar, o sea, disminuir el valor ISO en la cámara y procesar reduciendo el tiempo de revelado.

Película de tungsteno e infrarroja

La película de tungsteno está equilibrada para luz de tungsteno en lugar de para luz diurna. Esta película reproduce con precisión el color de escenas iluminadas con bombillas de tungsteno.

Cuando la película se usa con luz diurna crea una dominante azul en las imágenes, pues la luz diurna tiene una temperatura de color más alta (más azul) que las bombillas de tungsteno. El color de la luz se estudia más detenidamente en el siguiente capítulo.

La película infrarroja en color es sensible a la luz y a la radiación infrarroja, que no podemos ver. Tiene un color intenso y sorprendente.

Revelado cruzado

Hacer un «revelado cruzado» consiste en procesar una película para diapositivas con químicos diseñados para negativo color. Esto se puede hacer con cualquier película para diapositivas. Inicialmente, muchos laboratorios se negaban a realizar este revelado cruzado, pues pensaban que podría estropear las soluciones químicas C41. La película para diapositivas se convierte en negativos densos y de alto contraste.

Ejemplo de revelado cruzado: esta fotografía de colores intensos se captó con película para diapositivas. Luego se procesó como negativo, a partir del cual se hizo una copia en papel.

«El revelado cruzado proporciona resultados atractivos e impredecibles. Algunas veces una imagen se vuelve totalmente roja o totalmente verde. Añade otra capa de casualidad a la fotografía.»
Fabian Monheim, fotógrafo.

Película profesional

Los fabricantes declaran que el valor ISO y el equilibrio de color en las películas etiquetadas como «profesional» son más consistentes y precisos que en las fabricadas para el mercado de los aficionados, de ahí su precio más elevado. Algunas películas baratas producen fantásticos colores en ciertas situaciones; otras presentan una calidad muy baja.

Números de lote

Las películas y el resto de los materiales fotográficos aparecen identificados en su envoltorio con un número de lote. Como durante el proceso de fabricación pueden darse variaciones de sensibilidad, los fotógrafos deben asegurar resultados consistentes usando materiales del mismo lote.

«Con un ordenador nunca se consiguen casualidades creativas –sólo desastres–. En el laboratorio a menudo suceden cosas interesantes por error, de las cuales se puede sacar provecho. Esto nunca sucede en la pantalla del ordenador.»
Kjell Ekhorn, fotógrafo.

Cuando se positiva sobre papel produce copias con colores intensos y llamativos. Cada tipo de película da diferentes resultados. También se puede procesar una película de negativo color con soluciones químicas E6, pensadas para procesar diapositivas.

Conocer el laboratorio

La mayoría de los laboratorios usan máquinas de procesado digitales, incluso para hacer copias a partir de negativos o diapositivas. Las imágenes se convierten en datos digitales, lo que permite usar una amplia gama de medidas de corrección a fin de mejorar el contraste y la nitidez, además de para minimizar problemas de exposición, contraluz y flash. Las películas con polvo y rayas en la superficie pueden detectarse y corregirse automáticamente. Como con todas las máquinas, la habilidad y la experiencia del operador son los factores más importantes para obtener resultados óptimos. Conozca su laboratorio; indague sobre los procesos que ofrece y sobre su funcionamiento, y haga unas cuantas pruebas.

Positivado en color

Las copias en color a partir de negativos se conocen como copias C41. Como el copiado en blanco y negro, el de negativo color no es difícil de aprender. Además, el laboratorio de color ofrece fantásticas posibilidades creativas, pues el negativo es sólo el punto de partida. En el positivado se pueden conseguir muchos efectos, incluida la mejora del color y del contraste, la supresión de dominantes de color o el aumento de la saturación del color. Otras posibilidades son la creación de copias por transferencia y de fotogramas en color.

Color e imágenes digitales

La relación entre imágenes digitales, ordenadores e impresoras proporciona a los fotógrafos fantásticas posibilidades creativas. Las imágenes se pueden modificar y manipular en el ordenador para incrementar o reducir el color, el contraste y el brillo. También se pueden imprimir en muchas superficies. Algunas impresoras ofrecen una gama cromática más amplia que otras, además de una gradación tonal más suave y mayor nitidez. Otras usan pigmentos sólidos en lugar de tintas, lo que permite un mayor grado de permanencia.

Daniel Alexander, *Cabezas gritando*, 2004

Las imágenes de Alexander se han conseguido gracias al del uso creativo de los laboratorios de color y de blanco y negro (*derecha*).

«Me siento fascinado por los periódicos, sobre todo por los tabloides. Son una mezcla extraña de sexo y sucesos realmente terribles. Encontré esta fotografía de una mujer que gritaban a una furgoneta de policía en cuyo interior había un acusado de asesinato. Tuve la idea de usar la cabeza por duplicado, de forma que pareciese que se estaba gritando a sí misma. Quería que la cabeza de la derecha pareciese un escáner del cerebro –si se pudiera mirar dentro de la cabeza de la mujer esto es lo que se vería– lleno de toda esta información. Pretendía expresar la idea de que la forma en que los tabloides reúnen toda esta información dentro de nuestras cabezas nos molesta lo suficiente como para que gritemos, lo que a su vez alimenta otra historia en el mismo diario.

»Tomé la imagen y el texto sobre el caso y los amplié para hacer un collage sobre acetato, que luego usé para hacer fotogramas en color y blanco y negro en el laboratorio.»

Fotografía y luz

La fotografía necesita luz. Es posible usar diferentes fuentes de iluminación para hacer fotografías. Cada una de ellas puede controlarse de diferentes modos para crear efectos radicalmente distintos.

Los fotógrafos eligen una fuente de iluminación por sus cualidades y características, y todos la utilizan de un modo distinto. Algunos prefieren trabajar con luz diurna; a otros les gusta el flash directo, mientras que unos cuantos usan varias fuentes de iluminación en cada trabajo. Cambian su posición para sacar el máximo partido a la luz del sol o recolocan sus luces hasta obtener el efecto que desean.

El cine, como la fotografía, necesita luz. Una de las razones por las que Hollywood se convirtió en el centro de la producción de cine es porque su clima garantiza muchas horas de sol al día.

Luz del sol y luz disponible

Algunos fotógrafos prefieren trabajar exclusivamente con la luz que hay en el momento de hacer la fotografía. Aprovechan la luz del sol, las farolas o la del interior de los edificios. Este tipo de luz se llama «luz disponible».

Algunos grandes fotógrafos que sólo trabajan con luz disponible son Henri Cartier-Bresson y Tony Ray-Jones. La luz disponible también se conoce como luz «ambiente».

Usar la luz disponible comporta un modo discreto de trabajar: el fotógrafo se puede mezclar en una escena y tomar imágenes en el momento adecuado. Se puede viajar sin mucho peso, prescindir de trípodes y soportes, y trabajar rápido y con libertad. Además, las fotografías tomadas con luz disponible suelen presentar una atmósfera más natural que las iluminadas con flash o bombillas de tungsteno.

El ángulo y el color de la luz del sol cambia mucho a lo largo del día, ya que el sol se desplaza por el cielo, con lo que ofrece muchas opciones fotográficas.

La desventaja de aprovechar la luz disponible es que ésta puede ser excesivamente intensa, escasa o muy contrastada. La luz del sol muy intensa y directa puede resultar desfavorecedora, aunque hacer fotografías a la sombra en días muy brillantes puede proporcionar muy buenos resultados, igual que situar al sujeto contra la fuente de iluminación.

La luz de interior puede ser muy poco intensa y forzar al fotógrafo a colocar al sujeto allí donde haya más luz –por ejemplo, al lado de una ventana– o a trabajar con objetivos rápidos y películas de alta sensibilidad (o ajustes ISO elevados en cámaras digitales). En estos casos, es posible que las imágenes presenten un color apagado, mucho grano o ruido y muy poca profundidad de campo, aunque el resultado puede ser visualmente atractivo.

Hay muchas formas de iluminar una fotografía

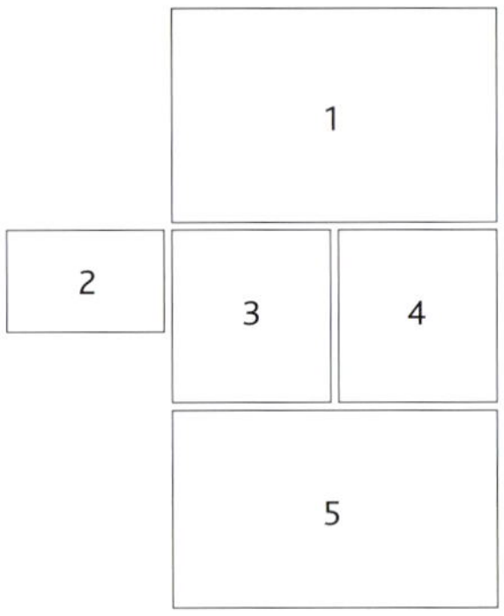

1. Luz de flash con luz diurna. Una «caja de luz» conectada a un generador para flash.
2. Focos de tungsteno y reflector.
3. Foco de tungsteno sujetado por un ayudante.
4. Flash anular en el exterior.
5. Bodegón de estudio iluminado con una mesa de luz.

Luz artificial

Si un fotógrafo lleva luces consigo para hacer fotografías o usa focos en un estudio, se dice que emplea «luz artificial»; es decir, la fuente de iluminación está fabricada por el hombre, en oposición a la luz natural del sol. La luz artificial libera a la fotografía de los caprichos del sol.

Cuando no hay luz diurna algunos fotógrafos emplean luz artificial para igualar su aspecto. (*Véase* «Retratos con fondo plano», pág. 32.)

La elevada intensidad de las fuentes de iluminación artificiales –como el flash y los focos de tungsteno– permite al fotógrafo usar películas de grano más fino (o ajustes ISO bajos en cámaras digitales) y aberturas pequeñas.

Flash

En la década de 1860, se empezaron a usar cintas de magnesio como fuente de iluminación fotográfica. Su intensa luz blanca iba muy bien para hacer fotografías en minas, cuevas y tumbas egipcias. La «luz de flash» en polvo se fabricó en la década de 1880 comprimiendo magnesio. Cuando el fotógrafo estaba listo para tomar una fotografía prendía el polvo con chispas de un pedernal, lo que producía un fogonazo de luz. El fotógrafo danés Jacob Riis utilizó este método para fotografiar el territorio de las bandas de Nueva York en 1890. (*Véase* «Abrir los ojos del mundo», pág. 79.)

El flash de polvo era difícil de usar. La facilidad con que explotaba hacía que su uso fuera muy peligroso. Además, a los fotógrafos les costaba regular el fogonazo de luz, por lo que no era fácil obtener exposiciones correctas. Estos problemas se solventaron con la invención de la bombilla de flash de un solo uso en la década de 1920: una bombilla de vidrio llena de oxígeno y con una tira muy fina de magnesio o aluminio emitía un destello controlado de luz cuando se encendía electrónicamente.

Dr Flash: más rápido que un abrir y cerrar de ojos

El moderno flash fue inventado por el Dr. Harold Edgerton. En 1929, Edgerton necesitaba estudiar los rotores de un motor eléctrico mientras giraban, y razonó que podía conseguirlo sincronizando destellos de luz con la velocidad de rotación del motor. Como se dio cuenta de que las bombillas de un solo uso eran inútiles, diseñó un flash electrónico de alta velocidad, un tubo lleno de gas que podía emitir repetidamente un destello breve e intenso de luz cuando se sometía a un impulso eléctrico.

Los tubos de flash de Edgerton, que podían dispararse rápidamente una y otra vez, proporcionaron un excelente instrumento a los fotógrafos y a los científicos. A medida que fue refinando sus experimentos, Edgerton descubrió que podía crear destellos de luz de tan sólo 1/100.000 de segundo y controlar secuencias muy rápidas de flashes –conocidas como luz «estroboscópica»–, lo que le permitió ver los rotores.

Edgerton fue capaz de congelar el tiempo en sus fotografías captadas con flash. Detuvo el movimiento de balas, gotas de líquido y, en el filme *Wester Fesler Kicks a Football*, mostró la increíble distorsión de una pelota en el momento del impacto de la bota. Con secuencias de flash, Edgerton fue capaz de fotografiar el swing de un golfista y el movimiento de un servicio de tenis. Su trabajo con luz de flash le valió el apodo de «Dr. Flash» y le hizo ganar un Oscar por su película *Quicker than a Wink*, filmada con flashes estroboscópicos. (*Véanse* «¿Qué convierte a alguien en un gran fotógrafo?», pág. 130, y «La cámara: la máquina del tiempo», pág. 144.)

Los flashes de cámara encajan en la zapata, una montura que proporciona una conexión eléctrica para activar el flash cuando se pulsa el disparador.

La mayoría de las cámaras modernas tienen flash incorporado.

Las unidades de flash más grandes, que se conectan a la red eléctrica o a baterías recargables, se sincronizan con un cable específico entre la cámara y el flash.

La luz directa del flash se puede suavizar usando un difusor específico o una hoja de papel vegetal.

Medición de la luz del flash

La luz del flash es un destello rápido, demasiado breve para ser registrado por los fotómetros diseñados para medir luz ambiente. Para medir la luz del flash es necesario utilizar un fotómetro de flash.

Muchas cámaras incorporan un fotómetro TTL, que tiene en cuenta la luz del flash y ajusta la potencia del destello para adecuarla a los ajustes de la cámara.

Los fotómetros de mano miden el brillo de la luz del flash que incide sobre el sujeto.

Después de ajustar el mismo valor ISO en el flash y en la cámara, coloque el sensor del fotómetro cerca del sujeto y dispare el flash par obtener una lectura del diafragma apropiado.

Luz de flash

La luz de flash puede usarse como fuente de iluminación dura o para recrear la luz natural suave allí donde no existe. También se puede utilizar con mucha creatividad. Si se coloca el flash en un soporte que se pueda alejar de la cámara el número de posibilidades aumenta.

Existen muchos medios de intensificar, suavizar o difuminar la luz del flash, incluido el uso de conos, paraguas y cajas de luz.

Flash directo: luz en bruto

A algunos fotógrafos les gusta la luz emitida por el flash de la cámara dirigido directamente al sujeto. Proporciona un efecto plano y bidimensional que revela todos los detalles del sujeto con un destello de luz despiadado. En las fotografías captadas con flash directo el primer plano queda más claro que el fondo, ya que la luz pierde potencia con rapidez. Si el sujeto está cerca de una pared se crea un sombra dura y negra. Algunos fotógrafos que han aprovechado el flash para producir estos efectos son Diane Arbus y Roger Ballen.

Garry Winogrand también usaba la luz directa y dura del flash para provocar un impacto. En sus imágenes, la luz del flash se refleja en ventanas, superficies brillantes e incluso en las gafas de los modelos. William Klein describe su técnica de flash en su libro *Close Up:* «Voy de mesa en mesa ordenando, "¡No os mováis". Luego, "Perfecto", y se libera el flash. En esos días la palabra fotográfica era "Luz disponible", y el flash, las sombras de Weegee, estaban reservadas a la Associated Press y las bodas. Pero su luz directa y dura podía generar un documento inimitable».

El flash montado sobre la cámara se puede hacer «rebotar» en el techo o en una pared para proporcionar un efecto mucho más suave y uniforme que el de la luz directa del flash. Muchos flashes de cámara poseen cabezales basculantes que facilitan esta técnica.

Flash para detener la acción

Como el flash emite un destello rápido de luz, detiene el movimiento. Esto puede ser muy útil y efectivo en la fotografía de prensa, el fotoperiodismo y el deporte. Las imágenes de Harold Edgerton han inspirado a muchos fotógrafos, entre ellos al albanés Gjon Mili. Éste utilizaba el flash para congelar el movimiento de los bailarines mientras estaban suspendidos en el aire, por ejemplo, en el increíble espectáculo *Willa Mae Ricker and Leon James Demonstrating the Lindy*. Sus imágenes influyeron en fotógrafos posteriores como Lois Greenfield. (*Véase* «El cuerpo en movimiento: la danza», pág. 64.)

Una serie de flashes puede revelar el ritmo de un movimiento y mostrar sucesos secuenciales. Mili creó imágenes usando secuencias de flashes, y fotografió con seis destellos a Gene Kelly mientras bailaba sobre un escenario. Ralph Morse fotografió una carrera de velocidad de 55 m en el Madison Square Garden de Nueva York en un solo fotograma de película, para lo que empleó una secuencia de tres flashes durante los 6,2 s que duró la competición. Situado de forma que la pista quedara orientada hacia la base de su cámara, colocó flashes cerca de la salida, a medio recorrido y en la línea de meta. Los destellos de luz congelaron la acción en cada punto, y revelan quién era líder en la carrera en cada punto.

Aunque los resultados pueden parecer similares, usar secuencias de flashes y exposiciones múltiples son métodos diferentes de hacer fotografías. Las secuencias (destellos múltiples) se hacen en una habitación oscura, al activar el obturador y dejarlo abierto. Las exposiciones múltiples se hacen tomando una fotografía, armando el obturador para hacer una segunda fotografía sobre la anterior, y repitiendo el proceso una y otra vez. Como mejor funcionan ambos métodos es con un fondo oscuro.

Mezcla de flash y luz natural

El flash se puede usar con gran sutileza cuando se mezcla con la luz disponible. El equilibrio entre el flash y la luz natural puede variarse enormemente en función de las preferencias del fotógrafo. El flash proporciona una fuente de iluminación adicional que puede usarse en exteriores para aclarar las sombras y reducir el contraste. Esta técnica se conoce con el nombre de «flash de relleno». También puede emplearse de forma más creativa.

Bruce Gilden utilizaba el flash en días soleados para fotografiar a los neoyorquinos que iban a trabajar en la hora punta. El flash añade intensidad a las imágenes, una explosión de luz que congela el movimiento de la gente.

Si se usa con luz diurna intensifica la atmósfera de una fotografía. Muchos fotógrafos lo aprovechan para separar el sujeto del fondo. Rineke Dijkstra utilizó este método en su serie de fotografías de chicas adolescentes en la playa. (*Véase* «Retratos con fondo plano», pág. 32.) Annie Leibovitz también trabaja de esta forma.

El uso de flash con luz diurna se puede exagerar y darle teatralidad colocando los sujetos contra cielos intensos y aplicando el flash como luz principal. El fondo se puede oscurecer todavía más incrementando la velocidad de obturación. Cuando esta técnica se lleva a un extremo, el fondo queda sin exponer, con el sujeto iluminado por el flash.

Flash y exposiciones largas

El dial de tiempos de obturación indica la velocidad máxima de sincronización de la cámara con el flash –generalmente $1/125$ o $1/250$–. No hay un límite por debajo en la velocidad de sincronización. Es posible ajustar el flash y dejar abierto el obturador durante $1/4$, $1/2$, 1 segundo o incluso mucho más tiempo. Esta técnica se puede usar para mezclar flash y luz ambiente escasa. Por ejemplo, para fotografiar a una persona de pie frente a la línia del horizonte de una ciudad por la noche: el modelo se ilumina con el flash y el obturador se deja abierto durante varios segundos de modo que registre las luces del fondo. A fin de evitar una imagen movida, la cámara tiene que estar montada sobre un trípode y el sujeto ha de permanecer quieto durante la exposición.

Flash y movimiento

Las exposiciones largas mezcladas con flash pueden crear «nitidez y movimiento»: la mayor parte del sujeto queda congelada por el flash, pero su movimiento, o el del fotógrafo, continúa registrándose mientras el obturador está abierto. La técnica de flash y movimiento fue utilizada por William Klein para fotografiar el caos entre bastidores durante los desfiles de moda de París.

«Flash y movimiento» también se conoce como «flash lento».

Mezcla de flash con otras fuentes de luz

Gjon Mili creó una ingeniosa fotografía de Picasso en la oscuridad de su taller de cerámica en Vallauris. Tras situar al pintor rodeado por su obra, le iluminó desde un lado con un destello de flash, que duró una fracción de segundo. Luego dejó el obturador de la cámara abierto durante varios segundos mientras Picasso dibujaba un enorme centauro en el aire con un lápiz de luz.

Mili mezcló las dos fuentes de iluminación con delicadeza –el flash y el lápiz de luz–. Su cámara, sobre un trípode, registró con precisión la finura del dibujo.

Gjon Mili, *Picasso en el taller de cerámica Madoura, Vallauris Francia*, 1949

Inspirado por el trabajo de Harold Edgerton, Mili experimentó con luz. En esta imagen mezcla dos fuentes de iluminación –flash y un lápiz de luz– durante una exposición, mientras Picasso dibuja un centauro en el aire.

Flash anular

Se trata de un flash circular que se coloca alrededor del objetivo. El tubo de flash proporciona una luz suave y frontal, y proyecta una sombra uniforme alrededor del sujeto. Este tipo de flash lo utilizaron creativamente Helmut Newton y Nick Knight en fotografía de moda, y Martin Parr en fotografía documental.

El efecto de «ojos rojos» puede producirse con el flash anular y otros flashes montados cerca del objetivo. Este fenómeno se debe al reflejo de la luz en la retina. El fotógrafo Paul Graham lo utilizó creativamente en una serie de imágenes macro de jóvenes discotequeros –sus retinas rojas y brillantes les daban un aspecto depredador.

Ventajas e inconvenientes de la luz de flash

El flash puede ser un medio creativo importante en la creación fotográfica. Los flashes de cámara son ligeros y fáciles de transportar. En situaciones en que se tenga que trabajar con rapidez, el flash constituye una excelente herramienta para aumentar el nivel de iluminación. El potente destello de luz permite ajustar valores ISO bajos en cámaras digitales y usar películas de baja sensibilidad, además de diafragmas cerrados para ganar profundidad de campo. La luz de flash proporciona un color natural, pues está «equilibrada para luz diurna».

Sin embargo, el flash también puede arruinar completamente la atmósfera de una fotografía. A menos que use una cámara digital, no podrá estar seguro de los resultados hasta que la película esté procesada, pues el efecto de la luz de flash no se aprecia por el visor de la cámara.

Luz de tungsteno

Las bombillas de tungsteno emiten luz intensa y constante. Se llaman «de tungsteno» porque la luz se produce cuando se calienta el filamento de tungsteno que llevan en su interior. Generalmente están dentro de bulbos de vidrio como el de las bombillas domésticas pero sobredimensionados, o bulbos muy pequeños en los que se puede ver el filamento en espiral cuando el foco está apagado.

Las luces de tungsteno tienen una temperatura de color de 3.200 Kelvin. A simple vista se aprecia un tono cálido o amarillento, y se consiguen colores naturales usando película equilibrada para luz de tungsteno. Se puede utilizar luz de tungsteno directa, reflejada, enfocada, difusa o rebotada, exactamente igual que la luz de flash.

Luz de tungsteno con película para luz diurna

Si se usa luz de tungsteno con una película equilibrada para luz diurna las imágenes quedan muy anaranjadas. Esta dominante se puede «corregir» usando un «filtro de corrección azul» sobre el objetivo, o bien sobre el foco para «enfriar» la temperatura de color y acercarla a 5.500 Kelvin.

Usar una película con una luz para la que no está corregida puede producir imágenes interesantes. Aprenda a conocer las películas y las fuentes de iluminación que utiliza.

Ventajas e inconvenientes de la luz de tungsteno

La luz de tungsteno se mezcla fácilmente con la luz diurna, sobre todo si se filtra para igualar su color. La imagen que se ve a través del visor de la cámara se aproxima a la que se registra. Los focos de tungsteno sencillos son baratos y portátiles, y la luz se puede modificar y ajustar mediante conos y viseras, con lo que se crean esquemas de iluminación rebotada, reflejada y difusa.

Sin embargo, las bombillas de tungsteno se calientan mucho y pueden aumentar en exceso la temperatura del local. Las luces pueden quemar la piel si se tocan con los dedos. Tienen una vida limitada, mucho más breve que la del flash.

Los focos de mayor tamaño están diseñados para estudios con un suministro de electricidad de gran potencia. Si se enchufan a una toma doméstica pueden sobrecargar el circuito o fundir los fusibles.

Iluminación de estudio

La iluminación de estudio ofrece al fotógrafo la máxima creatividad y un control total sobre el resultado. La desventaja de usar luces de estudio es que pueden «sobrecargar de luz» la fotografía y arruinar la atmósfera.

Kim von Coels y Ken Cheng, *Cara*, 2004

Éste fue el resultado de una colaboración entre el fotógrafo Von Coels y el ilustrador Cheng. «Hicimos una serie de experimentos con linternas y exposiciones largas», explica Von Coels. «Ken llevaba ropa oscura y pintó en el aire con una pequeña linterna cubierta con un acetato rojo. Mantuve el obturador abierto durante diez segundos hasta que se completó el dibujo. La fotografía se hizo con una Hasselblad de formato medio sobre trípode en un estudio a oscuras.»

Trucos con luz

A Bill Brandt le encanta fotografiar con luz de luna; sus fotografías de Londres iluminado por la luna se hicieron con exposiciones de hasta media hora de duración. Brandt también publicó algunas fotografías en la obra *The Magic Lantern of a Car's Headlights* (La linterna mágica de las luces de un coche): imágenes fantasmales de un cementerio iluminado únicamente por los faros de su coche. Kim von Coels y Paolo Roversi han usado creativamente luz de linterna. (*Véase* «Lujuria, amaneramiento y color», pág. 70.) Weegee se sirvió de flash infrarrojo para hacer fotografías sin ser visto en un cine y en la playa por la noche. Otras opciones para hacer fotografías son las cajas de luz, luz de velas, luces de neón, luz fluorescente y luz ultravioleta. Recuerde que siempre hay suficiente luz para hacer una fotografía. Sólo hay que dejar abierto el obturador durante el tiempo suficiente.

Radiación electromagnética

El ojo humano sólo puede ver una parte de la radiación electromagnética que nos rodea: un grupo reducido de ondas conocidas como «espectro visible». Algunas películas y cámaras pueden fotografiar más allá del alcance de la vista, y registrar rayos X, infrarrojo y calor.

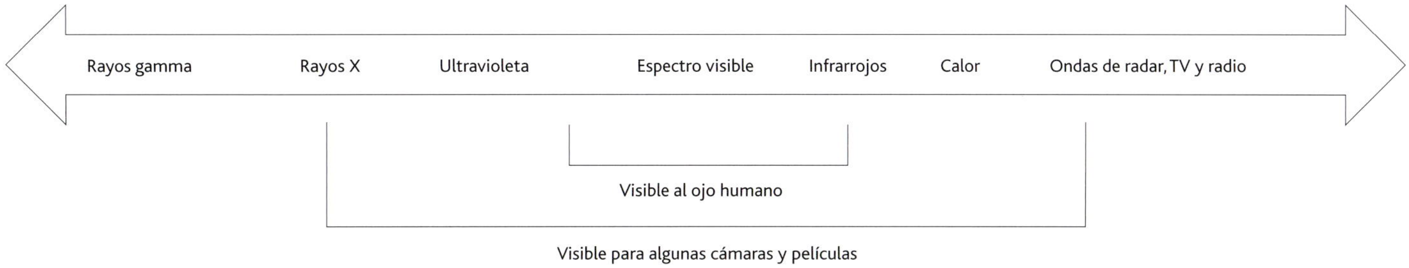

La temperatura de color de la luz

Las películas de color y las cámaras digitales son muy sensibles a los cambios cromáticos de las diferentes fuentes de iluminación. Aunque al ojo humano le parezca que una camiseta blanca es blanca tanto en el exterior como en un interior bajo luz artificial, las fotografías registran el color de la camiseta de forma distinta en cada situación. Esto se debe a que diferentes fuentes de iluminación tienen distintas «temperaturas de color» –luz más cálida o más fría–. La temperatura de color exacta se puede medir con un termocolorímetro, y se expresa en grados Kelvin (K).

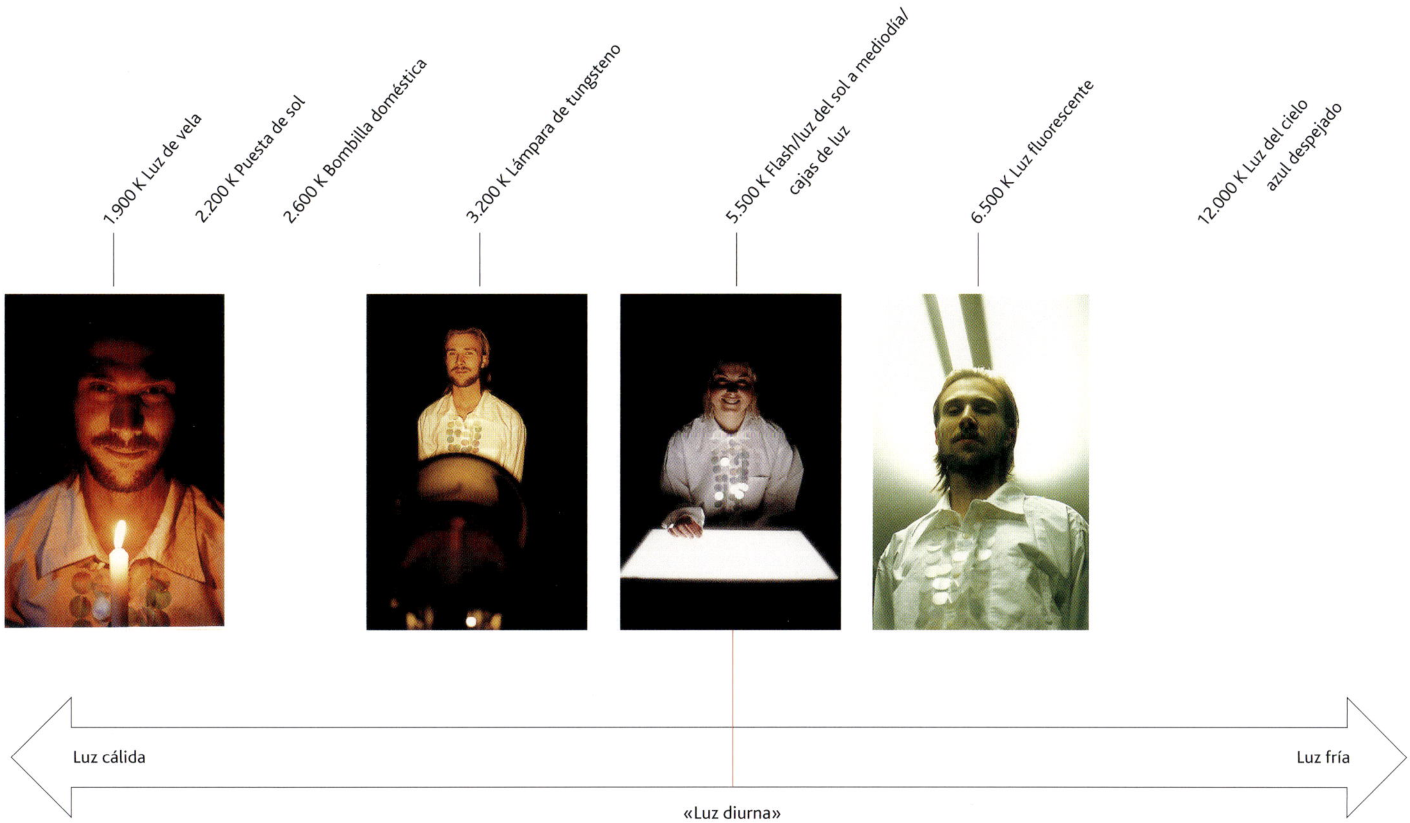

Photoshop

Photoshop es el programa adoptado por muchos fotógrafos como herramienta estándar para manipular, modificar y retocar fotografías. Ofrece casi infinitas posibilidades para alterar las imágenes, y puede usarse para crear composiciones que serían imposibles de conseguir con otros medios. Se trata de una herramienta simple, una vez se ha dominado la increíble cantidad de posibilidades que ofrece.

No es necesario tener una cámara digital para trabajar con Photoshop. Todas las imágenes, incluidas diapositivas, negativos y copias, pueden escanearse y convertirse en formato digital para usarlas en el ordenador.

Es posible modificar el equilibrio de color, el contraste, el brillo y la nitidez, y hacer quemados y reservas en áreas de una imagen sin tener que ir al laboratorio. Las imágenes se pueden combinar sin fisuras o con ellas, lo que depende de las preferencias de cada uno. También es posible convertir instantáneamente una fotografía de color a blanco y negro. Cualquier zona de una fotografía, desde pequeños detalles a partes más amplias, puede modificarse con relativa rapidez. Photoshop también ofrece numerosos filtros que pueden alterar enormemente el carácter de una imagen. Además, si no le gusta alguno de los cambios que ha hecho, puede retroceder al paso previo o empezar de nuevo.

Una vez esté satisfecho con una imagen, la puede imprimir inmediatamente, una semana, un año o diez años después y seguir obteniendo el mismo resultado. La imagen se almacena como una simple serie de números en la memoria del ordenador. Por el contrario, repetir una copia en el laboratorio fotoquímico significa empezar de nuevo cada vez.

Tetsuya Tamano utilizó un ordenador para crear imágenes que reflejaran su punto de vista del mundo actual.

Imagen del proyecto *Deseos monstruosos: Sin verguenza*, de Dominic Dyson, que explora la creación del pánico moral por parte de los medios.

Dyson creó esta imagen usando un ordenador después de basarse en una historia que vio en una página de noticias *online*. «Quería usar una técnica manipuladora y objetiva hasta el punto de la abstracción.»

El sitio web de Dyson es www.dominicdyson.com.

Zoe Sinclair y Andrea Blood, conocidas como The Girls, crearon este impresionante y enorme mural de 1,6 por 5,8 m, llamado *El alma encarnada pasa de la niñez a la muerte*. En él combinaron autorretratos, instantáneas de la niñez y una panorámica creada a partir de fotografías tomadas desde el alba hasta el anochecer.

El estudio fotográfico: Narnia

Un estudio fotográfico es como Narnia, de C. S. Lewis, un lugar mágico donde ocurren cosas extraordinarias e inesperadas. Un estudio ofrece al fotógrafo la posibilidad de ser increíblemente creativo. En él todo es posible y además libera al fotógrafo de los problemas de la luz diurna, que puede estropear una fotografía por ser demasiado intensa, demasiado tenue, incidir con un ángulo erróneo o ser inexistente. En un estudio, el fotógrafo puede colocar la luz allá donde prefiera, o usar múltiples fuentes de iluminación para conseguir la atmósfera deseada. El estudio elimina los problemas de tener que trabajar con los elementos encontrados sobre el terreno; así pues, el fotógrafo puede controlar todos los parámetros que influyen en la imagen.

Los artistas acostumbran a tener estudios con grandes ventanas orientadas de forma que la luz incida con el ángulo idóneo. A algunos fotógrafos también les gusta trabajar con luz diurna. Disfrutan del modo en que ilumina el sujeto. Cuando no hay sol se puede aprovechar la iluminación artificial para imitar la luz diurna.

Un estudio es una habitación vacía. Cuanto más grande, más alta, más larga y más ancha sea, mejor. El tamaño y la altura maximizan las opciones de puntos de vista y amplían la elección de objetivos. Además, ofrecen la oportunidad de construir escenarios y esquemas de iluminación de mayor tamaño.

Las paredes de los estudios suelen ser blancas con suelos grises o negros. Las paredes de colores pueden causar problemas al crear dominantes indeseadas. El estudio se puede cubrir para evitar que la luz exterior estropee las fotografías captadas con exposiciones largas.

El equipo se puede colocar de muchas formas. Se pueden usar varias luces y sincronizarlas con células de simpatía. Pueden hacerse exposiciones múltiples o fotografías con múltiples destellos de flash y mezclar con sutileza diversas fuentes de iluminación. Fotógrafos como David LaChapelle, Nick Knight y William Klein han realizado trabajos de estudio muy creativos usando escenarios fantásticos, accesorios sobredimensionados y perspectivas falsas, al controlar y mezclar la luz. Algunos estudios tienen escenarios curvos. Son fondos blancos curvados que, cuando se iluminan, producen la impresión de un espacio infinito por detrás del sujeto.

El alquiler de un estudio por días o por horas resulta bastante caro. Algunos propietarios cobran no sólo por el uso del espacio, sino también por cada metro de papel de fondo y por cada centímetro de cinta, además de imponer altísimos honorarios. Planee la sesión cuidadosamente para aprovechar al máximo el tiempo de alquiler.

Fotografías sin cámara

Fotogramas y chemogramas

Para crear fotografías no es necesario disponer de una cámara. Hay muchas formas alternativas de hacerlas. Es posible que los fotogramas recibieran su nombre, en la década de 1920, por el profesor de la Bauhaus y fotógrafo László Moholy-Nagy, que experimentó ampliamente con esta técnica. El nombre –contracción de fotografía y telegrama– expresa una sensación de urgencia. Sin embargo, la técnica proviene de finales de la década de 1830.

Los fotogramas se crean a oscuras colocando objetos opacos o tridimensionales directamente sobre una hoja de papel fotográfico u otra superficie sensibilizada. Seguidamente se expone usando una ampliadora o una bombilla doméstica. Las partes del papel que no están cubiertas por objetos se vuelven negras. Las áreas cubiertas permanecen blancas, ya que no reciben luz. También se forman áreas grises, producidas por la refracción de la luz o por una exposición parcial. Es posible introducir y retirar objetos durante la exposición. Los fotogramas se pueden combinar con las técnicas de copiado tradicional y *cliché-verre*.

EL mago de la invención, Man Ray, colocaba objetos sobre papel y los exponía una y otra vez, a menudo usando una fuente de luz en movimiento para crear la imagen. Bautizó sus experimentos con fotogramas como «rayogramas». El fotógrafo Nigel Henderson creó fotogramas que dan la impresión de haberse captado a través de un microscopio o desde un avión. Los llamó «hendogramas»

Los chemogramas se hacen aplicando revelador y fijador sobre materiales absorbentes, que luego se presionan contra una hoja de papel fotográfico antes del procesado. El revelador y el fijador se pueden espesar con cola para papel de pared a fin de evitar que la mezcla se corra.

Cliché-verre

En este proceso se marcan unas rayas sobre un fino revestimiento de pintura negra aplicada en una lámina de vidrio. Esta lámina se usa como negativo fotográfico y se copia por contacto con una hoja de papel fotográfico. La luz que pasa a través de las áreas rayadas crean una imagen en el papel, que luego se puede combinar dinámicamente con fotografías mediante copiado por contacto sobre papel previamente expuesto con imágenes de negativo.

La técnica de *cliché-verre* fue experimentada como herramienta de dibujo por pintores del siglo XIX, como Jean-Françoise Millet y Camille Corot.

La plantilla fotográfica

«Tan pronto como recorté mi primera plantilla, pude sentir que el poder estaba allí.»
Banksy, citado en el libro *Stencil Graffiti*.

Las plantillas fotográficas poseen una gran fuerza. Transmiten mensajes que podrían generar revoluciones y detener guerras. El artista de Bristol Bansky, cuyo nombre real no se conoce (se ofrecen recompensas por su arresto) ha creado grandes ejemplos con una lata de aerosol. El bello trabajo de Banksy con plantillas ha llevado la decoración urbana a nuevas cotas gracias a su habilidad, inteligencia y humor. Su trabajo se puede ver en Londres, París y Barcelona. Visite www.bansky.co.uk.

Fotogramas

Bloc de experimentos con fotogramas de un estudiante.

Los primeros fotogramas fueron creados probablemente a finales de la década de 1830 por W. H. Fox Talbot, que colocó unas flores sobre papel sensibilizado y llamó al proceso «dibujo fotogénico». Los fotogramas también se conocen como «schadografías», después de que el artista alemán Christian Schad, que experimentó con el proceso en la década de 1920, colocara recortes de papel y texto sobre papel fotográfico.

Cianotipos

Los cianotipos se crean colocando objetos sobre papel previamente sensibilizado de forma especial. Después de una exposición de varios minutos o incluso horas, dependiendo de la intensidad de la luz, el papel adquiere una bella coloración cyan o azul cuando se lava. En las tiendas de fotografía se pueden encontrar equipos ya preparados.

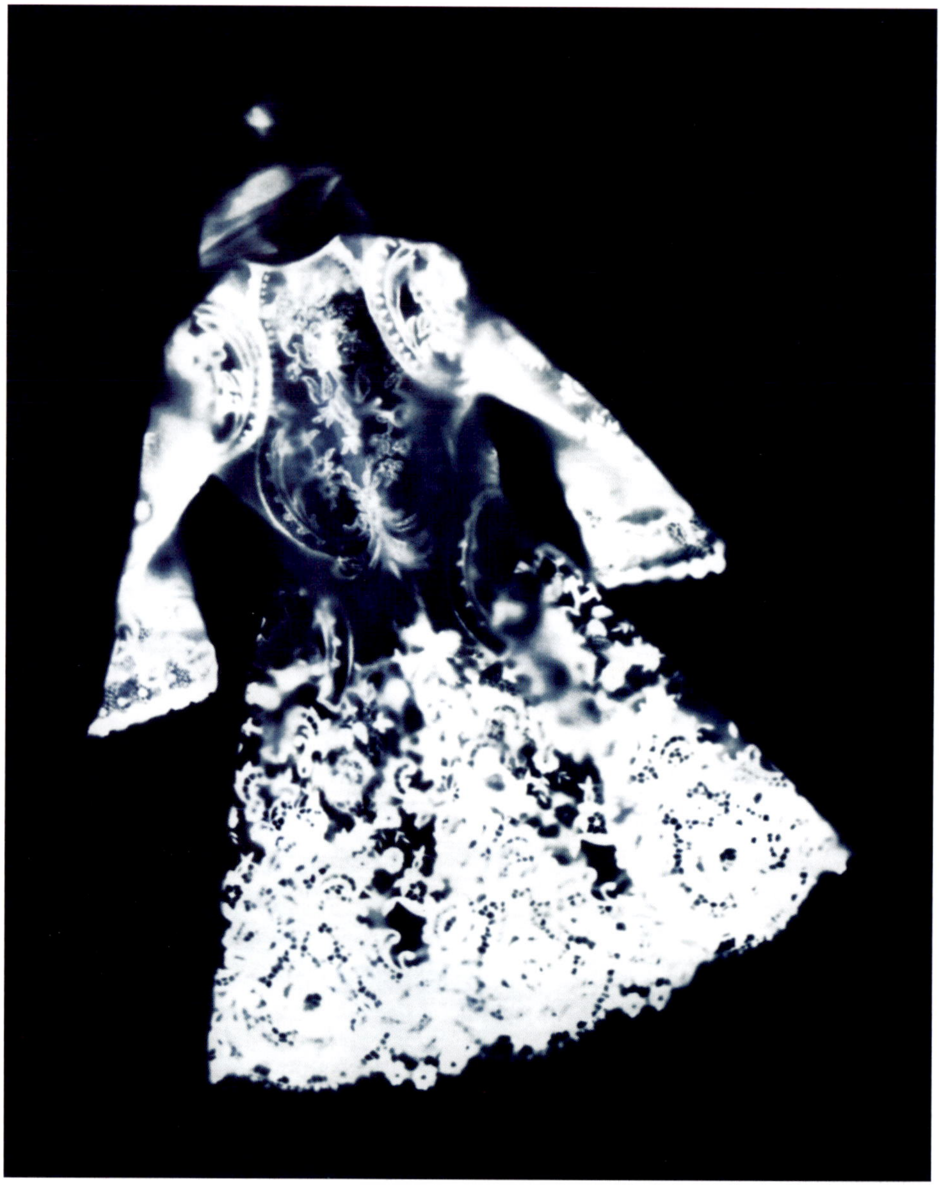

Nancy Wilson-Pajic, *Felicia*, 1998

Un bello cianotipo creado colocando un vestido de Christian Lacroix sobre papel sensibilizado (*derecha*). Algunas partes del vestido se movieron durante la exposición.

Otras técnicas

Se pueden hacer más experimentos fotográficos al pintar directamente sobre papel fotográfico con soluciones químicas, dibujar sobre película, colocar objetos directamente en un escáner, o en el portanegativos de una ampliadora, aplicar técnicas de photo-batik y tramas de seda, y con Lazertran, una película especial para fotocopias sobre la que se pueden copiar imágenes en color, que luego se humedecen y se transfieren a superficies de madera, lienzo, cerámica o tela.

¿Quiere ser fotógrafo?

V

Oportunidades fotográficas

Los diez pasos de una toma: el monólogo interior del fotógrafo

1. Tranquilo, confiado: «todo esto ya lo he hecho antes».
2. La sesión empieza, el estómago se me revuelve. «No conseguiré nada, no van a publicar estas fotos, no me van a pagar.»
3. Pánico...
4. «Creo que después de todo he conseguido algo bueno... Me las arreglaré con esto.»
5. «Sí, este fotograma es aprovechable. Sí, creo que me pagarán.»
6. Éste es genial, *me* van a pagar.»
7. «Es una fotografía fantástica –me van a pagar una fortuna.»
8. «¡Gracias!»
9. Agotado, no puedo hablar: «He hecho el trabajo de todo un día en tres minutos».
10. «Dios mío, todavía me quedan siete sesiones más.»

Fotograma de *Blow Up*, la película de 1966 que hizo que todos los niños con una Pentax quisieran ser fotógrafos.

Algunos fotógrafos, como Cecil Beaton, Richard Avedon y Henri Cartier-Bresson, tuvieron exitosas carreras que se prolongaron durante más de medio siglo. Jacques-Henri Lartigue hizo fotografías durante más de nueve décadas. Los fotógrafos nunca dejan de trabajar: siempre están abiertos al mundo que les rodea y piensan constantemente en su trabajo.

Para labrarse una carrera en fotografía no sólo es necesario hacer grandes fotografías, sino también ganar dinero. Hay que aprender todo lo posible sobre el medio y salir a buscar clientes. Cuando se encuentra un trabajo, todo el mundo quiere que éste dure. Para ello, hay que pensar en cómo se puede evolucionar. Los trabajos y las posibilidades fotográficas no se anuncian en los periódicos. Para encontrar un trabajo es necesario entender cómo funciona la industria creativa y cómo entrar a formar parte de ella.

Labrarse una carrera

Los grandes fotógrafos pueden hacer buenas fotografías de lo que sea. A fin de desarrollar una carrera y seguir trabajando, la mayor parte de ellos ha aprendido a diversificarse. Aunque algunos están especializados en algún tema en concreto, la mayoría cubre una gama muy amplia de posibilidades creativas. Su trabajo evoluciona en respuesta a los encargos de los clientes, y casi todos exploran diferentes áreas de la fotografía a lo largo de sus carreras.

No existe un único camino para hacerse fotógrafo profesional. Algunos han aprendido su oficio por el método de prueba y error; otros comienzan a trabajar como ayudantes de fotógrafos ya establecidos; algunos han estudiado, mientras que unos cuantos han hecho todas estas cosas. Esta sección plantea la variedad de carreras relacionadas con la fotografía y los distintos caminos que se pueden tomar.

Los fotógrafos de hoy día tienen que maximizar la forma en que sus habilidades pueden proporcionarles dinero. No sólo trabajan para distintos clientes y asumen encargos variados, sino que además ganan dinero con la exposición y venta de copias en galerías de arte.

¿Fotógrafo independiente o de plantilla?

Hay algunos trabajos en plantilla para fotógrafos en diarios y revistas, agencias de noticias y de deportes. También existen trabajos fotográficos especializados con la policía y la profesión médica. No obstante, la inmensa mayoría de fotógrafos trabajan de forma independiente; es decir, tienen varios clientes que les encargan proyectos de un día o de varios días. Las agencias de publicidad, equipos de diseño y revistas encargan todos sus trabajos a fotógrafos independientes o *free-lance*.

A fin de labrarse una carrera y ganarse la vida como fotógrafo independiente, es necesario encontrar un trabajo regular. Muchos clientes proporcionan encargos regulares a un reducido número de fotógrafos que saben que les entregarán excelentes imágenes. Los fotógrafos pueden mantener a los clientes durante muchos años, al tiempo que construyen una relación con otras personas creativas que entienden lo que pueden aportar a un proyecto.

Portafolio

Para obtener encargos como *free-lance* hay que tener un portafolio de trabajo que muestre a los clientes las mejores imágenes. Lo habitual es que éste tenga unas 30 páginas. En el negocio creativo se conoce como el «book», ya que a menudo adopta la forma de un gran libro (*book*, en inglés).

Cuando llame a un posible cliente, es muy probable que le dé una cita para que muestre su trabajo al director de arte, al editor de arte o al editor de fotografía. Debería visitar tantos clientes como fuera posible.

A menudo le pedirán que deje su *book* unos días. Como no tendrá la posibilidad de comentar sus fotografías, éstas deberían de ser capaces de hablar por sí mismas.

El portafolio debe contener su mejor trabajo. Incluya en su *book* el tipo de trabajo por el que le gustaría que le contrataran. Su *book* debería contar la historia de lo que hace para que la gente que lo vea sepa exactamente el tipo de fotografía que le gusta y sobre la que siente pasión.

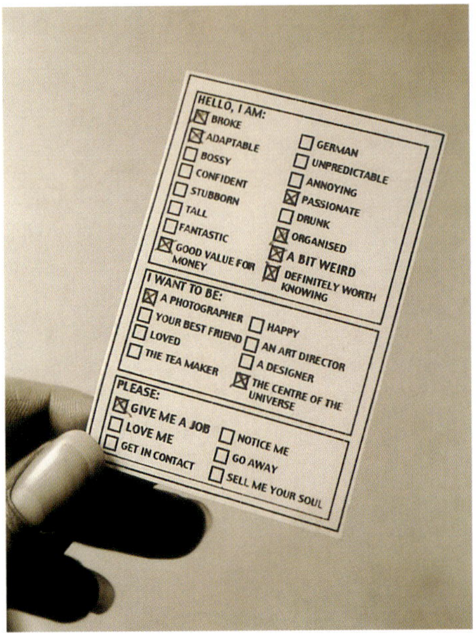

Las tarjetas de negocio aseguran que la gente a la que ha visitado conozca aspectos de su personalidad.

Promoción

Una vez que disponga de un buen portafolio de fotografías, deberá anunciar lo que hace a sus posibles clientes. Hay muchas formas de promocionar su trabajo. Por ejemplo, sitios web, versiones del portafolio para enviarlo por correo electrónico a los clientes, tarjetas de trabajo dinámicas y folletos impresos.

Los fotógrafos procuran que la máxima gente posible vea su trabajo. Para ello se apuntan a concursos y tratan de exponer su obra tan a menudo como no les es posible. (*Véase* «Concursos», pág. 226.)

Si le gusta lo que hace una revista, un equipo de diseño, una agencia o un director artístico concretos, vaya y enséñeles su *book*. Incluso aunque le den trabajo, adquirirá experiencia y conseguirá contactos.

El fotoperiodista Thurston Hopkins consiguió llamar la atención de la revista con la cual soñaba trabajar enviándoles una publicación donde incluía todas sus fotografías. Le llamaron inmediatamente.

Diseño de un sitio web

Internet se está expandiendo con mucha rapidez. Como medio de comunicación puede facilitar mucho el contacto con posibles clientes.

Sin embargo, la web puede ser un medio poco agradecido. Los mejores sitios web fotográficos presentan un diseño simple y limpio. El brillo de la pantalla del ordenador hace que las buenas fotografías siempre se vean bien. Pueden utilizarse varias técnicas para añadir impacto al sitio web, incluido el uso de secuencias, sonido e imágenes cambiantes. Aprenda de sitios web fotográficos que le gusten y que funcionen; luego diseñe el suyo propio.

Presentación

Gran parte del trabajo de un fotógrafo profesional consiste en responder a la presentación de alguien más. Una presentación es un desafío creativo que precisa una solución inventiva, original y creativa dentro de unas directrices. Cada presentación es una oportunidad para hallar una solución visualmente atractiva. Cuanto mejor responda y resuelva los problemas de la presentación, mayor será la probabilidad de que le ofrezcan trabajo.

Fotografía editorial: trabajar para revistas y periódicos

Las fotografías tomadas para revistas y periódicos que acompañan artículos se llaman fotografías de editorial. Muchos fotógrafos independientes desarrollan su carrera en fotografía editorial y disfrutan de la enorme variedad de encargos disponibles.

Todo el personal que trabaja en revistas tiene una idea de quiénes son los lectores, entre qué intervalo de edades se hallan, cuáles son sus trabajos, sus gustos, sus aspiraciones y su nivel adquisitivo; además se sabe cuál es su posición en el mercado, e incluso se pone nombre al lector «ideal» imaginario: Brenda de Brighton, Hannha de Hamburgo o Nicky de Nueva Jersey.

Los directores de periódicos también creen saber exactamente qué quieren leer y ver sus lectores. Saben si sus lectores miran hacia delante o hacia atrás –es decir, si su publicación es para los líderes de la sociedad o para sus seguidores.

El editor

Todas las revistas y los periódicos tienen un editor, que es el último responsable de todo lo que aparece impreso, pues toma las decisiones sobre cada publicación, incluidas las historias y los artículos que se van a imprimir, la portada, la lengua en que está escrita la publicación y el personal y los colaboradores que están empleados. El editor depende del director o de un equipo de directores. Si una revista o un periódico comete un error o si bajan las ventas, el editor asume la responsabilidad.

Director artístico

El aspecto de una publicación es responsabilidad del director de arte, que es elegido por el editor y supervisa el diseño y el aspecto de cada número. Su trabajo consiste en crear un estilo único para la publicación a través de la elección de fotógrafos, ilustradores, diseño, tipografía y composición de las páginas. En las revistas, el director de arte también supervisa la impresión final de cada número y se asegura de que la calidad sea la mejor posible. Cuanto más extensa es la publicación, más importante es el rol del director de arte a la hora de asegurar coherencia visual del conjunto.

El director de arte dirige el departamento artístico, contrata a diseñadores que le ayudan a crear el aspecto de la publicación y a editores de imagen para que encarguen y coordinen toda la fotografía. La zona que ocupa el editor de fotografía se conoce como el despacho de fotografía. Los peldaños de la carrera en el departamento artístico de una revista, empezando por lo más bajo, son: ayudante de diseño, diseñador, editor de arte, director de arte y, en empresas muy grandes, director creativo.

Trabajos imprescindibles de directores de arte

- El trabajo de Alexey Brodovitch para *Harper's Bazaar*. Brodovitch también era un gran fotógrafo. Hizó un famoso libro de fotografías de danza que diseñó él mismo. (*Véase* «El cuerpo en movimiento: la danza», pág. 64.)
- El trabajo de Alexander Liberman para *Vogue*.
- El trabajo de George Lois para *Esquire*.
- El trabajo de David Hillman para *Nova*.
- El trabajo de Derek Birdsall para *Town Town* y la revista *Independent*.
- El trabajo de Fabien Baron para *Interview*, *Harper's Bazaar* y *Vogue* Italia.

El editor de imagen

En el departamento de imagen a menudo hay varios editores de fotografía que coordinan fotografías para diferentes áreas de la publicación. Los principiantes ayudan organizando la devolución y el archivo de las fotografías. Las publicaciones de mayor envergadura cuentan además con editor de imagen, que se encarga de coordinar todo el trabajo del departamento.

El trabajo del editor de imagen consiste en asegurarse de que todas las imágenes utilizadas en una publicación sean de alta calidad. Además encarga fotografías, organiza sesiones, busca imágenes en agencias y en el archivo de fotógrafos independientes, organiza la liquidación de las fotografías, negocia con las agencias de prensa y edita el trabajo de los fotógrafos, y siempre busca las mejores imágenes.

EL editor de imagen de un periódico encarga trabajos a fotógrafos de plantilla e independientes. Cada editor es responsable de una de las áreas de un periódico: noticias, deportes, sociedad, etc. Los editores de imagen de noticias buscan fotografías para cubrir historias cuando no hay tiempo de encargarlas. Buscan entre las miles de fotografías disponibles en las agencias de todo el mundo y seleccionan las que mejor se adaptan al artículo que el editor decide incluir en ese número; han de trabajar con rapidez para ceñirse a los plazos de publicación.

Conseguir trabajo en revistas y periódicos

Para trabajar con revistas y periódicos es necesario mostrar el trabajo al editor de imagen o al director de arte. Las revistas necesitan fotógrafos de retrato, de famosos, de bodegones, de belleza y moda y fotoperiodistas. (*Véase* «Revistas de moda», pág. 216.)

Las revistas siempre buscan nuevos talentos. En ocasiones descubren fotógrafos visitando exposiciones. Parte del trabajo del director de arte consiste en mantener fresco el aspecto de su publicación, por lo que a menudo contrata fotógrafos jovenes en el inicio de su carrera y construye relaciones duraderas con ellos.

Los periódicos nacionales ofrecen numerosos encargos a fotógrafos independientes, en concreto para cubrir noticias regionales. Los editores de imagen de periódicos cuentan con redes nacionales de fotógrafos, a los que llaman para cubrir historias en su zona. Algunos periódicos conceden becas a los fotógrafos jóvenes. A menudo ofrecen puestos como premio por la fotografía ganadora de los concursos fotográficos organizados por el periódico. (*Véase* «Concursos», pág. 216.)

La gran mayoría de los fotógrafos de prensa trabajan para agencias de noticias en lugar de formar parte de la plantilla de un periódico. Dichas agencias promocionan el uso de las imágenes de sus fotógrafos. (*Véase* «Distribución», pág. 227.) Muchas de ellas también enfocan el talento de fotógrafos jóvenes y les ayudan a empezar sus carreras.

¿Quiere ser un fotógrafo de prensa?

Las fotografías que aparecen en los periódicos tienen que competir con titulares muy llamativos, lo que significa que es preciso que impacten y resulten inmediatas Por ello, a menudo son muy sencillas y fáciles de interpretar. Tan sólo tienen que comunicar «quién, qué, dónde, cuándo y por qué», o sea, quiénes son los participantes, qué hacen, dónde están, cuándo tuvo lugar el suceso y cuál es su significado.

Todos los fotógrafos de prensa desean publicar en primera página. Las buenas fotografías pueden provenir de encargos corrientes, pero el fotógrafo ve el suceso a través de una perspectiva nueva o descubre un ángulo único. Por ello, los fotógrafos de prensa deben tener iniciativa e instinto para «el lugar correcto», «el momento adecuado», habilidad para introducirse en los sitios donde no deberían estar y capacidad para estar en el centro de la acción. Además deben ser pacientes. A veces han de esperar horas o días, mientras que en otras ocasiones han de ser capaces de reaccionar en un instante, y siempre captar una imagen, sin importar las condiciones y las circunstancias, con una confianza total en su equipo. Tienen que poder pensar y hacer fotografías con mucha rapidez, incluso cuando trabajan en medio de una confusión total.

Es preciso que los fotógrafos de prensa sean fuertes. A veces presencian sucesos muy duros; además se les puede enviar a cubrir noticias por las que no sienten ningún entusiasmo, como cuando se les pide que fotografíen a personas involucradas personalmente en una tragedia o un escándalo. También se les pide a veces que fotografíen gente –como, por ejemplo, políticos– bajo una iluminación desfavorecedora y según los criterios de la publicación.

Gestores de medios, relaciones públicas y oficiales de prensa, guardaespaldas y personal de seguridad a menudo vigilan a los fotógrafos para controlar los ángulos y el acceso al sujeto, a fin de mantenerlos a distancia. Por su parte, los reporteros y los fotógrafos a veces se confabulan con ellos para obtener acceso. Se necesita coraje y planificación para evitar verse acorralado por el sistema.

El fotógrafo tiene que disparar, disparar y disparar porque puede no conocer toda la historia ni cómo va a desarrollarse. Debe captar imágenes en formato vertical y horizontal. No conoce el resultado, quiénes serán los ganadores o los

Oportunidades fotográficas preparadas

El secretario de prensa del presidente estadounidense Richard Nixon acuñó el término «oportunidad fotográfica» para describir una breve sesión preparada para los fotógrafos y los cámaras de televisión a fin de que éstos retrataran a su jefe con la mejor luz posible y así poder controlar todas las imágenes.

Los fotógrafos de noticias y fotoperiodistas toman imágenes en formato apaisado y vertical para dar a los editores alternativas de publicación. Las fotografías en formato vertical son adecuadas para ilustrar portadas o páginas completas. Las de publicación en formato apaisado se pueden ampliar para cubrir una doble página. Un fotógrafo nunca se arriesga a perder la oportunidad de publicar una fotografía en portada sólo por haber hecho todo un reportaje en formato apaisado y no tener ninguna fotografía adecuada para la portada. (*Véase* «Composición: orden o desorden», pág. 182.)

Un fotógrafo de noticias debería buscar un ángulo nuevo en cada evento.

perdedores. Algunas veces ni siquiera sabe quiénes son los participantes. Así que, ¿hacia dónde apunta la cámara? Apunta hacia la historia.

¿Quiere ser fotoperiodista?

Los fotoperiodistas tienen que ser críticos, y sentirse ilusionados y fascinados por la vida diaria. Deben tener ojo para el detalle humano, ser compasivos y discretos, además de ser capaces de observar el devenir de un suceso. Al igual que el fotógrafo de prensa, el fotoperiodista debe disparar, disparar y disparar fotografías en formato apaisado y vertical. Hay agencias que emplean fotoperiodistas y distribuyen sus historias fotográficas. También encauzan el talento de fotógrafos jóvenes. (*Véase* «Distribución», pág. 227.)

¿Quiere ser fotógrafo de retrato?

Los fotógrafos de retrato sienten curiosidad por la gente. Tienen que tener empatía con las personas que retratan y transmitirles confianza para que se sientan cómodas frente a la cámara. A estos fotógrafos generalmente les gusta trabajar con otros, poseen encanto y buen humor, y se encuentran a gusto en compañía de gente muy diversa.

«No se puede despreciar el factor suerte en la fotografía de deportes; pero lo que hace a un gran fotógrafo de deportes es que, cuando tenemos suerte, no perdemos la oportunidad.» El fotógrafo de deportes Neil Leifer, entrevistado para el periódico *Observer* por la fotografía de Muhammad Ali mientras celebra su victoria sobre Cleveland Williams, captada desde el anillo de luces situado sobre el cuadrilátero. Leifer ha sido considerado como el mejor fotógrafo de deportes de todos los tiempos.

¿Quiere ser fotógrafo de deportes?

Muchos periódicos y agencias fotográficas emplean a fotógrafos especializados en deportes. La mayor parte de las fotografías de deporte se toman actualmente con cámaras digitales y se envían por teléfono al periódico o a la agencia mientras todavía tiene lugar el evento, lo que permite maquetar el periódico para la edición de la mañana siguiente. En un evento deportivo importante, las agencias envían a más de un fotógrafo para cubrir la acción, además de ayudantes que se encargan de enviar las fotografías.

El movimiento de los fotógrafos de deportes normalmente está restringuido a los lados o a los extremos de la pista o el estadio, aunque en ciertos deportes se permite a algunos fotógrafos acreditados elegir más o menos el punto de vista. Los fotógrafos de deportes deben sentir pasión por el deporte que fotografían, y a menudo tienen que trabajar en terribles condiciones de iluminación y a gran distancia de la acción. Asimismo, han de trabajar rápidamentre para adecuarse a los titulares, y deben tener suerte para encontrarse en el lugar adecuado cuando sucede algo interesante en el terreno de juego.

Muchos fotógrafos de deporte trabajan con más de una cámara para poder captar diferentes momentos con rapidez y para asegurarse de no perder imágenes clave cuando cambian de objetivo. Algunos colocan varias cámaras alrededor del estadio, que activan por control remoto. A los fotógrafos de deportes se les exige mucho. Tienen que ser capaces de estar tranquilos cuando la multitud se vuelve loca y de captar todos los goles, lanzamientos, paradas, carreras, etc., además de las celebraciones y las desilusiones de los ganadores y los perdedores.

¿Quiere ser fotógrafo de famosos?

Los fotógrafos de gente famosa necesitan que sus modelos se sientan relajados y cómodos. Además deben estar a gusto entre la fama y la belleza, y ser capaces

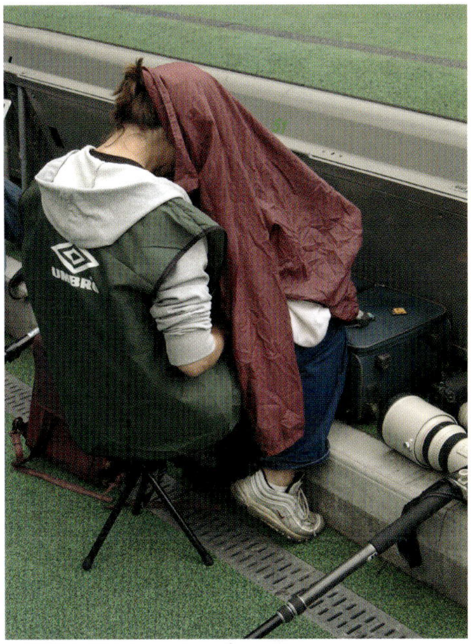

Estas imágenes muestran a fotógrafos de deportes captando y editando fotografías. En la imagen en blanco y negro, un fotógrafo prepara su cámara antes del comienzo del encuentro, en una posición en la que no se le permitirá estar durante el partido, por lo que activará el obturador por control remoto. *Superior izquierda*, una fotógrafa edita y envía sus fotografías desde un ordenador portátil usando un teléfono móvil. En la parte *superior*, una fotógrafa improvisa un parasol para poder ver las imágenes con claridad en la pantalla.

de crear imágenes frescas de gente que ha sido fotografiada miles de veces. En los inicios de su carrera, el fotógrafo de famosos debe poder trabajar con rapidez, pues el primer saludo de una celebridad suele ser: «¿Durará mucho?». La fotografía de superestrellas posee sus propias y únicas reglas. Diferentes niveles de fama demandan distintos niveles de control sobre la sesión fotográfica. Una superestrella tiene el máximo poder de control sobre cómo se la retrata; a menudo, incluso dicta cómo quiere aparecer exactamente.

La prensa siempre busca fotografías exclusivas de celebridades, sobre todo para la portada. Éstas, por lo general, se hacen específicamente pensando en la revista, para adecuarse a su estilo y al tipo de lector, y para evitar que las revistas de la competencia publiquen las mismas imágenes. El primer obstáculo que debe vencer cualquier publicación es la negativa de la estrella a ser fotografiada. Los famosos sólo acostumbran a acceder cuando tienen algo que vender o promocionar –una nueva película, un disco o un producto.

Una vez aceptada la propuesta, la sesión fotográfica sólo tendrá lugar cuando se haya llegado a un acuerdo sobre una larga lista de condiciones con los representantes de la estrella; todas las condiciones tienen que ser aceptadas por la revista. Las estrellas pueden elegir su propio fotógrafo, los vestidos, el equipo de peluquería y de maquillaje; estipular que una de las fotografías aparezca en portada; aprobar el lugar donde se van tomar las imágenes; y aprobar las fotografías definitivas y su retoque.

Revistas de moda

«El departamento de moda de una publicación es una revista separada dentro de la revista. Los empleados están totalmente centrados en las treinta o cuarenta páginas de fotografías de moda.»
Stuart Selner, director de arte, revista *Marie Claire*.

El departamento de moda de una revista es responsable de todas las series de fotografías de moda –conocidas como historias de moda– que aparecen en un número concreto. Está dirigido por un editor de moda, cuyo trabajo consiste en encargar toda la fotografía de moda.

A medida que se diseñan las páginas de una revista de moda, el director de arte de la revista las va colgando en la pared.

Las historias de moda retratan la ropa que estará disponible en las tiendas inspiradas en las presentaciones internacionales de moda –los circuitos de Milán, París, Nueva York y Londres que se celebran cada primavera y otoño, donde los mejores diseñadores muestran su trabajo para la siguiente temporada–. Estos vestidos de alta costura y precio exorbitado estarán disponibles en las tiendas de lujo en los meses siguientes, mientras que versiones de menor alcurnia y del mismo estilo se venderán en tiendas menos exclusivas.

El editor de moda

Los desfiles de moda están cubiertos por todos los editores de moda y todos los compradores de las principales tiendas. Después de una temporada de desfiles, los editores de moda escogen tendencias y temas –los estilos y los colores de las ropas que han visto– y crean historias de moda inspiradas en ellas para sus próximos números. Al mismo tiempo, los compradores hacen pedidos para sus tiendas.

EL trabajo de los editores de moda se basa en crear imágenes que «hablen» a sus lectores. Para ello, seleccionan cuidadosamente a fotógrafos, estilistas, peluqueros, maquilladores y modelos que pueden dar vida a su visión. Como las publicaciones están dirigidas a lectores muy diferentes, los editores de moda deben ir con cuidado de no crear imágenes que puedan ocasionar la pérdida de lectores por un enfoque demasiado por encima o por debajo de su nivel socioeconómico. También han de acordarse de incluir vestidos hechos por los fabricantes que insertan publicidad en la revista. Hay muchas revistas de moda de menor tirada que no tienen por qué trabajar bajo estas presiones. Se inspiran en diseñadores jóvenes, la moda de la calle y la cultura popular, en lugar de difundir el trabajo de diseñadores de moda establecidos.

La portada

Las revistas de moda se toman la fotografía de portada con mucha seriedad. Las grandes portadas venden más copias de cada número. Por ello, en cada sesión de moda, el fotógrafo y el editor de moda hacen «pruebas de portada» –intentos para crear una gran fotografía de portada–. El director de arte elegirá tres o cuatro imágenes de cada prueba y las comentará con el editor. Éstas fotografías tienen que competir con el logotipo de la revista y los titulares –el texto que hace referencia a los artículos tratados en el número–. A menudo son imágenes muy simples, con fuerza, seleccionadas para que destaquen.

«La portada es muy importante –la única fotografía que realmente importa es la que ilustra la portada.» Stuart Selner, director de arte, revista *Marie Claire*.

La sección de belleza

Las revistas de moda tienen editores de belleza, además de editores de moda. Son los responsables de todas las páginas sobre productos de maquillaje, peluquería y belleza. Al igual que la fotografía, la belleza es otra área muy creativa en las revistas de moda. Las páginas de belleza a menudo están ilustradas con imágenes de primeros planos de ojos y labios con colores vivos y brillantes, o de bodegones creativos de productos.

¿Quiere ser fotógrafo de moda?

Los fotógrafos de moda tienen que vivir y respirar moda. Necesitan una gran imaginación, pasión, originalidad y creatividad. Muchos empiezan trabajando en alguna de las numerosas revistas de moda de menor tirada. Estos títulos son los que conducen la imagen visual hacia delante gracias a un enfoque más radical e innovador, y constituyen el punto de partida para los nuevos fotógrafos de moda.

Equipos de diseño y agencias de publicidad

La mayoría de las empresas no cuentan con su propio departamento de diseño, así que cuando necesitan un folleto, un sitio web o un catálogo contratan a un equipo de diseñadores. Las empresas de diseño están especializadas en crear una comunicación visualmente atractiva, y pueden variar en tamaño desde unas pocas personas que comparten una oficina hasta grandes grupos.

La mayoría de las empresas tampoco disponen de su propio departamento de publicidad, así que cuando quieren anunciar un producto nuevo o ya establecido contratan a una agencia de publicidad. Estas agencias hacen de todo, desde crear el anuncio hasta contratar sitios web y espacios publicitarios en revistas y periódicos. Las personas más importantes en una agencia de publicidad que debe conocer un fotógrafo son los directores de arte y los jefes de publicidad. Un director de arte publicitario desarrolla un trabajo muy diferente al de un director de arte de una revista.

El director de arte publicitario y el jefe de publicidad

El director de arte en una agencia de publicidad piensa las ideas para anuncios. Su trabajo consiste en imaginar anuncios ingeniosos y originales que vendan un producto al mercado del cliente. Suele trabajar en colaboración con un guionista: el director de arte desarrolla las ideas visuales y el guionista proporciona las palabras.

Los jefes de publicidad constituyen una parte esencial de las agencias de publicidad. Su trabajo estriba en mantenerse al día en la evolución de la creatividad. Esto supone buscar trabajos de nuevos fotógrafos e ilustradores mirando portafolios y visitando exposiciones, así como filtrar el mejor trabajo a los directores de arte. Su trabajo también incluye negociar los honorarios de los fotógrafos.

Los directores de arte publicitarios y los jefes de publicidad están buscando siempre nuevos fotógrafos para mantener el nivel creativo de su agencia. A veces encuentran fotógrafos con talento en fotografía editorial o tras visitar exposiciones en galerías y escuelas. Los agentes fotográficos muestran regularmente a los directores de arte el trabajo de jóvenes fotógrafos con talento.

¿Quiere ser fotógrafo de publicidad?

La fotografía de publicidad puede ser muy creativa, aunque a veces a los fotógrafos también se les pide imágenes estereotipadas de amas de casa, hombres de negocios o «chicos funky» con gorras de beisbol vueltas del revés. Puede decirse que los días del culto a la juventud o del estilo de moda que le gustaba han pasado cuando se utilizan para vender detergentes o los servicios de un banco.

El agente fotográfico

Un buen agente puede ayudar a construir la carrera de un fotógrafo. Los agentes están relacionados con agencias, revistas, editores de imagen, directores de arte y jefes de publicidad, con los que a menudo llevan trabajando muchos años. Organizan citas para sus fotógrafos y envían los *books* a posibles clientes. A veces también llevan el *book* a revistas o agencias para «vender» el talento de sus fotógrafos, a los que reclutan en exposiciones y estudiando trabajos editoriales.

El agente puede ayudar a coordinar las sesiones de los fotógrafos buscando localizaciones y organizando permisos y seguros. También se cuida de las facturas del fotógrafo y de los pagos. Por sus servicios, el fotógrafo suele pagarle entre un 10 y un 20 % de sus honorarios por trabajo obtenido.

«Los fotógrafos desean contar con un agente con contactos en las industrias creativas. Puede ser muy difícil para un fotógrafo conseguir citas con algunos de los creativos mejor situados.»
Alan Latchley, fotógrafo.

«En esencia, un agente puede librar al fotógrafo de todas sus preocupaciones, excepto la de obtener imágenes.»
Alison Smithee, fotógrafa.

Otras posibilidades fotográficas

Los fotógrafos documentalistas a menudo consiguen ayuda para proyectos de larga duración con cesiones de su trabajo, o los sufragan con encargos para otros tipos de fotografía.

Los fotógrafos de bodegones deben tener mucha paciencia, habilidad técnica y una gran capacidad para observar el detalle. Han de ser capaces de crear belleza a partir de lo banal.

Muchos fotógrafos, entre ellos Eve Arnold, Bert Stern, Ernst Haas y Terry O'Neill, han trabajando en escenarios de cine como fotógrafos. Su tarea consiste en fotografiar la producción de una película para su uso en publicidad.

Los fotógrafos de teatro y danza hacen fotografías que recrean la atmósfera de una representación. Las limitaciones de tiempo exigen que a menudo se vean obligados a hacer su trabajo durante caóticos ensayos, cuando el vestuario, los escenarios, la iluminación e incluso los actores aún están pendientes de su confirmación. Los fotógrafos de conciertos, por lo general, sólo tienen permiso para hacer fotografías durante las primeras canciones.

La fotografía arquitectónica es la especialización en la que el fotógrafo debe visualizar y revelar las cualidades de un edificio. Lo habitual es ver un edificio en sentido perpendicular, con todas las líneas rectas. Para conseguir esta perspectiva y proporcionar imágenes de alta calidad las fotografías normalmente se toman con una cámara de gran formato.

Los fotógrafos de sociedad captan el momento en que las estrellas llegan a los festivales, inauguraciones y fiestas; sin embargo, han de permanecer en el borde de la alfombra roja, tras la valla de seguridad.

Otras oportunidades fotográficas se centran en el diseño interior, la jardinería, la cocina, la imagen científica, las bodas y los productos de catálogo. También existen especializaciones en medicina forense, investigación criminal y fotografía médica –todas ellas áreas fascinantes si tiene estómago para ver cadáveres, autopsias y operaciones.

Los archivos fotográficos también ofrecen la oportunidad de realizar un trabajo muy lucrativo. (*Véase* «Archivos de imágenes», pág. 226.)

¿Quiere ser *paparazzi*?

El director de cine italiano Federico Fellini acuñó el término *paparazzi* para describir el tipo de fotógrafo de prensa que había visto en Italia en la década de 1950. En su inteligente película en blanco y negro *La Dolce Vita*, un periodista *playboy* es perseguido por la noche, en Roma, por un pelotón de fotógrafos de prensa montados en Vespa que pretenden captar instantáneas de sus glamurosas conquistas, tanto en discotecas como en la calle. Fellini llamó a uno de los fotógrafos Paparazzo –en italiano, «insecto zumbador»–; este nombre no sólo refleja su movilidad y comportamiento en una scooter, sino también el destello del flash.

El término *paparazzi* se utiliza para describir a los fotógrafos que hacen fotografías de gente famosa sin ningún respeto por las fronteras personales. A menudo con un comportamiento depredador y provocativo, son la antítesis del fotógrafo al que se le invita a tomar unas imágenes. De hecho, no hay nada nuevo en este comportamiento; en 1898, unos fotógrafos se encaramaron a una ventana para fotografiar al canciller alemán Otto von Bismarck en su lecho de muerte. Los *paparazzi* modernos satisfacen el apetito del público por introducirse en las vidas privadas de los famosos –roban imágenes de estrellas en la playa, borrachos o mientras se pelean, y hacen fotografías clandestinas en bodas en las que todos los fotógrafos han sido oficialmente prohibidos.

La competencia entre los periódicos y las revistas del corazón para acceder a fotografías escandalosas de famosos se debe al insaciable apetito del público por la carne de estrella. Los *paparazzi* más extremos han adoptado el papel de los cazarrecompensas modernos. Siguen a las estrellas que se esconden o evitan a la prensa, con la seguridad de que hay un mercado muy lucrativo para sus fotografías en los salaces tabloides. Las agencias a menudo celebran subastas para vender al mejor postor los derechos de una fotografía exclusiva.

Las fotografías de los *paparazzi* acostumbran a ser técnicamente malas debido a las restricciones bajo las cuales se toman –a través de la ventana de una limousine, desde 1 km de distancia o desde un helicóptero–. El éxito de estas imágenes reside, quizá, en el hecho de que son todo lo contrario a las fotografías preparadas y retocadas que tanto les gusta a las estrellas para controlar su imagen.

Alison Jackson utiliza el lenguaje de la fotografía *paparazzi* con un estilo satírico. Dobles de famosos interpretan las vidas íntimas y ocultas de superestrellas, miembros de la realeza y políticos frente a su cámara, algo por lo que los verdaderos *paparazzi* darían cualquier cosa. Imitando las tomas con teleobjetivo, los primeros planos borrosos, las imágenes torcidas, granulosas y desenfocadas de las fotografías típicas de *paparazzi*, estas instantáneas alimentan el deseo de ver cada detalle de las vidas privadas de los famosos. Jackson crea fotografías que, si fueran reales, valdrían millones –un Elton John desnudo y abotargado durante un lavado de colon; el duque de Edimburgo mirando una película porno...

El original Paparazzo en la película de Federico Fellini de 1960 *La Dolce Vita*.

Ayudante de fotografía: el aprendiz de brujo

Hacer prácticas como ayudante de fotógrafo es un buen sistema para aprender cómo funciona la fotografía profesional. Esto se puede hacer antes, durante o incluso en lugar de estudiar esta disciplina. Los fotógrafos siempre tienen ayudantes y la historia está llena de ayudantes de grandes fotógrafos que se han convertido, a su vez, en grandes fotógrafos.

Los ayudantes cobran una pequeña cantidad por su trabajo. Algunos tienen una gran responsabilidad, otros no tanta. En general, preparan el equipo y hacen fotografías de menor importancia, acondicionan el estudio, buscan clientes, llevan accesorios, se prestan para tomas de prueba, cargan la película, anticipan las necesidades del fotógrafo y preparan té y café.

A algunas personas les encanta trabajar como ayudantes y labrarse una carrera como tales, aunque la mayoría lo ve como un medio para aprender y hacer contactos al tiempo que desarrollan su propio trabajo y crean un portafolio. Muchas de ellas trabajan como ayudante durante un año o dos, ya sea para un solo fotógrafo o para varios. Se trata de una oportunidad para ver cómo se hacen las cosas en el mundo de la fotografía profesional, para conocer a directores de arte y gente relacionada con revistas, además de a otras personas que empiezan a labrarse un futuro en profesiones creativas.

Los estudios más grandes emplean ayudantes de forma permanente para que trabajen con los fotógrafos que lo han alquilado. Algunos fotógrafos prefieren contratar a un ayudante que apenas sabe nada a otro que cree saberlo todo. Después de todo, un fotógrafo busca ayuda, no obstáculos.

Como más aprenderá es trabajando para un fotógrafo cuyo trabajo le guste. Recuerde que muchos fotógrafos han sido ayudantes y que pueden favorecer a los que se inician en la profesión. Cuando consiga una cita con alguien que busque un ayudante, lleve su propio trabajo para enseñárselo; incluso aunque no le contrate puede servirle para hacer contactos. Los ayudantes a menudo se anuncian en laboratorios fotográficos y estudios en alquiler. Algunas asociaciones de fotógrafos profesionales anuncian sus necesidades en sitios web.

«Regla número uno del ayudante: éste nunca le debería preguntar a un cliente del fotógrafo si le puede dar una cita para enseñarle su *book*. ¡Es una ofensa terrible!»
Alan Latchley, fotógrafo.

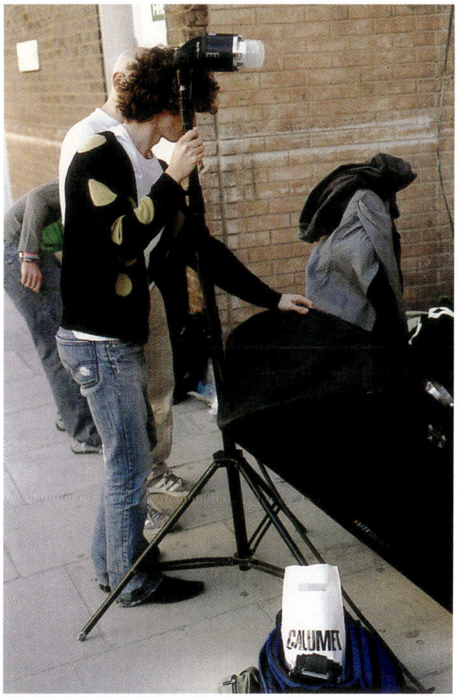

«El ayudante debe suponer lo que necesita el fotógrafo y dárselo antes de que se lo pida.»
Kitty McCorry, fotógrafa.

¿Qué se necesita para ser fotógrafo?

Conocimientos

Estudie el medio. Conozca su origen y dónde se encuentra ahora, y fórmese sus propias opiniones acerca de su dirección futura.

Adopte las nuevas tecnologías, pues el medio avanza constantemente. Familiarícese con todos los instrumentos de la fotografía. Es esencial saber cómo controlar la luz, el enfoque, el color, el contraste y la calidad.

Visión y curiosidad

Sea curioso y disfrute mirando y tratando de encontrar sentido al mundo.

Visión fresca

Busque un enfoque nuevo para mirar el mundo. Para tener éxito, las fotografías deberían tener su marca, de forma que fueran inmediatamente reconocibles como propias.

Creatividad e imaginación

Dos aspectos básicos son la creatividad y la imaginación. Hay que ser original y tener grandes ideas.

Correr riesgos

Pruebe constantemente cosas nuevas y dirija su trabajo hacia nuevas direcciones.

Pasión

Apasiónese por su trabajo, por la gente, la sociedad, la cultura y por el siguiente proyecto.

Recursos

Es importante que sea una persona de recursos, con el espíritu y la improvisación necesarios para conseguir aquello que se propone, con independencia de las circunstancias.

Energía y optimismo

Explore todos los puntos de vista y dé vueltas a las ideas.

Buena comunicación

Aprenda a expresar sus ideas verbalmente para involucrar a otras personas en sus proyectos y para poder explicar y promocionar sus habilidades.

Suerte y persistencia

Tiene que estar en el lugar correcto en el momento adecuado, con su cámara y su portafolio. Saque provecho de las oportunidades.

Estudios

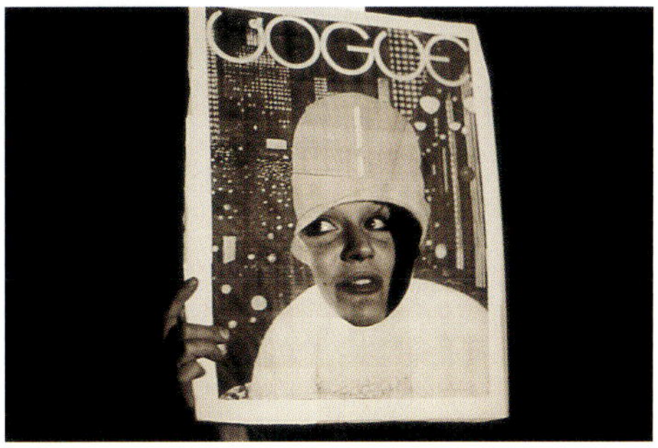

Escuelas de arte y universidad

Estudiar en la comunidad creativa de una escuela o universidad de arte y diseño ofrece la oportunidad de desarrollar una manera de pensar «fotográfica», mejorar las habilidades técnicas, experimentar con nuevos equipos, aprender sobre la historia del medio y explorar posibles caminos profesionales.

Las escuelas tratan de crear una atmósfera dinámica y atractiva de aprendizaje al ofrecer al estudiante la oportunidad de conocer a gente de otras disciplinas creativas y trabajar con ellos. También ayudan a desarrollar las habilidades verbales necesarias para presentar, discutir y «vender» trabajos e ideas.

Los cursos se suelen estructurar alrededor de módulos creativos; el trabajo resultante se revisa de forma crítica. Los módulos se conciben para que el estudiante desarrolle las diferentes habilidades requeridas. Estos proyectos se acompañan de aprendizaje técnico y de clases sobre la historia, el impacto y el futuro de la fotografía. El profesorado también anima a los estudiantes para que se apunten a concursos, algunos de los cuales premian a los ganadores publicando o exponiendo su trabajo, o como alternativa proporcionan experiencia laboral o premios en metálico.

Al finalizar el curso, los estudiantes exponen los trabajos que han realizado a lo largo del curso. Estas exposiciones ofrecen la oportunidad de mostrar los mejores trabajos a posibles clientes, incluidos editores de arte, directores de arte, jefes de publicidad, editores de moda y el público en general.

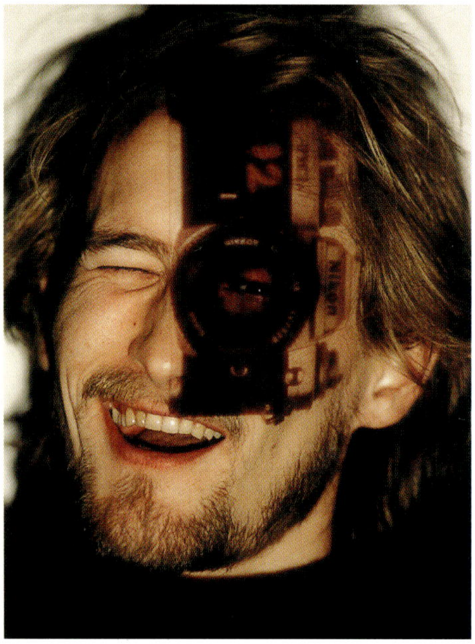

Las escuelas universitarias procuran crear una atmósfera agradable para facilitar el aprendizaje de la fotografía.

Elegir el curso adecuado

Escoja el curso que se adecue a la forma como le gustaría aprender. Hay una gran variedad de cursos de fotografía disponibles, de horario completo o parcial, entre semana, los fines de semana, por la mañana y por la tarde. Algunos cursos están enfocados a desarrollar las habilidades de los fotógrafos que desean trabajar en sectores creativos, y a menudo ofrecen la posibilidad de hacer prácticas o una bolsa de trabajo. Otros abordan la fotografía como un medio personal de expresión, y unos cuantos están basados en el estudio de las teorías sobre el uso de la fotografía. Los cursos, asimismo, se pueden orientar hacia la fotografía digital o pueden enfatizar los métodos de trabajo tradicionales: los mejores mezclan ambos.

Algunos cursos ofrecen una amplia experiencia de aprendizaje, como la posibilidad de ampliar el período de aprendizaje en el extranjero, en una escuela o universidad con la que el centro mantiene contacto. Ciertos centros tienen estructuras y horarios muy estrictos; otros esperan que los estudiantes sean muy activos en cuanto al aprendizaje, investigación y planificación de su tiempo.

La fotografía también se enseña como parte de muchos cursos de talante creativo, por ejemplo de diseño y comunicación. Algunas personas prefieren estos cursos en lugar de los exclusivamente fotográficos, pues consideran que un conocimiento amplio de la comunicación visual es la clave para una carrera de éxito. En estos cursos, la fotografía suele enseñarse junto con diseño, multimedia, ilustración y publicidad.

Conviene consultar el plan de estudio de los diferentes cursos antes de elegir uno. La mayoría de las escuelas no exigen conocimientos previos si el solicitante demuestra pasión por la fotografía y enseña un trabajo dinámico y original. Los profesores y directores de cursos suelen apreciar los trabajos con un enfoque personal que demuestren dedicación. Quieren ver proyectos acabados y trabajos experimentales, además de bocetos que revelen ideas y una investigación visual. En la entrevista le preguntarán sobre los fotógrafos que más le gustan, las exposiciones que ha visitado y los temas que más le interesan. Le preguntarán sobre su trabajo y su vocación, y también por los motivos que le han llevado a elegir ese curso en particular.

Concursos

Los periódicos y las revistas, las asociaciones de diseño, publicidad y fotografía, y los fabricantes y distribuidores de material fotográfico suelen organizar concursos anuales. También muchas empresas los patrocinan. Los concursos se anuncian en la prensa fotográfica, en los periódicos, las revistas e internet. Cuando presente su trabajo a un concurso, nunca presuponga cuál será la opinión de los jueces. Lo mejor es que presente obras con las que esté satisfecho.

La recompensa de presentarse a un concurso y ganarlo puede ser muy importante: publicación de las fotografías, encargos, trabajo en revistas y periódicos, viajes, contactos, dinero, equipo e incluso exposiciones en galerías nacionales e internacionales.

Archivos de imágenes

Un archivo en el espacio

En la década de 1970, la NASA envió 16 imágenes clásicas de archivo al espacio exterior en la sonda Voyager. Estas fotografías ilustran la vida en la Tierra, con temas escolares clásicos, rascacielos, madres y niños, bebés... Lo que han hecho los extraterrestres con estas imágenes todavía no lo sabemos.

Los primeros archivos

Las agencias de imagen fueron impulsadas por los periódicos como una forma de archivar fotografías de gente y sucesos para un uso posterior. Pronto se convirtieron en valoradas fuentes de imágenes, y se empezó a cobrar cuando otras publicaciones usaban las fotografías. Los archivos han evolucionado, y ahora incluyen en sus archivos muchísimas imágenes. La revista *National Geographic* tiene un archivo con 10 millones de imágenes a la venta.

Los bancos de imágenes actuales suministran cualquier tipo de imagen a diseñadores y agencias de publicidad; estas imágenes las proporcionan los fotógrafos, que reciben a cambio una cantidad de dinero si se utilizan.

Al principio, los archivos mostraban sus imágenes en catálogos bellamente ilustrados del tamaño de guías de teléfono. Decir a un fotógrafo que una de sus imágenes parecía una foto de archivo se tomaba como un insulto, pues los catálogos solían estar llenos de imágenes tópicas de puestas de sol, lugares turísticos y familias excesivamente felices y bellas, con sonrisas artificiales y dentaduras perfectas. Las agencias actuales son muy diferentes.

Bancos de imágenes modernos

Internet ha cambiado drásticamente el uso de la fotografía de archivo, que se ha convertido en un importante negocio y ha producido un efecto radical en la fotografía profesional. Antes, muchos directores de arte, editores de arte, editores de fotografía y diseñadores contrataban fotógrafos; ahora consultan los archivos en Internet.

Miles de millones de fotografías de archivos se pueden descargar de forma inmediata. De un posible tema hay muchas versiones distintas, a menudo disponibles a un precio muy por debajo de lo que costaría comprar una fotografía original. Por tanto, los bancos de imágenes han excluido a los fotógrafos de la posibilidad de realizar muchos trabajos.

Los archivos invierten muchos esfuerzos para intentar predecir las tendencias y las modas que dominarán los medios en un futuro cercano. En lugar de esperar a que los fotógrafos proporcionen las imágenes, encargan fotografías para poder suministrar imágenes a cualquier tipo imaginable de publicación contemporánea. Las fotografías de archivo se pueden vender muy bien en lo que ahora es un mercado global. Esta demanda ha creado trabajo para un número reducido de fotógrafos.

El precio de la fotografía de archivo lo negocia el equipo de ventas de la agencia en función del uso que se vaya a dar a la imagen y de quién la utilice. Los beneficios de la creación de este nuevo tipo de fotografías de archivo pueden ser muchos, tanto para la agencia como para el fotógrafo. Si quiere hacer fotografías para bancos de imágenes, concierte una entrevista para mostrar su portafolio.

El archivo

Su archivo podría ser su pensión. Las fotografías que ha ido tomando –incluso aquellas que considera poco significativas– podrían aportarle dinero en el futuro. Archive cuidadosamente su trabajo. Guárdelo todo, incluidas copias, negativos, diapositivas y discos. Puede que ahora no aprecie su valor, pero el tiempo cambia las fotografías. Gente que ha fotografiado se puede hacer famosa, lo que aportaría a sus imágenes un valor totalmente nuevo. Incluso imágenes de temas cotidianos y de la vida diaria pueden adquirir un valor histórico o nostálgico, y también comercial. A través de su difusión podrá maximizar el valor de su propio archivo.

Distribución

La distribución es el proceso por el cual se ofrece una fotografía a una clientela lo más amplia posible. Internet ha facilitado mucho este proceso. Las agencias de noticias fotográficas y de deportes, y los archivos se dedican a vender sus fotografías a cualquiera que desee comprarlas, y para ello las muestran en sus sitios web. El precio depende del uso que se vaya a dar a las imágenes.

Si tiene la posibilidad de emplear unos pocos minutos en hacer una fotografía de una celebridad, puede ganar dinero durante muchos años. Cuanto mayor y más duradera sea la fama de la estrella, más se prolongarán sus ingresos. Pero para ello tiene que captar una buena imagen.

Asimismo, si coloca su trabajo en un banco de imágenes, tendrá la oportunidad de ganar dinero mientras duerme –aunque, de nuevo, primero tiene que hacer fotografías que la gente quiera adquirir.

Derechos de autor

Los ingresos procedentes de las ventas de fotografías de archivo se llaman derechos de autor. La industria del sector ha estipulado unas tarifas para el uso de las imágenes. Éstas varían en función del tamaño al que se utilicen –un cuarto de página, media página, página completa o portada–. También hay diferentes tarifas para su uso en diseño y publicidad. Si sus fotografías aparecen en vallas publicitarias recibirá derechos de autor muy elevados.

El dinero por la venta de una imagen del archivo de un banco de imágenes generalmente se divide a partes iguales entre la agencia y el fotógrafo.

«Hoy existen alternativas al fotógrafo comercial. Si tiene visión del futuro, una de las posibilidades es hacer exposiciones para que la gente compre su trabajo.»
Nicky Michelin, comisario, The Photographers' Gallery, Londres.

Exposiciones

Una nueva clase de jóvenes fotógrafos basan sus carreras en la venta de su trabajo en galerías en lugar de cobrar comisiones de revistas o agencias. Algunos han conseguido de este modo una reputación internacional y ahora viven de la venta a coleccionistas. Además de exponer en galerías, adquieren reconocimiento gracias a la publicación de su trabajo en libros y al ser nominados a premios importantes o ganarlos. Algunos fotógrafos que han seguido este camino son Wolfgang Tillmans, Philip-Lorca diCorcia y Roger Ballen.

Copias y ediciones limitadas

Venta de copias

El mercado de venta de copias de fotógrafos nuevos y famosos es cada vez más activo. Los compradores son sala de arte públicas, coleccionistas e inversionistas privados, y sus motivos son los mismos que impulsan a otras galerías y coleccionistas a comprar cuadros. El mercado de las copias fotográficas está particularmente consolidado en Norteamérica y los precios llegan a alcanzar cientos de miles de dólares en subasta.

La venta de copias es un fenómeno tan nuevo que hasta hace poco en la mayor parte de la historia de la fotografía se trataba por encima. Existen lamentables historias de enormes archivos que han acabado en la hoguera y de negativos de vidrio históricos utilizados para restaurar invernaderos. Un fotógrafo entrevistado para este libro recuerda que las copias de Diane Arbus –ahora cada una de ellas cuesta lo mismo que una casa– estaban pegadas en una tabla, entre el caos del departamento de arte del *Sunday Times*, y cualquiera podía llevárselas a casa; tan poco valor se les otorgaba.

Ediciones limitadas

El valor de las copias modernas se mantiene produciendo ediciones limitadas. El fotógrafo hace un pequeño número de copias positivadas a mano a partir de un negativo, quizá diez o veinte. El precio de cada copia se pacta con la galería o el agente. Nada evita que el fotógrafo cree otra edición más adelante, o incluso que haga tantas ediciones como guste.

Las ediciones limitadas de imágenes digitales se pueden producir del mismo modo, con la garantía de que no se crearán copias adicionales en esa edición. Las copias digitales se hacen con tintas pigmentadas con calidad de archivo.

«Las copias de época pueden tener un aspecto fantástico cuando la imagen se ha relajado en el papel.»
Nicky Michelin, comisario, The Photographers' Gallery, Londres.

Copias de época

Una copia antigua tiene mucho más valor que una moderna, pues la creó el fotógrafo en el momento de captar la imagen o poco después, y por lo general, está copiada sobre tipos de papel que ya no existen. Las copias de época de fotógrafos famosos son mucho más raras y tienen un valor mucho más alto para los coleccionistas que las copias modernas, especialmente si están firmadas. Después de la muerte del fotógrafo, su familia o sus representantes a menudo se continúan haciendo ediciones modernas de sus fotografías.

Debido a su rareza, el valor de las copias de época puede ser muy elevado. Por ejemplo, sólo existen tres copias antiguas de la fotografía de Man Ray *Tears*: cada una de ellas vale cientos de miles de euros.

La Biblia VI

Fotografía: la historia

1826 Joseph Nicéphore Niépce crea la fotografía más antigua que existe, bautizada por él como «heliografía» o dibujo con sol. Tiempo de exposición: 8 horas.

1839 Louis-Jacques-Mandé Daguerre anuncia la invención del daguerrotipo, el primer proceso práctico que puede usarse para crear fotografías permanentes. Tiempo de exposición: alrededor de treinta minutos.

Década de 1840 Los tiempos de exposición se reducen a unos pocos minutos, lo que permite hacer retratos por primera vez.

1841 W. H. Fox Talbot patenta el proceso del calotipo: un negativo de papel encerado que permite hacer múltiples copias de un mismo original por primera vez. Este proceso negativo/positivo se ha convertido en el estándar de la fotografía hasta la llegada de las cámaras digitales.

1842 Sir John Herschel inventa el proceso del cianotipo.

1844 Talbot publica *The Pencil of Nature,* el primer libro de fotografías.

1845 Friedrich von Martens inventa la primera cámara panorámica. Construye una cámara giratoria llamada Megaskop.

1849 Sir David Brewster diseña un visor binocular para ver estereografías. Fue un aparato muy popular durante el siguiente medio siglo.

Década de 1850 La combinación del proceso de negativos de vidrio y copias de albúmina remplaza al daguerrotipo como método estándar para hacer y positivar fotografías. Se utilizó durante los siguientes treinta años.
Mathew Brady publica una colección de fotografías de norteamericanos famosos.
Las primeras fotografías aéreas se toman desde globos sujetos con cuerdas.

1853 La imagen de un granero en llamas se utiliza como una de las primeras fotografías de prensa.

1854 Las tarjetas de visita fotográficas, conocidas como *cartes-de-visite*, se patentan en Francia. Son retratos fotográficos impresos del tamaño de una tarjeta de visita, con el nombre y la dirección del modelo impresos en el reverso. Adquieren gran popularidad y estalla una «cardomanía» por coleccionarlas. Los estudios de retrato se extienden en todo el mundo.

1855 El primer fotógrafo oficial de guerra, el inglés Roger Fenton, cubre la guerra de Crimea.

1857 Se inventan las primeras ampliadoras.

1858 El inglés Francis Frith fotografía las pirámides de Egipto, donde utiliza en ocasiones tumbas como laboratorios.

1861 El físico James Clerk Maxwell crea una fotografía en color usando un proceso de separación de colores. Fotografía varias veces una cinta de tela a través de filtros rojo, verde y azul. Proyecta cada una de las imágenes superponiéndolas para crear una fotografía en color.

1861-1864 Mathew Brady y su equipo fotografían la guerra civil de Estados Unidos.

Mediados de la década de 1860 La novedad de las *cartes-de-visite* empieza a disminuir, y adquiere popularidad un formato algo mayor.

Década de 1870 Los tiempos de exposición se reducen a fracciones de segundo cuando se empiezan a usar obturadores en los objetivos.

Décadas de 1870 y 1880 En el punto álgido de la locura por la estereografía se fabrican hasta 25.000 tarjetas estéreo por día.

1872 Eadweard Muybridge fotografía los movimientos exactos de un caballo a medio galope, utilizando velocidades de obturación de aproximadamente 1/500 de segundo, con lo que redefine la locomoción animal.

1878 El proceso de placa de gelatina seca remplaza al negativo de placa húmeda.

1880 El *New York Daly Graphic* es el primer periódico que publica una fotografía en semitono.

1882 Por primera vez se fabrica papel de gelatina de plata. Hoy día sigue siendo el método estándar para hacer ampliaciones fotográficas en blanco y negro.

1886 Se desarrolla la primera película negativa –emulsión sensibilizada protegida por una cubierta de papel que se retira durante el procesado.

1887 Se inventa el flash (polvo).

1888 Georges Eastman lanza al mercado la cámara Kodak de 25 dólares, la primera en usar película negativa en rollo.

1890 Se publica *How the Other Half Lives,* un libro de fotografías iluminadas con flash, de Jacob Riis.

Década de 1890 Las fotografías comienzan a remplazar a los dibujos en publicidad.

1892 Aparece la revista *Vogue*.

1895 Wilhelm Röntgen inventa los rayos X, con lo que se produce la primera fotografía a través de carne viva (de la mano de su mujer, que lleva un anillo).

1900 Aparece la cámara Kodak «Brownie» de 1 dólar.

Década de 1900 Inicio de la locura por las postales, que continúa durante tres décadas. La oficina de correos ofrece hasta seis repartos por día. Las cámaras se fabrican para proporcionar copias de tamaño postal. Los estudios aprovechan esta afición ofreciendo fantásticos fondos y accesorios.

El primer intento de fotografiar el paisaje de África finaliza en desastre después de que el globo diseñado para sostener la cámara se atara a una vaca para anclarlo al suelo. Una ráfaga de viento eleva la vaca y ni ésta ni el globo ni la cámara se vuelven a ver.

1901 Se publica *The Human Figure in Motion,* de Eadweard Muybridge.

1902 Alfred Stieglitz, Edward Steichen y Clarence White abren la galería 291 en Nueva York, donde se exhiben fotografías y trabajos artísticos en otros medios, firmados por los artistas más destacados de la época.

1904 Aparece el primer periódico británico ilustrado con fotografías, *The Daily Illustrated Mirror*.

1905 En Gran Bretaña se venden 620 millones de postales.

1907 Auguste y Louis Lumière inventan en Francia la fotografía en color, y lanzan el Autochrome, el primer método práctico para obtenerlas. Las placas Autochrome se convirtieron en el proceso de color estándar hasta la década de 1930.

Década de 1910 En los pasaportes se comienza a incluir fotografías.
Los estudios comerciales ofrecen retratos Biofix –su propio *book* instantáneo.

1912 Se fabrica la cámara Speed Graphic, la máquina original del fotógrafo de prensa.

Década de 1920 En Berlín y Múnich aparecen las revistas ilustradas *BIZ* y *MIP*. Las primeras fotografías por cable –imágenes transmitidas por teléfono– revolucionan su distribución.
Man Ray crea fotogramas («rayogramas») exponiendo objetos sobre papel fotográfico con una bombilla desnuda.

1925 Aparece la cámara Leica. Es la primera cámara de 35 mm fabricada a gran escala. Se diseñó con un objetivo de 50 mm y un visor en la parte superior del cuerpo. Usaba película de cine perforada como la que se usa actualmente.
Se inventa el flash de bombilla.

1928 Aparece la cámara Rolleiflex TLR, con un formato de imagen de 6 × 6 cm.

1931 Harold Edgerton inventa la fotografía de acción.
Los tiempos de exposición bajan hasta 1/100.000 de segundo.

1932 Se funda el grupo f64.

1933 Se publica *Paris de Nuit*, de Brassaï.

1935 La Farm Security Administration contrata a varios fotógrafos para documentar las condiciones rurales en Estados Unidos. Se hacen más de un cuarto de millón de fotografías.

1936 Se publica la revista *Life*.

Principios de la década de 1940 Edwin Land inventa la película Polaroid en blanco y negro.

1942 Aparece la película negativa Kodacolour.

1945 Se publica el libro de Weegee *Naked City*.

1946 Desde un cohete lanzado por Estados Unidos se toman las primeras imágenes del espacio.

1947 Se constituye la agencia fotográfica Magnum.

1948 Aparece la cámara Hasselblad de formato medio. Fabricada en Suecia, ofrece objetivos intercambiables y un sistema rápido para cargar los rollos de 12 exposiciones.
Aparece la cámara Polaroid, que produce copias un minuto después de la exposición.

Finales de la década de 1940 Aparece la primera película negativa de color.

1955 El fotógrafo Edward Steichen organiza la exposición *Family of Man* en el Museo de Arte Moderno, en Estados Unidos.

1958 El libro *The Americans*, de Robert Frank, provoca un escándalo.

1959 Aparece la Nikon F, con una palanca de avance rápido, objetivos intercambiables, motor opcional, visor a través del objetivo y previsualización de la profundidad de campo.
Se lanza al mercado la fotocopiadora Xerox, inventada por Chester Carlson.
Se registra la primera imagen de la Tierra desde un satélite.

1963 Kodak lanza la cámara Instamatic con un cartucho de película extraíble. Polaroid fabrica las copias Polaroid en color.

1967 La revolucionaria exposición *New Documents,* en el Museo de Arte Moderno de Nueva York, incluye obras de Diane Arbus, Garry Winogrand y Lee Friedlander.

Década de 1970 La película para diapositivas en color se convierte en el medio estándar de la fotografía profesional.

1972 Diane Arbus publica su primer libro.

1973 Polaroid introduce la cámara SX70.
Se introduce el proceso C41 para negativos en color.

1976 Lanzamiento del ordenador Apple.

1978 Konica lanza la primera cámara autofoco de apuntar y disparar.

Década de 1980 Desarrollo de la cámara de «vídeo estático», que remplaza la película por píxeles. Aparecen las primeras cámaras compactas con zoom.
Se introduce la codificación DX para la película de 35 mm, lo que permite a las cámaras leer el valor ISO automáticamente.

1981 Sony lanza la primera cámara electrónica sin película. Las imágenes se registran en un disco y luego se pueden ver en la televisión.
Invención del ratón de ordenador.
Untitled Film Stills, de Cindy Sherman, se expone por primera vez.

1982 Invención de la cámara Lomo Compact.

1984 Apple lanza la campaña Mac «Think different» (piensa diferente).

Mediados de la década de 1980 Primeras cámaras digitales y escáneres.

1986 Kodak inventa la primera cámara megapíxel.

1987 Fuji lanza la cámara de 35 mm desechable.

1989 Se celebran 150 años de fotografía.
Lanzamiento de la cámara Action Sampler.
Lanzamiento del programa Photoshop.

Década de 1990 Las cámaras digitales se convierten en la herramienta estándar del fotógrafo de prensa y deportes.
Las fotografías instantáneas hechas por fotógrafos profesionales empiezan a ser comunes en las revistas.

1990 Kodak lanza el Photo CD como medio para almacenar imágenes digitales.

1991 Kodak lanza la primera cámara digital profesional, la Nikon F3, equipada con un captador de 1,3 megapíxeles.

1994 El gobierno de Estados Unidos libera el control sobre internet.

Mediados de la década de 1990 La locura Lomo se extiende por todo el mundo.

2000 Lanzamiento de los móviles con cámara.

2003 En Estados Unidos las cámaras digitales superan en ventas a las analógicas.

2004 Kodak empieza a reducir la fabricación de película y recorta 15.000 puestos de trabajo en todo el mundo.
Se predice una venta de 150 millones de móviles con cámara en todo el mundo, que alcanzarán la cifra de 656 millones en 2008.

2005 Fotografías en color recorren 120 millones de km desde Titán, una de las lunas de Saturno, hasta la Tierra.

Fotografía y ley

Libertad de expresión y el derecho a la intimidad

Un fotógrafo es un ciudadano con una cámara que, como cualquier otra persona, tiene que cumplir la ley. En la mayoría de los países la ley intenta equilibrar el derecho a la libertad de expresión y una prensa libre con el derecho a la intimidad individual. En esencia, si una persona está en una propiedad privada, como su casa o su jardín, un fotógrafo no puede hacer una fotografía sin su permiso. Tampoco está autorizado a hacerlas en ciertas zonas de los aeropuertos o los juzgados.

Fotógrafos en los tribunales

La ley que regula la realización de fotografías a la gente en la calle difiere en función del país, y está abierta a una interpretación muy amplia. En Gran Bretaña, por ejemplo, hacer una ley general sobre la intrusión y la intimidad ha sido imposible. Esto ha conducido a horas de discusiones en los juzgados, y los que suelen ganar son equipos legales gracias a los honorarios que cobran. Tan pronto como se dicta una sentencia que sienta un precedente, ésta es desafiada o rebatida en otro juicio. La situación es algo más complicada debido a las diferentes áreas de la ley que pueden afectar a las imágenes y a la publicación –áreas como difamación, intimidad y derechos humanos.

En Europa existen conflictos entre las leyes de estados individuales y la ley de la Unión Europea. En Estados Unidos, el principio de la libertad de expresión artística como derecho constitucional es complicado, porque las leyes varían de un estado a otro.

Los famosos recurren regularmente a los juzgados tratando de impedir que se difundan las fotografías de prensa que les muestran bajo una luz desfavorable. Las empresas tampoco se lo piensan mucho antes de llevar a un fotógrafo a los tribunales cuando sus productos aparecen en unas fotografías. Algunas personas han exigido a los fotógrafos que se les pagasen los derechos de después de salir en imágenes que se han vuelto populares.

Todo ello podría conducir a una absurda situación en la que ya no sería posible publicar o exponer ninguna fotografía ni hacer comentarios sobre ningún producto o persona. Los fotógrafos deberían tener el derecho de hacer fotografías en lugares públicos y de expresar ideas desafiantes y creativas sin ser denunciados. Por otro lado, la introducción de la legislación en Gran Bretaña para restringir el uso encubierto de móviles con camara, por ejemplo, ha sido muy bien recibido por la prensa y el público.

Derechos de autor

En la ley británica y en la española, el creador de una fotografía es el propietario de los derechos de autor, a menos que se acuerde lo contrario. Los derechos de autor proporcionan a los creadores protección legal contra el uso no autorizado de su trabajo y tienen una vigencia de setenta años después de la muerte de su propietario.

Sin embargo, los derechos de autor también se pueden ceder a terceras personas. Por ejemplo, si una empresa de publicidad quiere imprimir un póster de una de sus fotografías para venderlo en las tiendas, puede negociar un acuerdo de licencia con ella. Existen tarifas estándar sobre la concesión del uso de fotografías en diferentes medios que pueden servir como base para establecer el acuerdo.

Cuando una empresa pública utiliza una fotografía sin obtener primero el permiso del fotógrafo, infringe los derechos de autor. El propietario puede ir a los tribunales para evitar futuras infracciones y reclamar daños y perjuicios. La sentencia se calcula generalmente en función de la suma que le habrían pagado al propietario por ceder los derechos de autor de la imagen. También tiene el derecho de exigir la destrucción de las publicaciones que hayan infringido sus derechos de autor. Los creadores también disfrutan de lo que se conoce como el «derecho a la integridad», por el cual pueden objetar cualquier manipulación o alteración de su trabajo que pudiera ser perjudicial para su reputación.

El lenguaje de la fotografía

Luces, sombras, reservas, quemados, virados, zapatas y viseras son parte del rico lenguaje fotográfico.

A

A sangre – copias fotográficas o imágenes impresas en libros y revistas sin bordes.

Abertura – tamaño del orificio del objetivo a través del cual pasa la luz. La amplitud de la abertura viene indicada por el número f.

Aerógrafo – pulverizador mecánico inventado en la década de 1890 que usa aire comprimido para pulverizar pintura o tinta. Herramienta fotográfica de retoque digital.

Altas luces – los tonos más claros de una fotografía.

Alto contraste – imágenes que aprovechan los extremos de la gama tonal: sólo negros y blancos. Esto se consigue mediante la iluminación, el procesado, el copiado o la manipulación. Lo utiliza el fotógrafo Daido Moriyama.

Ambrotipo – imagen en positivo directo sobre vidrio.

Ampliación – copia fotográfica de un negativo o diapositiva a mayor tamaño que el original. Se hace proyectando una imagen ampliada del fotograma sobre papel fotográfico u otro material sensible. Cualquier grado de ampliación supone cierta pérdida de calidad.

Ampliadora – aparato diseñado para proyectar un negativo sobre papel sensible.

Anaglifo – imagen que proporciona la ilusión de una vista tridimensional cuando se mira a través de filtros rojo y verde o rojo y azul. Se crea usando dos cámaras separadas por la distancia que hay entre los ojos. Se imprimen vistas gemelas de una escena en diferentes colores –por lo general rojo y verde o rojo y azul– y luego se superponen. Las películas de terror de la década de 1950 usaban este efecto creativamente y con mucho humor –como en *House of Wax* y *The Creature from the Black Lagoon*–. Algunos fotógrafos están especializados en crear anaglifos. *Véase* **Fotografía estereoscópica.**

Archivo – proceso diseñado para proteger una copia o negativo del deterioro causado por una reacción química o la luz.

ASA – sistema para clasificar la sensibilidad de la película a la luz, ideado por la American Standards Association. Las cámaras digitales también usan ajustes ASA para indicar niveles variables de sensibilidad a la luz. *Véase* **ISO**

Autochrome – nombre del primer proceso fotográfico de color, lanzado comercialmente en 1907 por los hermanos Lumière. Utilizado por Jacques-Henri Lartigue.

Autofoco – sistema por el cual la cámara ajusta el objetivo para enfocar sobre un área determinada, por ejemplo cuando el sujeto está en medio de la escena.

B

Baño de paro – solución utilizada durante el procesado para detener la acción del revelador antes de colocar la película o el papel en el fijador.

Barrido – seguir el movimiento de un objeto con la cámara.

Book – portafolio del fotógrafo.

***Bracketing*/horquillado** – proceso que consiste en hacer varias exposiciones, por encima y por debajo del valor indicado por el fotómetro. Se utiliza para asegurar una fotografía bien expuesta.

C

Cabeza de flash – unidad con un tubo de flash que emite un destello intenso de luz.

Cable de sincronización – cable eléctrico que conecta el flash a la cámara y lo sincroniza con el obturador.

Cable disparador – cable flexible utilizado para activar el obturador de la cámara. Se usa habitualmente para hacer exposiciones largas con la cámara sobre trípode, ya que cualquier movimiento podría arruinar la fotografía.

Calotipo – también llamado «talbotipo», por el nombre de su inventor William Henry Fox Talbot; patentado en 1841. Los negativos se copiaban por contacto para producir un positivo, usando el sol como fuente de iluminación. El proceso negativo/positivo se convirtió en el sistema estándar de copiado antes de la fotografía digital.

Cámara de campo – en esta cámara la imagen que se va a fotografiar se ve sobre una pantalla de vidrio esmerilado situada en el respaldo. Las cámaras de campo son generalmente de gran formato, entre 10 × 12 y 20 × 25 cm.

Cámara de placas – nombre alternativo de la cámara de gran formato.

Cámara Lomo – cámara de bajo precio de control simple y con un obturador capaz de calcular exposiciones largas con precisión.

Cámara manual – cámara no automática en la que el fotógrafo controla el enfoque, la abertura y la velocidad de obturación.

Cámara panorámica – cámara con un ángulo de visión muy amplio.

Cámara réflex – cámara que usa un espejo para reflejar la imagen sobre una pantalla de visualización y enfoque.

Camera lucida – dispositivo óptico de dibujo utilizado por algunos artistas. Consiste en un prisma montado sobre una vara sujeta en una tabla de dibujo. Al ajustar el prisma, el artista podía ver la escena proyectada sobre la lámina de dibujo, donde podía calcarla.

Carte-de-visite – sistema de retrato popular patentado en Francia en 1854. André Disderi tuvo la ingeniosa idea de positivar fotografías de sus clientes al tamaño tradicional de una tarjeta de visita –sobre 6,25 × 10 cm–, con el nombre y la dirección del modelo impresos en el reverso. Esto condujo a que la gente regalara fotografías, y de ahí surgió una «cardomanía» por coleccionar imágenes de gente importante, incluida a la reina Victoria y a Napoleón III. Para ello, se tomaba una secuencia de cuatro, ocho o doce retratos en un solo negativo con cámaras especialmente diseñadas. A continuación, las fotografías se copiaban por contacto antes de cortarlas al tamaño final.

CCD – sensor que registra luz, color e intensidad en cámaras digitales, escáneres, televisión y cámaras de vídeo. CCD es el acrónimo inglés de dispositivo de carga acoplada.

CD – compact disc; medio diseñado para almacenar grandes cantidades de datos digitales.

Célula de simpatía – dispositivo electrónico que activa una unidad de flash cuando detecta un destello de luz de otro flash. También se llama célula esclava.

Chasis – receptáculo opaco a la luz para película en hojas de gran formato.

Chasis de película – receptáculo de metal o de plástico que contiene película de 35 mm. Se carga directamente en la cámara.

Cianotipo – proceso inventado por Sir John Herschel en 1842 para crear copias con un bello fondo azul. La exposición se hace con luz del sol, tras colocar objetos o un negativo sobre papel previamente sensibilizado. Para ello, el papel se empapa en una solución de amoniocitrato potásico de hierro y ferricianuro potásico, y luego se deja secar a oscuras. Después de la exposición, cuando se lava el papel aparece un bello color cyan o azul. El cianotipo es el precursor del proceso de copiado azul, utilizado creativamente por fotógrafos, ingenieros y arquitectos.

Cibachrome – copia a partir de una diapositiva. El proceso Cibachrome fue creado por Agfa.

Cliché verre – significa «placa de vidrio». Se aplica una fina capa de pintura negra sobre la lámina de vidrio y a continuación se raya. Luego la hoja se usa como negativo y se copia por contacto sobre papel fotográfico. La luz que atraviesa las zonas rayadas crea una imagen en el papel.

Clip – medio para asegurar una exposición correcta cuando se procesa una película positiva o negativa. A oscuras, con unas tijeras se cortan uno o más fotogramas de un rollo expuesto de película. Luego este «clip» se procesa y el fotógrafo lo estudia. Si el «equilibrio» de la película es insatisfactorio se puede aumentar o reducir el tiempo de revelado.

Compresión – reducir el tamaño de una imagen digital para facilitar su transmisión y archivo.

Cono – accesorio de forma cónica acoplado a una fuente de iluminación para crear un haz estrecho de luz.

Contraluz – la luz que está detrás del sujeto y la cámara.

Contrastado – imagen o escena con una gran diferencia entre los tonos oscuros y claros; lo opuesto a «plano».

Contraste – diferencia entre los tonos oscuros y claros de una imagen.

Copia – imagen fotográfica, generalmente sobre papel.

Copia al platino – copia a partir de negativo que ofrece una sutileza tonal superior a la de las copias de «plata». El copiado de platino dejó de usarse durante la primera guerra mundial, cuando había escasez de este metal debido a la demanda por su uso en municiones. Desde entonces ha habido un resurgimiento del copiado al platino gracias a la excelente calidad y longevidad de las imágenes. *Véase* «Artistas pioneros con la cámara», pág. 121.

Copia brillante – copia fotográfica con una superficie brillante. La suavidad del papel brillante proporciona mucho detalle.

Copia de época – copia fotográfica creada por un fotógrafo en el momento de tomarla o poco después.

Copia de vitrina – formato para positivar retratos fotográficos que se remonta a la década de 1860 y aún está en uso actualmente. Algunos fotógrafos siguen pidiendo copias a tamaño «vitrina» –8,75 × 11,25 cm–. La novedad de las tarjetas fotográficas (*véase* **Cartes-de-visite**) empezó a reducirse hacia la década de 1860, y dio paso a las fotografías de vitrina, de tamaño algo mayor. Estas imágenes se diseñaron para su exposición en vitrinas. Estaban montadas, generalmente, sobre cartulina, con los nombres del fotógrafo y del estudio grabados laboriosamente en el reverso.

Copia Ektacolour – copia hecha a partir de negativo sobre papel Ektacolour. Método utilizado por Philip-Lorca diCorcia.

Copia hecha por transferencia de colorantes – método de impresión en color que ofrece una gran longevidad. Permite a los museos adquirir copias sin preocuparse de su inestabilidad. Se hace fotrografiando una imagen original tres veces bajo diferentes filtros de colores rojo, verde y azul. Estos negativos se utilizan para crear superficies de gelatina que absorben colorantes de los colores asociados. Combinados, recrean la imagen original. El proceso ofrece un gran control del color, que puede ser suntuoso. Lo usaba Harold Edgerton.

Copia Lambda – copia digital creada con tintas pigmentadas, que aseguran una duración muy prolongada.

Copiado lith – proceso de copiado utilizado en el laboratorio de blanco y negro que crea copias muy llamativas, con tonos y contrastes intensos.

Copiado multigrado – sistema de filtros y papel fotográfico, alternativo a los papeles de grado fijo, utilizado para hacer ampliaciones en blanco y negro.

Copiado sobre gelatina de plata – método actual para copiar fotografías en blanco y negro a partir de negativos.

Copias a la albúmina/copiado a la albúmina – el papel a la albúmina se hace revistiendo una lámina fina de papel con una solución de clara de huevo y sal, que luego se sensibiliza con nitrato de plata. El positivado a la albúmina, en combinación con el proceso de placa húmeda, se convirtió en el método estándar para crear fotografías hacia la década de 1860. Fue el proceso más popular hasta aproximadamente 1900. Hoy todavía lo usan algunos fotógrafos. La albúmina añade brillo al papel e intensidad a las altas luces de la copia. Las copias a la albúmina se pueden virar con cloruro de oro para proporcionarles un color púrpura marrón.

Corrección de color – proceso para corregir o mejorar el color de una imagen.

Cuarto oscuro – habitación opaca a la luz utilizada para procesar y positivar. Incorpora luces de seguridad para los materiales empleados. Un lugar mágico donde suceden cosas maravillosas sobre hojas de papel blanco.

D

Daguerrotipo – el primer proceso fotográfico comercial. Produce imágenes de pequeño tamaño, con mucho detalle, únicas, sobre una superficie plateada –el reflejo de la imagen original.

Diapositiva en color – imagen fotográfica positiva en color. Puede verse en una mesa de luz o por proyección. También se puede escanear para su reproducción en revistas, libros, etc. Medio estándar de la fotografía profesional desde la década de 1970 hasta la llegada de la era digital.

Diapositivas – imágenes postivas directas, también conocidas como transparencias.

Difuminar – dispersar o suavizar una fuente de iluminación. Ocurre de forma natural cuando la luz del sol se dispersa al atravesar un manto de nubes.

Digitalizar – tomar o convertir una imagen en un formato que se pueda procesar, almacenar y reconstruir electrónicamente.

DIN – sistema alternativo al sistema ASA, utilizado para describir la sensibilidad de una película fotográfica a la luz.

Dominante de color – predominio de un color determinado en una fotografía.

Duplicado – copia fotográfica de una diapositiva o negativo originales.

DX – sistema de reconocimiento de la sensibilidad de una película utilizado en algunas cámaras analógicas de 35 mm. Permite a la cámara leer automáticamente el valor ISO.

E

Efecto Sabatier – *véase* **Solarizción**.

Eles – herramientas para reencuadrar fotografías en una mesa de luz. Tienen forma de «L» y se utilizan por pares.

Emulsión – revestimiento sensible a la luz en películas y papeles fotográficos.

Emulsión fotográfica líquida – emulsión fotográfica que se puede aplicar sobre numerosos materiales, incluido vidrio, metal, madera, lienzo, tejidos, yeso y objetos tridimensionales como piedras y azulejos.

Equilibrio del blanco – control en una cámara digital que sirve para adecuar el rendimiento del captador a diferentes fuentes de iluminación y conseguir una reproducción cromática precisa.

Escanear – proceso para convertir copias, negativos y diapositivas en imágenes digitales.

Exposición – cantidad de luz que incide sobre un material fotográfico sensible.

F

Fax – máquina diseñada para transportar documentos por la línea telefónica. Utilizada creativamente por David Hockney.

Fijado – proceso que consiste en dar permanencia a una imagen fotográfica al anular su sensibilidad a la luz.

Filtro de corrección – lámina delgada y transparente de acetato coloreado que se coloca sobre el objetivo o la fuente de iluminación a fin de igualar el equilibrio de color para el que está ajustada la película.

Filtros de color – láminas delgadas de vidrio o plástico que se colocan sobre el objetivo para absorber o permitir el paso de ciertos colores de luz.

Filtros de iluminación – hojas finas y transparentes de acetato coloreado que se utilizan para cambiar el color de la luz.

Filtro polarizador – filtro que reduce o elimina reflejos del agua dependiendo de su orientación. También se puede usar para oscurecer el cielo azul.

Fisiograma – imagen formada por una luz en movimiento, generalmente acoplada a un péndulo en movimiento.

Flash – fuente de iluminación artificial que proporciona un destello de luz breve e intenso.

Flash anular – flash circular que se coloca alrededor del objetivo.

Flash dedicado – unidad de flash diseñada para proporcionar automáticamente una exposición correcta cuando se usa con una cámara compatible.

Flashímetro/fotómetro de flash – fotómetro que mide la intensidad de la luz emitida por un flash; permite al fotógrafo ajustar la abertura de diafragma adecuada.

Fondo sinfín – fondo curvado de estudio que da la impresión de continuidad por detrás del sujeto. Puede iluminarse con luces de colores o con formas proyectadas.

Formateado – proceso que consiste en preparar una tarjeta de memoria reutilizable para registrar fotografías borrando todas las imágenes previas.

Formato – tamaño del fotograma, el papel o la cámara.

Formato medio – término para describir las cámaras que usan película con una anchura de 6 cm: por ejemplo Hasselblad, Bronica y Mamiya.

Forzar – exponer una película a un valor ISO más alto que el nominal. Esta subexposición se compensa durante el procesado.

Fotocopiadora – máquina diseñada para producir copias inmediatas a partir de originales. También se la conoce como máquina Xerox, nombre que proviene del fabricante líder en fotocopiadoras, que introdujo la copiadora Xerographic en 1959. Las máquinas se llamaban copiadoras fotoestáticas. Las fotocopiadoras funcionan usando un proceso fotográfico en el que se forma una imagen del original mediante una carga electroestática. Una luz brillante provoca que la carga en las áreas blancas del orginal se destruya, con lo que queda una imagen de áreas negras de texto o imágenes. Una tinta en polvo o pigmento recoge la carga, y crea una imagen sobre el papel que se sella por calor. Las primeras patentes describen el proceso como «fotografía eléctrica». Algunos fotógrafos la usan creativamente, como Dick Jewell y David Hockney.

Fotograbado – proceso de impresión utilizado para reproducir fotografías. Utilizado por los pictorialistas. *Véase* «Artistas pioneros con la cámara», pág. 121.

Fotografía – imagen formada por la acción de la luz sobre una superficie sensible a la luz.

Fotografía estereoscópica – fotografía que proporciona la ilusión de una vista tridimensional. Se crea captando una misma escena con dos cámaras paralelas y separadas por la distancia entre los ojos. Cuando las dos imágenes se miran a través de un visor binocular (estereoscopio) se mezclan en una sola de aspecto tridimensional. Técnica utilizada por Jacques-Henri Lartigue, que la experimentó con Eadweard Muybridge.

Fotografía lenticular – Proceso para crear copias tridimensionales que pueden verse sin necesidad de gafas 3D.

Fotografía macro – fotografía de objetos pequeños usando objetivos especiales. También se pueden utilizar tubos de extensión, que se colocan entre el cuerpo de la cámara y el objetivo, o lentes de aproximación, que se enroscan en el aro frontal del objetivo.

Fotografía sincrobalística – fotografías tomadas con una cámara foto-finish.

Fotografías en clave alta – imágenes que usan la porción superior de la escala de grises: tonos predominantemente claros. Se consigue mediante la iluminación, el copiado o la manipulación.

Fotografías opalinas – imágenes impresas permanentemente en vidrio.

Fotograma – copia fotográfica hecha sin cámara, creada a oscuras colocando objetos tridimensionales, opacos o transparentes, directamente sobre una hoja de papel u otra superficie sensibilizada. La exposición se hace usando una ampliadora o una bombilla doméstica.

Fotómetro – dispositivo que mide la intensidad de la luz.

Fotómetro puntual – dispositivo utilizado para medir la luz que refleja una zona reducida del sujeto. Se utiliza para calcular la exposición en condiciones difíciles de iluminación, por ejemplo cuando el sujeto está iluminado a contraluz.

Fotomontaje – imagen compuesta por varias fotografías distintas. Término utilizado en la prensa para comunicar a los lectores que una imagen ha sido manipulada o es la combinación de dos imágenes.

G

Generador – unidad electrónica de gran tamaño que sirve para proporcionar energía a una o varias cabezas de flash.

Gigabyte – mil megabytes. *Véase* **Megabyte**.

Goma bicromada – material sensible viscoso y espeso que se puede aplicar a muchas superficies, incluido papel, tejido, madera y metal. Tiene que hacerse artesanalmente, ya que no se comercializa. Puede añadirse acuarela a la mezcla para colorear la imagen. Lo utilizaba Edward Steichen, pictorialista y miembro del grupo Photo Secesionist. *Véase* «Artistas pioneros con la cámara», pág. 121.

Grado/papel graduado – clasificación del papel fotográfico por su contraste, de 0 a 5. 0 tiene el contraste más bajo y 5 el más alto.

Grados Kelvin (K) – unidad de medida de la temperatura de color. Se emplea para expresar las cualidades relativas de las fuentes de iluminación: por ejemplo, la luz diurna equivale a 5.500 K, y la luz de tungsteno a 3.200 K.

Gran formato – término para describir las cámaras que usan película en hojas de 10 × 12 hasta 20 × 25 cm.

Grano – partículas o gránulos visibles en la película después del revelado que crean una imagen fotográfica. Cuando se amplían, nuestros ojos los mezclan en tonos continuos, formando una imagen creíble. El tamaño del grano de un negativo o una diapositiva determina la nitidez del detalle. El tamaño del grano va desde «fino» a «grueso», según el tipo de película utilizada, la exposición y el procesado. Algunos fotógrafos, como Alison Jackson y José Luis Nieto, aprovechan las cualidades del grano grueso.

H

Heliografías – «dibujos con sol», el nombre dado a las primeras fotografías por su creador, Nicéphore Niépce.

Hoja de contactos/copia de contacto – forma inicial en que se ve una película negativa en positivo. Se hace colocando un negativo en contacto con material sensible antes de proyectar luz para crear una copia del mismo tamaño que el negativo. Las copias de contacto eran el único método de positivado antes de la invención de la ampliadora.

I

Imagen digital – tratamiento de fotografías digitales en el ordenador.

Imagen latente – imagen presente en una superficie sensible pero todavía no visible (por ejemplo, antes del revelado).

Imagen positiva directa – fotografía sin negativo.

Impresora de inyección de tinta – dispositivo que imprime imágenes digitalizadas con millones de puntos coloreados de tinta o de pigmentos casi invisibles.

Instantánea – imagen tomada espontáneamente, por lo general a pulso.

IR o R – señal en un objetivo que indica el cambio de enfoque necesario para hacer fotografías con película infrarroja. Es necesario porque las ondas visibles que enfocamos tienen un índice de refracción distinto al de la radiación infrarroja.

ISO – alternativa al sistema ASA. Se utiliza para describir la sensibilidad de las películas fotográficas a la luz. ISO es el acrónimo de International Standards Organization. *Véase* **ASA.**

J

Joiner **(ensamblaje)** – Término utilizado por David Hockney para identificar sus collages fotográficos.

JPEG – abreviatura de Joint Photographic Experts Group. Se pronuncia «jey peg». Formato utilizado para enviar y almacenar imágenes digitales.

Julio – unidad utilizada para cuantificar la potencia de un flash electrónico.

K

Kodachrome – película para diapositivas de grano fino y elevada saturación de color, fabricada por Kodak.

L

Latitud – Capacidad del medio de registro para reproducir una gama completa de tonos a pesar de que la exposición sea incorrecta.

LCD – pantalla de pequeño tamaño en el respaldo de las cámaras digitales. Se utiliza para revisar imágenes, todas al mismo tiempo o una por una. LCD son las siglas en inglés de pantalla de cristal líquido.

Lector de tarjetas – dispositivo conectado a un ordenador o a una impresora que puede leer la información de la tarjeta de memoria de una cámara digital.

Lente – elemento de vidrio que modifica la dirección de la luz.

Linterna mágica – antecesor del proyector de diapositivas. Hace cien años, las linternas mágicas alimentadas por cilindros de hidrógeno podían proyectar imágenes con una potencia equivalente a la de los proyectores de cine actuales.

Longitud focal – sistema utilizado para indicar el grado con que un objetivo aumenta o reduce el ángulo de toma. Está indicada en el barrilete del objetivo.

Lote – serie de números de identificación grabada en el envoltorio de los de materiales sensibles a la luz. Durante la fabricación puede darse una ligera variación en la sensibilidad de las películas y los papeles fotográficos. Por ello, para asegurar resultados consistentes, los profesionales usan materiales de un mismo lote.

Lupa – se utiliza para ver diapositivas y negativos.

Luz ambiente – la luz que existe en el lugar donde se va a hacer una fotografía. Lo contrario sería la luz introducida por el fotógrafo. También se llama luz «disponible» o «natural».

Luz artificial – luz procedente de una bombilla o flash.

Luz de modelado – luz de tungsteno de baja potencia incorporada en las unidades de flash de estudio. Sirve para ayudar a colocar los flashes.

Luz de seguridad – luz de baja potencia utilizada en el laboratorio de blanco y negro para poder ver lo que se está haciendo sin exponer las copias.

Luz disponible – *véase* **Luz ambiente.**

Luz estroboscópica – varios destellos de luz de flash en rápida secuencia. Harold Edgerton fotografió el swing de un golfista activando 100 flashes en un segundo.

Luz incidente – la luz que llega al sujeto.

Luz mixta – combinación de fuentes de iluminación: por ejemplo, flash y luz diurna.

Luz natural – *Véase* **Luz ambiente.**

Luz parásita – luz que se dispersa o refleja dentro del objetivo o de la cámara, lo que causa pérdida de contraste. Puede usarse creativamente.

Luz rebotada – luz que no incide directamente sobre el sujeto desde su fuente, sino que ha sido reflejada en otra superficie, como un reflector, una pared o el techo.

M

Máscara – material utilizado par cubrir parte de una imagen.

Megabyte – unidad de información digital utilizada para describir el tamaño de una imagen digital y el espacio disponible en una tarjeta de memoria.

Megapíxel – un millón de píxeles. Las unidades de megapíxeles se usan para indicar la calidad relativa y la finura de detalle proporcionadas por una cámara digital.

Mesa de luz – aparato para ver diapositivas. La fuente de iluminación está equilibrada para luz diurna.

Monopié – soporte para cámara con una sola pata.

Motor de arrastre – sistema automático de arrastre utilizado en algunas cámaras.

Multimedia – combinación creativa de imágenes estáticas digitales, imágenes en movimiento, gráficos, texto y sonido en el ordenador. Se utiliza con propósitos artísticos, creativos y comerciales.

N

Negativo – imagen producida en la emulsión fotográfica por una exposición seguida por el revelado, donde se invierten los tonos.

Número f – número que expresa la abertura de un objetivo. Cuanto más alto es el número, más pequeña es la abertura.

O

Objetivo con control de perspectiva – objetivo que se puede desplazar hacia arriba, hacia abajo y lateralmente para evitar o corregir la distorsión de la perspectiva.

Objetivo macro – permite fotografiar el sujeto a una escala superior 1:1. Algunos objetivos zoom incluyen una posición macro.

Objetivo ojo de pez – granangular extremo. Utilizado por David McCabe.

Objetivo soft focus – objetivo fabricado a principios de la década de 1900 para ayudar a los fotógrafos aficionados a crear los efectos de los fotógrafos pictorialistas. *Véase* «Artistas pioneros con la cámara», pág. 121.

Objetivo zoom – objetivo de longitud focal variable.

Ojos rojos – efecto de la luz del flash reflejada en la retina. Con mayor frecuencia se produce cuando el flash está cerca del objetivo y con flash anular.

P

Pantalla fresnel – pantalla de visualización utilizada para intensificar la luz cuando se mira a través del visor de la cámara. Particularmente útil cuando el sujeto está iluminado a contraluz.

Papel con base de fibra – papel fotográfico de blanco y negro fabricado con fibras de algodón.

Papel de resina – papel fotográfico con la superficie reforzada por una fina capa de plástico. Resulta ideal para el procesado en máquina. Puede pasar a través de los rodillos y, por tanto, también es ideal para el revelado en cubetas. Disponible en varios acabados, incluido brillo y mate.

Papel mate – papel fotográfico no reflectante.

Paraguas – accesorio utilizado para suavizar la luz. Algunos están diseñados para reflejar y otros para dispersar.

Parasol – tubo cuadrado o rectangular que previene la entrada de luz no deseada en el objetivo.

Pase de diapositivas – secuencia de diapositivas organizadas por temas. Versión actual de las proyecciones con linterna mágica del siglo XIX. En muchos ámbitos se ha remplazado por las presentaciones digitales, que carecen del impacto, la nitidez y el color de las diapositivas.

Película – material de plástico transparente revestido con una emulsión sensible a la luz.

Película infrarroja – película sensible a la luz y a la radiación infrarroja, a simple vista invisibles. La película infrarroja en blanco y negro registra los tonos de piel muy luminosos y los ojos muy oscuros. Las fotografías de paisaje adquieren una impresión fantasmal. Minor White y Weegee utilizaban película infrarroja en blanco y negro.

Película negativa de color – película que proporciona una imagen en color en forma negativa después del procesado.

Película para diapositivas – película que proporciona una imagen en color en positivo después del procesado.

Película para luz diurna – película diseñada para producir un rendimiento cromático natural cuando la luz tiene una temperatura de color de 5.500 K, como el sol de mediodía o el flash.

Película para tungsteno – película de color diseñada para proporcionar colores naturales bajo luz artificial (bombillas de tungsteno).

Película rápida – película con una sensibilidad elevada a la luz, y que por tanto se puede usar con bajos niveles de iluminación.

Photoshop – programa de ordenador adoptado por los fotógrafos como la herramienta estándar para manipular, alterar y retocar fotografías.

Píxel – abreviatura de *picture element* (elemento de imagen). Los pequeños bloques de color que en conjunto crean una imagen digital.

Plano/plana – describe una escena o imagen con poca diferencia de brillo entre las áreas claras y oscuras; lo opuesto a «contrastado».

Polaroid – sistema de película y cámara que produce fotografías positivas en aproximadamente un minuto.

Procesado E6 – productos químicos utilizados para procesar película positiva de color.

Proceso C41 – soluciones químicas utilizadas para procesar película negativa de color.

Proceso de placas húmedas – proceso fotográfico del siglo XIX para crear negativos. Las placas de vidrio se sensibilizaban a la luz con una sustancia pegajosa llamada colodión mezclada con sales de plata sensibles a la luz. Mientras todavía estaba húmeda, la placa se colocaba dentro de la cámara y se exponía; si se dejaba secar, su sensibilidad se reducía considerablemente. Se utilizaba en combinación con las copias a la albúmina. Este sistema remplazó al calotipo y al daguerrotipo, y fue a su vez remplazado por el proceso de placa seca a finales de la década de 1870. Julia Margaret Cameron trabajaba con esta técnica de placas húmedas.

Profundidad de campo – zona de enfoque en una fotografía. El área por delante y por detrás del punto de enfoque en una imagen fotográfica que se registra con buena nitidez.

Proyección frontal – técnica de cine que consiste en la combinación simultánea de un sujeto y una imagen en una fotografía. Se proyecta la imagen sobre una pantalla, frente a la cual se coloca el sujeto. Éste se ilumina por separado, evitando cuidadosamente que la luz llegue al fondo. La fotografía se debe tomar desde el mismo eje de proyección para evitar la superposición de las dos imágenes.

Q

Quemar/quemados – proceso que consiste en oscurecer una zona concreta de una copia aumentando la exposición.

R

RA4 – soluciones químicas utilizadas para revelar película de negativo color.

Rayos X – radiación invisible que puede penetrar en la mayoría de las sustancias y forma una imagen en sombra sobre la película. Helmut Newton utilizó rayos X de forma creativa.

Reencuadrar – modificar los bordes de una fotografía cambiando la posición de la cámara, ajustando la ampliadora o el marginador durante el copiado o recortando la copia final.

Relleno – fuente de iluminación que aclara las sombras, de modo que reduce el contraste.

Reservas – aclarar una zona de una copia cubriéndola durante la exposición.

Resolución – calidad relativa y finura de detalle en una fotografía digital.

Respaldo de película Polaroid – respaldo que puede acoplarse a varios tipos de cámaras. Muchos fotógrafos usan este sistema para comprobar la exposición antes de disparar con película. Existen respaldos Polaroid para todos los formatos de cámara.

Retoque – modificar una imagen para hacer correcciones y mejoras o para cambiar sus características.

Retroproyección – sistema utilizado para crear fondos en un estudio.

Se fotografía una escena y se proyecta sobre una pantalla con objetos o gente situados delante.

Revelado cruzado – término utilizado para describir el procesado de una película positiva de color con soluciones químicas para película negativa de color. Las diapositivas se convierten en negativos densos y de alto contraste, que pueden producir copias en papel muy llamativas y saturadas. El mismo término también se puede aplicar al revelado de película negativa con soluciones químicas para película positiva.

Revelador – producto químico que transforma una imagen latente invisible en visible.

S

Salud y seguridad – término utilizado para describir el sentido común que debe aplicarse cuando se trabaja con equipos y procesos fotográficos. Los fotógrafos tienen que prestar atención a los consejos del fabricante, sobre todo cuando utilizan equipos alimentados con corriente eléctrica y procesos que pueden resultar peligrosos para la salud si se usan incorrectamente.

Sensibilidad de la película – sensibilidad relativa de una película a la luz. Las películas con una sensibilidad alta se describen como «rápidas», y las de sensibilidad reducida, como «lentas».

Shadografía – *Véase* **Fotogramas**.

Silueta – imagen donde el sujeto se ve perfilado contra el fondo. Cien años antes de la invención de la fotografía las siluetas proporcionaban al público un medio barato de producir su propia imagen. Las siluetas son utilizadas por artistas contemporáneos como Kara Walker, que crea imágenes subversivas de clase y raza.

Sistema de zonas – sistema que ayuda a determinar la exposición y los tiempos de revelado para lograr la máxima gradación de valores de gris en el negativo y la copia. Diseñado y utilizado por Ansel Adams.

Sobreexposición – exceso de exposición de la película o del papel fotográfico que destruye la calidad de la imagen.

Soft focus – fotografía ligeramente difusa donde las líneas y los bordes están suavizados sin distorsionar la imagen. Se puede crear con un filtro específico o fotografiando a través de un vidrio untado con vaselina. Esta técnica la utiliza Norman Parkinson.

Solarización – consiste en exponer brevemente una copia o película con luz continua o flash durante el proceso de revelado. Este proceso da una imagen en parte positiva y en parte negativa. La imposibilidad de predecir los resultados hizo de esta técnica una de las favoritas entre los surrealistas, particularmente, Man Ray. Utilizada por el fotógrafo de moda Edwin Blumenfeld en la década de 1940, tanto en color como en blanco y negro. También se conoce como efecto Sabatier, en honor de Armand Sabatier, su inventor en la década de 1860.

Suave – desenfocado, con poco contraste.

T

Talbotipo – *véase* **Calotipo.**

Tarjeta de memoria – medio de registro y de transferencia de imágenes digitales.

Teleobjetivo – objetivo de focal larga: por ejemplo, 300 mm o 400 mm.

Temperatura de color – término que describe la composición cromática de una fuente de iluminación. Está calibrada en grados Kelvin o K.

Tira de prueba – método de ensayo para calcular la exposición de una copia fotográfica. Primero se coloca una tira de papel fotográfico sobre una zona relevante de la imagen. Seguidamente se dan diferentes exposiciones para poder juzgar la exposición correcta en la copia final.

Tonos – intensidad de los grises entre el negro y el blanco.

Transparencia – película para diapositivas en color.

Transparencia en color – imagen fotográfica positiva en color; también se llama diapositiva.

Trepidación de la cámara – movimiento de la cámara durante la exposición que provoca falta de nitidez. Se puede usar creativamente o bien eliminarla usando trípode.

Trípode – soporte de tres patas que sirve para sujetar firmemente la cámara, lo que facilita el enfoque y la composición. Se utiliza para evitar la trepidación durante exposiciones largas. Tiene la sorprendente capacidad de permitir ver el mundo más allá de las posibilidades de nuestra vista. Se pueden ajustar tiempos de exposición de varios segundos, minutos e incluso horas. Técnica utilizada por Hiroshi Sugimoto.

TTL – acrónimo de *through the lens* (a través del objetivo). Un sensor dentro de la cámara lee la cantidad de luz ambiente que incide sobre la película. Algunos sistemas TTL también leen la luz emitida por el flash, y ajustan automáticamente la potencia del destello.

Tubos de extensión – tubos metálicos que se colocan entre el cuerpo de la cámara y el objetivo para incrementar la escala de reproducción.

U

Ultravioleta – radiación de onda corta no visible que puede registrarse con algunos materiales fotográficos.

USB – toma en la torre del ordenador para conectar cámaras, impresoras y lectores de tarjetas de memoria mediante un cable USB. USB es la abreviatura de bus en serie universal.

V

Viñeta – proceso que consiste en difuminar los bordes de una fotografía. Se puede conseguir en la cámara, en el positivado y en el ordenador.

Virado – consiste en usar baños químicos para cambiar el color de una copia.

Viseras – hojas de metal abisagradas que se colocan delante de una fuente de luz para controlar la dirección y la amplitud del haz.

Visor – pequeña ventana en una cámara a través de la cual se ve el sujeto y se compone la fotografía.

X

Xerox – *véase* **Fotocopiadora.**

Z

Zapata – toma de contacto situada en la parte superior de una cámara para acoplar un flash externo. Proporciona una conexión eléctrica que sincroniza el obturador con el flash.

Libros de fotografía

INICIO...

Mary Warner Marien, *Photography, A Cultural History*. Laurence King, Londres. 2002.

The Photography Book. Phaidon, Londres. 1997.

20th-Century Photography. Museum Ludwig Köln. Taschen. 1996.

LA IMAGEN

Retrato

Richard Avedon, *In the American West*. Harry N. Abrams, Nueva York. 1985.

Bill Brandt: Shadow and Light. Gordon Fraser, Londres. 1997.

The Camera 1: Photographic Self-Portraits. Lacma/Abrams. 1994.

Certain People: Portraits by Robert Mapplethorpe. Twelvetrees Press. 1985.

Cindy Sherman. Schirmer/Mosel, Múnich. 1987.

Graham Clarke, ed., *The Portrait in Photography*. Reaction Books, Londres. 1992.

Disfarmer: Heber Springs Portraits. Twin Palms Publishing, Nuevo México. 2000.

Philippe Halsman, *Dali's Mustache*. Flammarion. 1994.

Peter Hamilton, *Doisneau*. Tauris Parke Books, Londres. 1992.

Icons of Photography: The 20th-Century. Prestel, Múnich/Londres/Nueva York. 1999.

Lee Friedlander: Self-Portrait. Haywire Press, Nueva York. 1970.

Helmut Newton, *Portraits*. Quartet Books, Londres/Nueva York. 1987.

Peter Beard. Editions Nathan, París. 1997.

Malcolm Rogers, *Yousef Karsh: A Biography of Images*. Museum of Fine arts, Boston. 2004.

Skin Deep: The Portraits of Alastair Thain. Viking Books, Londres. 1991.

Paul Strand, *World on my Doorstep*. Aperture. 1994.

Sugimoto: Portraits. Harry N. Abrams, Nueva York. 2000.

Adrian Woodhouse, *Masters of Photography: Angus McBean. McDonald. 1985*

Ciudad

Miles Barth, *Weegee's World*. A Bulfinch Press Book. Little, Brown and Company, Boston/Nueva York/Londres. 1997

Brassaï, *Paris de nuit*. Editions Arts et Métiers Graphiques, París. 1933.

Gilbert and George, *The Complete Pictures 1971-1985*. Thames and Hudson, Londres. 1986.

Martin Harrison, *Young Meteors. British Photojournalism 1957-1965*. Jonathan Cape, Londres. 1998.

Sirkka-Liisa Kontinnen, *Byker*. Jonathan Cape, Londres. 1983.

Jane Livingstone, *The New York School: Photographs 1936-1963*. Stewart, Tabori & Chang, Nueva york. 1992.

Open City: Street Photography since 1950. Museum of Modern Art, Oxford. 2001.

Philip-Lorca diCorcia. The Museum of Modern Art, Nueva York, 1993.

Robert Doisneau: Photographs. Gordon Fraser, Londres. 1980.

Johnnie Shand Kydd, *Spitfire*. Thames and Hudson, Londres. 1997.

Paisaje

André Kertész. Gordon Fraser, Londres. 1977.

The Daybooks of Edward Weston. Aperture, Nueva York. 1973.

Hiroshi Sugimoto. Sainsbury Centre for Visual Arts, Norwich. 1997.

Mark Holborn, *Beyond Japan*. Jonathan Cape, Londres. 1991.

André Kertész, *Day of Paris*. JJ Augustin, Nueva York. 1945.

Nick Knight, *Flora*. Harry N. Abrams, Nueva York. 2001.

Irving Penn, *Passage*. Alfred A. Knopf, Nueva York. 1991.

Aaron Siskind, *100*. A Blind Spot Book, Nueva York. 2003.

John Szarkowski, Irving Penn, *The Still Life*. The Museum of Modern Art, Nueva York. 1984.

El cuerpo

Bill Brandt, *Perspective of Nudes*. The Bodley Head, Londres. 1961.

Alexey Brodovitch, *Ballet*. JJ Augustin, Nueva York. 1945.

Elliott Erwitt, *On the Beach*. WW Norton and Company, Nueva York/Londres. 1991.

William A. Ewing, *The Body: Photographs of the Human Form*. Thames and Hudson, Londres. 1994.

William A. Ewing, ed., *The Century of the Body*. Thames and Hudson, Londres. 2000.

Dick Jewell. *Hysteric Glamour*. 2001.

Lewis Morley, Photographer of the Sixties. National Portrait Gallery Publications, Londres. 1989.

Irving Penn. *A career in Photography*. The Art Institute of Chicago, Bulfinch/Little Brown and Company, Boston/Nueva York/Toronto/Londres. 1997.

Moda

Charlotte Cotton, *Imperfect Beauty: The Making of Contemporary Fashion Photographs*. V&A Publications, Londres. 2000.

Polly Devlin, *Vogue Book of Fashion Photography*. Thames and Hudson, Londres. 1979.

Eye to I: The Autobiography of Erwin Blumenfeld. Thames and Hudson, Londres. 1999.

Guy Bourdin. V&A Publications, Londres. 2003.

David Hillman y Harry Peccinotti, *Nova, 1965-1975*. Pavilion. 1993.

Horst: Sixty Years of Photography. Thames and Hudson, Londres. 1991.

The Impossible Image: Fashion Photography in the Digital Age. Phaidon, Londres. 2000.

William Klein, *In and Out of Fashion*. Jonathan Cape, Londres. 1994.

Nick Knight, *NICKNIGHT*. Schirmer/Mosel, Múnich. 1994.

David LaChapelle, *LaChapelle Land*. Booth-Clibbon Editions/Callaway, Londres. 1996.

David LaChapelle, *Hotel LaChapelle*. Booth-Clibbon Editions/Callaway, Londres. 1999.

On the Edge: Images from 100 Years of Vogue. Random House, Nueva York. 1992.

The Sixties: A Decade in Vogue. Pyramid, Londres. 1998.

Bruce Weber, *O Rio de Janeiro*. Knopf, Nueva York. 1986.

Contar una historia en un libro de fotografías

Alexander Alland Sr, *Jacob A. Riis, Photographer and Citizen*. Gordon Fraser, Londres. 1975.

Roger Ballen, *Plattenland: Images from Rural South Africa*. William Waterman Publications. South Africa/Quartet Books, Londres. 1994.

Richard Billingham, *Ray's Laugh*. Sacalo, Zúrich/Berlín/Nueva York. 1996.

Bruce Davidson. Thames and Hudson, Londres. 1990.

Henri Cartier-Bresson, *The Decisive Moment*. Simon and Schuster/Editions Verve, París. 1952.

Larry Clark, *Tulsa*. Lustrum Press, Nueva York. 1971.

Bruce Davidson, *East 100th Street*. The Harvard University Press, Cambridge, Massachusetts. 1970.

Diane Arbus. Aperture Inc, Nueva York. 1972.

Diane Arbus: Revelations. Jonathan Cape, Londres. 2003.

The Fifties: Photographs of America. Pantheon Books, Nueva York. 1985.

Robert Fox, *Camera in Conflict*. Konemann, Alemania. 1966.

Robert Frank, *Les Américains*. Robert Delphire, Francia. 1958.

Robert Frank, *The Americans*. Grove Press, Nueva York, 1959.

Robert Frank, *Lines of my Head*. Lustrem, Estados Unidos, 1972.

Vicky Goldberg, *Children at Work: Lewis W Hine*. Prestel, Múnich/Londres/Nueva York. 1999.

The Great Life Photographers. Thames and Hudson, Londres. 2004.

Henri Cartier-Bresson. Thames and Hudson, Londres. 1980.

Humphrey Spender's Humanist Landscapes: Photo-Documents, 1932-1942. Yale Centre for British Art. 1997.

William Klein, *New York, Life is Good and Good for You in New York: Trance Witness Revels*. Editions du Seuil, Petite Planète. París. 1956.

Jorge Lewinski, *The Camera at War*. W. H. Allen. 1978.

Life: Classic Photographs. Thames and Hudson, Londres. 1996.

Danny Lyon, *The Bikeriders*. The Macmillan Company. Nueva York. 1968.

Magnum Stories. Phaidon, Londres. 2004.

William Manchester, *In our Time: The World as Seen by Magnum Photographers*. The South Bank Centre, Londres. 1990.

Martin Parr. Phaidon, Londres. 2002.

Don McCullin, *Is Anyone Taking Any Notice*. The MIT Press, Cambridge, Massachustts. 1973.

Martin Parr, *Common Sense*. Dewi Lewis Publishing, Reino Unido. 1999.

Martin Parr, *Autoportrait*. Dewi Lewis Publishing, Reino Unido. 2000.

Martin Parr y Gerry Badger, *The Photobook: A History. Volume 1*. Phaidon, Londres. 2004.

Picture Post. Chatto & Windus. Londres. 1984.

Robert Capa: Photographs. Faber and Faber, EE.UU., 1985.

Robert Capa: The Definitive Collection. Phaidon, Londres. 2001.

Robert Frank. Thames and Hudson, Londres. 1991.

Roger Fenton, Photographer of the 1850s. South Bank, Londres. 1988.

Sebastião Salgado, *Workers*. Phaidon, Londres. 1993.

Walker Evans: The Getty Museum Collection. Thames and Hudson, Londres. 1995.

Weegee, *Naked City*. Essential Books, Nueva York. 1945.

William Klein. Photo Poche, París. 1985.

Secuencias

Bernd and Hilla, *Industrial Landscapes*. The MIT Press, Cambridge, Massachusetts. 2002.

Elliot Erwitt, *Snaps*. Phaidon, Londres. 2001.

Lartigue: Album of a Century. Hayward Gallery, Londres. 2004.

Duane Michals, *Sequences*. Doubleday and Co, Nueva York. 1970.

Persuasión

The Commissar Vanishes: The Falsification of Photographs and Art in Stalin's Russia. An Owl Book/Henry Holt and Company, Nueva York. 1999.

Love for Sale: The Words and Pictures of Barbara Kruger. Harry N. Abrams, Nueva York. 1990.

Mao Tsetung: A selection of Photographs. The People's Fine Arts Publishing House, Foreign Languages Press, China 1978.

Manipulación

Dawn Ades, *Photomontage*. Thames and Hudson, Londres. 1976.

David Evans, *Photomontage: A Political Weapon*. Gordon Fraser, Londres. 1986.

David Evans, *John Heartfield, AIZ/VI 1930-1938*. Kent Gallery, Nueva York. 1992.

EL PUENTE

Jon Darius, *Beyond Vision*. Oxford Univesity Press. 1984.

Harold Evans, *Pictures on a Page*. Heinemann, Londres. 1978.

The Invisible World. Secker and Warburg, Londres. 1981.

Peter Stephan, ed., *Photos That Changed the World*. Prestel. 2000.

La cámara en manos del artista

Aaron Siskind: Photographs. Horizon Press, Nueva York. 1959.

David Hockney: A Retrospective. Los Angeles County Museum of Art. 1988.

David Hockney, *That's the Way I See it*. Thames and Hudson, Londres. 1993.

Hockney on Photography. Jonathan Cape, Londres. 1998.

Julia Margaret Cameron, 19th-Century Photographer of Genius. National Portrait Gallery, Londres. 2003.

David McCabe y David Dalton, *A Year in the Life of Andy Warhol*. Phaidon, Londres. 2003.

Shirin Neshat. Serpentine Gallery, Londres. 2000.

¿Qué convierte a alguien en un buen fotógrafo?

Dorothea Lange: Photographs of a Lifetime. An Aperture Monograph. 1982.

Hans Michael Koetzle, *Photo Icons*. Taschen. 2002.

Lewis Morley, *Black and White Lies*. Angus & Robertson, Australia. 1992.

Las responsabilidades del fotógrafo

Don McCullin, *Unreasonable Behavior*, Jonathan Cape, Londres. 1990.

Instantáneas

Araki by Araki: The Photographer's Personal Collection. Kodansha International, Nueva York. 2003.

Brian Coe y Paul Gates, *The Snapshot Photograph: The Rise of Popular Photography 1888-1939*. Ash & Grant.

Nan Goldin, *I'll Be Your Mirror*. Whitney Museum of American Art.

Jacques-Henri Lartigue. Thames and Hudson, Londres. 1989.

Surface. Contemporary Photographic Practice. Booth Clibborn, Londres. 1996.

Juergen Teller. Taschen. 1996.

Juergen Teller, *Go-Sees*. Scalo, Zúrich/Berlín/Nueva York. 1999.

Wolfagang Tillmans, *If One Thing Matters, Everything Matters*. Harry N. Abrams, Nueva York. 2003.

William Eggleston's Guide. Museum of Modern Art, Nueva York. 1976.

La cámara: la máquina del tiempo

Barbara Davatz, *As Time Goes By: Portraits 1982, 1988, 1997*. Edition Patrick Frey/Scalo, Zúrich/Berlín/ Nueva York. 1999.

Nicholas Nixon, *The Brown Sisters*. Nueva York. 1999.

ESTO ES UNA CÁMARA; AHORA SALGA Y HAGA UNAS CUANTAS FOTOGRAFÍAS

The Camera: Life Library of Photography. Time-Life Books, Nueva York. 1970.

Nigel Henderson, *Parallel of Life and Art*. Thames and Hudson, Londres. 2001.

Instant Light: Tarkovsky Polaroids. Thames and Hudson, Londres. 2004.

William Klein. *Close Up*. Thames and Hudson, Londres. 1989.

Tristan Manco, *Stencil Graffiti*. Thames and Hudson, Londres. 2002.

The Polaroid Book: Selections from the Polaroids Collection of Photography. Taschen. 2005.

Walker Evans: Polaroids. Scarlo, Zúrich/Berlín/ Nueva York. 2002.

Garry Winogrand, *The Animals*. Museum of Modern Art, Nueva York. 1969.

¿QUIERE SER FOTÓGRAFO?

Gerry Badger, *Collection Photography*. Mitchell Beazley. Reino Unido. 2003.

Daniel Meadows, *Set Pieces, Being about Film Stills Mostly*. British Film Institute, Londres. 1993.

LA BIBLIA

Gilles Mora, *Photospeak*. Abbeville Press, Nueva York. 1998.

Sitios web de fotógrafos y artistas

Ansel Adams
www.anseladams.com

Nobuyoshi Araki
www.arakinobuyoshi.com

Diane Arbus
www.masters-of-photography.com

Eugène Atget
www.masters-of-photography.com

Richard Avedon
www.richardavedon.com

Ricahrd Ballen
www.rogerballen.com

Bansky
www.bansky.com

Peter beard
www.peterbeard.com

Bill Brandt
www.billbrandt.com

Brassaï
www.masters-of-photography.com

Edward Burtynsky
www.edwardburtynsky.com

Julia Margaret Cameron
www.masters-of-photography.com

Henri Cartier-Bresson
www.henricartierbresson.org

Robert Capa
www.magnumphotos.com

Bruce Davidson
www.magnumphotos.com

Robert Doisneau
www.masters-of-photography.com

Nikos Economopoulos
www.magnumphotos.com

Elliott Erwitt
www.elliotterwitt.com

Lee Friedlander
www.masters-of-photography.com

William Eggleston
www.masters-of-photography.com

Walker Evans
www.masters-of-photography.com

Ernst Haas
www.ernst.haas.com

Horst P. Horst
www.horstphorst.com

Peter Kennard
www.peterkennard.com

William Klein
www.masters-of-photography.com

Nick Knight
www.showstudio.com

David LaChapelle
www.davidlachapelle.com

Dorothea Lange
www.masters-of-photography.com

Jacques-Henri Lartigue
www.lartigue.org

Richard Long
www.richardlong.org

Robert Mapplethorpe
www.mapplethorpe.org

Steve McCurry
www.stevemccurry.com

Vik Muniz
www.vikmuniz.net

Eadweard Muybridge
www.masters-of-photography.com

Martin Parr
www.martinparr.com

Irving Penn
www.masters-of-photography.com

Sebastião Salgado
www.masters-of-photography.com

Cindy Sherman
www.masters-of-photography.com

Aaron Siskind
www.aaronsiskind.org.

Chris Steele-Perkins
www.magnumphotos.com

Paul Strand
www.masters-of-photography.com

Oliviero Toscani
www.toscani.com

Andy Warhol
www.warhol.org

Bruce Weber
www.bruceweber.com

Weegee
www.masters-of-photography.com

Edward Weston
www.masters-of-photography.com

Minor White
www.masters-of-photography.com

Donovan Wylie
www.magnumphotos.com

Otros sitios web

Adbusters
www.adbusters.org

Lomographic Society
www.lomographic.com

Fotografía, derechos de autor y la ley
www.dacs.org.uk

Cámaras estenopeicas
www.pinhole.com

Índice

Los números en **negrita** corresponden a ilustraciones, y los números en *cursiva* indican las definiciones de los términos.

M

N

O

P

Q

Referencias fotográficas y créditos

14 Cortesía de Giles Revell
20/21 Hiroshi Sugimoto / Cortesía Sonabend Gallery
29 Alastair Thain
33 Cortesía de Rineke Dijkstra
34 Philippe Halsman / Magnum Photos
37 Eugene O. Goldbeck / Harry Ransom Humanities Research Center, Universidad de Texas en Austin
38 Cortesía de Yasumasa Morimura y Luhring Augustine, Nueva York
40 Cortesía de Pierre et Gilles / Morisot Inc
41 Cortesía de Peter Beard / Art + Commerce
43 Autorretratos heroicos de: Jessica Finaurini, Anke Delke, Anya Bachtin, Hannah, Werning, Jessica Lundgren, David Andréas, Danielle Joyce, Georgina Bennet, Kira Trowell, Matt Hyde, Tina Röeder, David Tanguy & Alex Czinczel, Emma Lewis, Jessica Antwi-Boasiako, Helen Yeung
45 Ernst Haas / Getty Images
47 Cortesía de William Klein / Howard Greenberg, Nueva York
57 Edward Weston / Collection Center for Creative Photography © 1981 Center for Creative Photography, Arizona Board of Regents
59 Cortesía de Manabu Yamanaka
62 © Robert DOISNEAU/RAPHO
67 Cortesía de Elaine Constantine
68 Cortesía de Juergen Teller / Katy Baggot Ltd
70 Fotografía Nick Knight 1995, Cortesía de British *Vogue*
71 Cortesía de David LaChapelle / Creative Exchange Agency, Nueva york
80 Martin Parr /Magnum Photos
82 Martin Parr /Magnum Photos
85 Cecil Beaton con el permiso de The Trustees of the Imperial War Museum, Londres
90 Elliot Erwitt / Magnum Photos
91 © Duane Michals, Courtesy Pace / MacGill Gallery, Nueva York
95 Cortesía de Nick Georghiou
97 Cortesía de Fabrica / Tetsuya Tamano
106 Cortesía de Fabrica / concepto Guillermo Tragant, foto Enrico Moro
109 Cortesía de Fabian Monheim, Simon McCann y Gary Wallis
110 Cortesía de Ted Corner / Howard Greenberg, Nueva York
111 Cortesía de Lee Friedlander / Fraenkel Gallery, San Francisco
113 Cortesía de Joana Niemeyer
120 Cortesía de Bohnchang Koo
124 © 1986 David Hockney / The J. Paul Getty Museum, Los Ángeles
125 Cortesía de Shirin Neshat / Barbara Gladstone Gallery, Nueva York
131 © Harold & Esther Edgerton Foundation, 2005, Cortesía de Palm Press, Inc.
132 Cortesía de The Children of Erwin Blumenfeld / Art + Commerce
171 Bill Brandt ©Bill Brandt Archive
173 ©Norman Parkinson / Cortesía de Fiona Cowan
180 Thomas Hoepker / Magnum Photos
181 Weegee / Getty Images
183 Garry Winogrand © 1984 Estate of Garry Winogrand, Collection Center for Creative Photography, Universidad de Arizona
186 Weegee / Getty Images
187 ©The Helmut Newton Estate/Maconochie Photography
198 Gjon Mili / Getty Images
202 Cortesía de Fabrica / Tetsuya Tamano
206 Cortesía de Nancy Wilson-Pajic
208 Cortesía de MGM / Ronald Grant Archive

Todos los diagramas no incluidos en la lista son de los diseñadores.

Agradecimientos

Gracias a Jo Lightfoot y Robert Shore, de Laurence King, que encargaron y editaron este libro; a Dani Salvadori y Thembi Morris-Hale, de Central St Martins; a Claire Gouldstone por ayudar en la búsqueda de fotografías; y a Josh Leigh por el diseño.

Muchas gracias también a todas las personas que se citan a continuación por su inestimable contribución a este libro: Tim Marshall, Lee Widdows. Stuart Selner, Dan Weston Michael Hoppen, Nicky Michelin, Andy Watson, Steve Harries, Mel Bles, Dave Hendley, Gary Wallis, Alec East, Dick Jewell, Vincent Lee, Jo Jackson, Katrin Geilhausen, Martyn Goodacre, Blaise Douglas, Brendan Walker, Jamie Dobson, Dominic Dyson, Natalie Loher, Joana Niemeyer, Kitty McCorry, Neil Onslow, Hannah Stanton, Vanessa Marisak, Bugsy Steel, Tetsuya Tamano, Antti Ohrling, Michael Golembewski, Stefano Beggiato, Enrico Moro, Vicky Woolhead, Bohnchang Koo, Guy Patterson, Pete Guest, Susie Dawson, Makin Ma, Tina Maas, Damien Laurent, Fabian Monheim, Kjell Ekhorn, Sandro Sodano, Clive Challis, Gary Welch, Kim von Coels, Nicole Rogers, Daniel Alexander, Hayley Leonard, Will Brook, Johnnie Shand Kydd, Digby Gall, Isobel Brown, Marcio Kelman, Simon McCann, Paula Indrontino, Patrick Meny, Brendan Walker, Andrea Blood y Zoe Sinclair.

Gracias también a los siguientes colaboradores: Geoff Fowle, Andrew Whittle, John Myers, Omar Vulpinari, Francis Glibbery, Mana Mohebbi, Andy Haslam, Phil Baines, Rupert Blanchart, Jonathan Barrat, Franco Di Lauro, Chris Stevens, Nikolai Kolstad, Joe Boyland, Sue Walker, Alfie Walker, Mac MCAulay, David Jones, Richard Doust, Ian Hessenberg, Oscar Gush, Stuart Taylor, Alan Latchey, Chris Ekins, Andy Vowles, Lisa Comerford, Martin Scully, Diego Paccagnella, Jim Powell, Angela De Marco, Tim Douglas, Hugh McDermott, Joe Cox, Valroy Simpson, Georgina Matthews, Pat Diben, Hiroshi Kariya, The Riffs, Kuka, Nigel Langford, Ray Barker, Tyrone Messiah, Michele Jannuzzi, Muz Mehmet, Douglas Bevans, Red Saunders, Ian Gordon, Margaret Gordon, Stuart Tidley, John Edwards, Mike Sossick, Margaux Ruiz De Luzuriaga, Jimmy Turrell, Kyung Park, Julien Queyrane, Alex Shields, y Arthur Miller.

Este libro se escribió con la ayuda de una beca de investigación otorgada por The University of the Arts London.

Dedicatoria

Para E. J., D., O. y D.R.